2022—2023 年中国工业和信息化发展系列蓝皮书

2022—2023 年
中国半导体产业发展蓝皮书

中国电子信息产业发展研究院 **编 著**

王世江 **主 编**

周 峰 葛 婕 徐 丰 **副主编**

電子工業出版社
Publishing House of Electronics Industry
北京 · BEIJING

内 容 简 介

本书从分析产业发展全貌的角度出发，面向集成电路产业及光伏、新型显示、LED、电子元器件等泛半导体产业，系统剖析全球和我国产业发展的现状、特点与趋势，并根据产业发展状况，从产业运行、行业特征、重点区域和企业情况等维度进行全面阐述和分析。全书围绕集成电路产业和泛半导体领域，分为综合篇，集成电路行业篇、区域篇、企业篇、政策篇、热点篇、展望篇，以及光伏篇、新型显示篇、光电子篇、电子元器件篇。

图书在版编目（CIP）数据

2022—2023 年中国半导体产业发展蓝皮书 / 中国电子信息产业发展研究院编著；王世江主编. —北京：电子工业出版社，2023.12
（2022—2023 年中国工业和信息化发展系列蓝皮书）
ISBN 978-7-121-47129-2

Ⅰ. ①2… Ⅱ. ①中… ②王… Ⅲ. ①半导体工业—产业发展—研究报告—中国—2022-2023 Ⅳ. ①F426.63

中国国家版本馆 CIP 数据核字（2024）第 004040 号

责任编辑：管晓伟　　文字编辑：杜　皎
印　　刷：北京虎彩文化传播有限公司
装　　订：北京虎彩文化传播有限公司
出版发行：电子工业出版社
　　　　　北京市海淀区万寿路 173 信箱　　邮编：100036
开　　本：720×1 000　1/16　印张：16.75　字数：429 千字　彩插：1
版　　次：2023 年 12 月第 1 版
印　　次：2023 年 12 月第 1 次印刷
定　　价：198.00 元

凡所购买电子工业出版社图书有缺损问题，请向购买书店调换。若书店售缺，请与本社发行部联系，联系及邮购电话：（010）88254888，88258888。

质量投诉请发邮件至 zlts@phei.com.cn，盗版侵权举报请发邮件至 dbqq@phei.com.cn。

本书咨询联系方式：（010）88254460，guanxw@phei.com.cn。

前 言

集成电路产业是信息社会的基石，是支撑现代经济社会发展的战略性、基础性和先导性产业，是当前国际经济和科技竞争的焦点领域。党中央、国务院高度重视集成电路产业发展，通过发布一系列规划和政策支持产业快速发展。近年来，我国集成电路产业链整体水平大幅提升，产品技术创新能力持续增强，产业环境持续优化，产业发展取得阶段性成效，为实现高质量发展打下了坚实基础。当前，数字经济高速发展，新冠疫情的冲击导致全球产业链、供应链出现危机，美国和其他一些西方国家对华、对俄制裁引发各国技术自立意识觉醒，诸多因素共同引发全球范围内集成电路产业的新一轮激烈竞争。同时，产业发展进入加速创新、多技术融合的新时期，技术和产品不断加快创新变革，新一轮全球产业分工和竞争格局正加快重塑，我国集成电路产业发展面临一系列新机遇和新挑战。

一

2022 年，全球经济衰退和整机需求下滑影响了半导体贸易。在消费电子产品需求下滑而导致半导体出货量与价格双双下跌的情况下，半导体贸易由盛转衰趋势明显。半导体产业被进一步泛政治化，各国开始警惕产业链、供应链安全问题，全球产业链、供应链体系面临重塑。全球半导体产业发展呈现以下特点。

第一，全球经济衰退影响半导体产业回暖，不同终端市场需求出现分化。2022年，受下行周期、消费电子等终端需求放缓等因素影响，在全球经济增速放缓、电子产品消费低迷的背景下，全球半导体市场增速从2021年的26%下降到2022年的4%，我国半导体产值增速从2021年的18.2%下降到2022年的14%[①]。一方面，半导体市场发展具有明显的周期性特征，全球半导体市场在经历了两年的供不应求、缺货涨价后，2021年第二季度同比增速达到30%的顶峰，但2022年第二季度同比增速下滑到13%，而市场增速放缓或下降是正常现象。另一方面，自2022年以来，受俄乌局势、通货膨胀等因素影响，手机、个人计算机、电视等消费电子产品出货量都出现显著下滑，进而影响芯片市场。值得注意的是，汽车、数据中心和工业领域仍然需求旺盛。车规级与工业用微处理器（MCU）、电源管理芯片供应仍然趋紧，各大车企仍然因高端芯片供应短缺使供应链承压。

第二，技术持续演进，但进入后摩尔时代，半导体产业发展面临尺寸缩小瓶颈、能耗瓶颈及算力瓶颈等挑战。在制造方面，全球晶圆代工竞争加剧，英特尔开创“系统级代工时代”，提供晶圆制造、封装、软件和芯粒（chiplet）；三星和台积电宣布实现3 nm芯片大规模量产。在封装测试（以下简称“封测”）方面，通过制程升级继续提升处理器性能存在技术困难，又面临成本压力。面对算力需求持续攀升的情况，异构与芯粒技术正在成为解决算力瓶颈的关键技术方向。在设计方面，ARM侵蚀x86市场，受到IBM的Power Systems和System z升级周期及超大规模和云构建者推动，x86服务器支出增长12.6%，非x86服务器支出增长27.9%。ARM笔记本电脑表现也优于整体市场，同比增长23.7%，市场份额首次超过10%。

第三，各国纷纷扶持当地半导体产业，国产替代进程提速。近年来，各国频繁出台半导体产业扶持政策，通过财政补贴、税收减免、推动研发计划、吸引企业等各种措施强化本国/本地区在半导体领域的行业地位。我国半导体产业高端化升级面临的“卡脖子”困境更加严重，产业链高附加值环节的国

① 如无特别说明，书中关于我国市场的统计数据均不包含港澳台地区。

产替代依然是主线，基本替代逻辑从前些年的资本驱动转由内循环市场驱动。国内新基建、新能源、数字经济、信息消费场景的整机系统厂商加速推进对国产芯片的验证和采购，泛信创市场覆盖范围进一步扩大到金融、电力、轨道交通、运营商等领域。半导体设备、材料与零部件等供应链环节及存储器等高端通用芯片受到美国管制新规影响，国产化进入动态调整期，制造企业、设备企业对国内基础材料和零部件企业的支持力度明显提升，验证进度加快。同时，芯粒/先进封装、光子集成电路、MRAM/RRAM 新兴存储器、RISC-V 计算架构、氧化镓等前沿创新和基础领域的受关注度大幅增加。

二

2023 年，因俄乌冲突、通货膨胀攀升和货币政策紧缩等引发世界性的全面经济衰退，半导体产业或将长期陷入缺乏宏观经济基本面支撑的困局。同时，叠加前期“芯片荒”形成的库存问题，市场低迷可能延续较长时间。全球集成电路产业发展预计将呈现以下特点。

第一，下行周期进一步探底，存储行业持续低迷。预计 2023 年及未来一段时间全球经济将向 GDP 增速低于 3%的中低速增长回归，半导体市场未来有可能长期陷入缺乏宏观经济基本面支撑的困局。同时，由于此轮下调叠加前期“芯片荒”形成的库存问题，市场低迷可能延续较长时间，最早于 2023 年下半年出现回暖迹象。高性能计算、汽车等产业未来将成为半导体市场增长的主要驱动力。我国有望受益于新冠疫情影响力度大幅减弱、消费信心阶段性恢复及去库存完成等方面的影响，在 2023 年底迎来小规模反弹，出现芯片设计及封测等产业链环节，以及手机、消费电子、工业半导体、数据中心等应用领域的行情逐步恢复向好的态势。

第二，全球人才“隔离墙”正逐步形成，我国半导体产业人才结构亟待重构。2022 年，美国、欧盟、韩国、日本、印度等主要国家和地区正“集中地、密集地”出台多项集成电路相关法案和措施，加大对集成电路制造业的支持力度，通过支持本地人才培养、吸引国际人才和限制本地人才外流等方式满足其人才需求，人才已经成为各国争夺的关键资源。美国“创新与竞争法案”“芯片与科学法案”，韩国“K-半导体战略”“半导体超级强国战略”，

欧盟“芯片法案”等密集发布，各主要经济体投入大量资金加快对本土半导体产业的培育，加剧集成电路领域的全球人才竞争。同时，全球半导体企业探索通过持续加薪、发行员工激励股权、补贴员工买股等多元薪资策略吸引及留住关键人才。

第三，美国重构全球半导体供应链，印度和越南两国进一步承接全球供应链转移。中美贸易摩擦、新冠疫情、俄乌冲突等因素带来对供应链的多元化需求，印度、越南等国已成为半导体产业新兴国家，发展势头强劲。印度和越南等国廉价的劳动力、广阔的市场、便利的交通及当地大力度的扶持政策，吸引了众多国际大型半导体企业布局。此外，美国近年来将南亚与东南亚地区视为其构建全球弹性供应链的关键组成部分，不断采取多种手段推动各国半导体企业与我国脱钩，推动将印度和越南作为我国低端产业的主要转移地。受中美贸易摩擦的影响，美国采取将供应链从我国转移、减少对我国供应链依赖的经济外交战略。部分美国客户要求我国企业将一部分供应链搬迁到海外，否则可能更换供应商。

三

基于上述思考，中国电子信息产业发展研究院编著了《2022—2023 年中国半导体产业发展蓝皮书》。本书从分析产业发展全貌的角度出发，面向集成电路产业及光伏、新型显示、LED、电子元器件等泛半导体产业，系统剖析了全球和我国产业发展的现状、特点与趋势，并根据产业发展状况，从产业运行、行业特征、重点区域和企业情况等维度进行全面阐述和分析。全书围绕集成电路产业和泛半导体领域，分为综合篇，集成电路行业篇、区域篇、企业篇、政策篇、热点篇、展望篇，以及光伏篇、新型显示篇、光电子篇、电子元器件篇。

综合篇，梳理 2022 年全球半导体产业和我国集成电路产业发展基本情况，包括产业规模、产业结构、技术发展、投融资情况等方面，总结全球和我国集成电路产业发展特点和趋势。

集成电路行业篇，分析集成电路设计、制造、封测、设备、材料各环节，从规模、布局、技术、企业等维度总结各环节国内外的发展状况。

集成电路区域篇，根据国内集成电路的产业布局，选取北京市、上海市、广东省、江苏省、浙江省、陕西省等我国集成电路产业发展代表性区域，分析各地区的产业总体发展状况和产业结构。

集成电路企业篇，在产业链各环节选取具有代表性的企业展开研究，从企业发展历程、业务情况、技术水平和发展战略等方面展开分析。

集成电路政策篇，从集成电路产业政策布局及财税、资金支持、知识产权政策等方面，分析当前集成电路产业的政策现状。

集成电路热点篇，选取 2022 年发生的集成电路产业热点事件，分析事件背景，剖析事件发生背后的原因，提出相关发展建议。

集成电路展望篇，对 2023 年全球与我国集成电路产业进行预测和形势展望，对比不同研究机构的预测观点，提出我国产业面临的发展形势、存在的问题和相应的对策建议。

光伏篇，阐述与分析我国光伏产业 2022 年的发展状况与特点，梳理产业链各环节的发展状况，整理我国光伏产业重点企业的发展现状，预测 2023 年光伏产业的发展趋势。

新型显示篇，分析我国新型显示产业 2022 年的发展状况，总结产业发展的特点，讨论产业各环节的发展现状，总结我国新型显示产业重点企业的发展状况。

光电子篇，分析国内外 LED 产业和激光产业 2022 年的发展现状，梳理产业链各环节的发展状况，整理国内重点支持政策，预测 2023 年的产业发展趋势。

电子元器件篇，分析 2022 年国内外电子元器件产业的发展状况，讨论产业各环节的发展现状，总结政策并研判未来的发展形势。

“十四五”是我国集成电路产业缩小与国际先进水平差距的难得机遇期，我们应在巩固现有优势的基础上，正视产业面临的不足和短板，以开阔的思路和开放的态度面对全球产业分工、技术进步和竞争格局带来的变革和挑战，努力实现我国集成电路产业的高质量发展，使其对国民经济高质量发展的支撑作用更加显著，成为制造强国和网络强国建设的坚实底座。

目录

综 合 篇

集成电路行业篇

集成电路区域篇

集成电路企业篇

集成电路政策篇

集成电路热点篇

集成电路展望篇

光　伏　篇

新型显示篇

光电子篇

电子元器件篇

综　合　篇

第一章

2022 年全球半导体产业发展状况

第一节　发展状况

一、产业规模

（一）产业总体规模

根据全球半导体贸易协会（WSTS）统计的数据，2022 年全球半导体市场规模同比增长 3.3%，创下 5741 亿美元的新高，但增速与 2021 年的 26.2% 相比显著放缓。从产品类型看，主要产品销售额均有所上涨，传感器和分立器件分别增长 14%、12%，集成电路销售额增长 2%，光电器件仅增长 1%。从区域发展状况看，美洲地区半导体市场涨幅最为明显，2022 年半导体市场总销售额为 1411.3 亿美元，比 2021 年的 1214.8 亿美元上涨 16%；中国依然是全球最大的半导体市场，2022 年销售额达 1804.8 亿美元，同比下降 6%。欧洲半导体市场 2022 年销售额为 538.5 亿美元，同比上涨 13%。

2011—2022 年全球半导体市场规模及增长率如图 1-1 所示。

从季度数据看，2022 年上半年全球半导体各季度销售额同比增长率仍然保持双位数，但进入下半年后市场转弱，进入下行周期，第三季度和第四季度分别同比下降 3%、14%。

2018—2022 年全球半导体季度销售额如图 1-2 所示。

（二）主要企业销售额

市场研究及调查机构高德纳咨询公司（Gartner）的数据显示，2022 年全球半导体总收入同比增长 0.2%。Gartner 表示，在汽车、有线网络、消费和

工业领域增长的同时，个人计算机、服务器和智能手机等主要市场受经济低迷影响较大，存储产品市场规模下降 13.7%，非存储产品收入增长 5.6%。排名前 25 位的半导体企业的总收入同比增长 1.9%，占半导体市场的 77%；而其余企业的总收入则下降 5.1%。

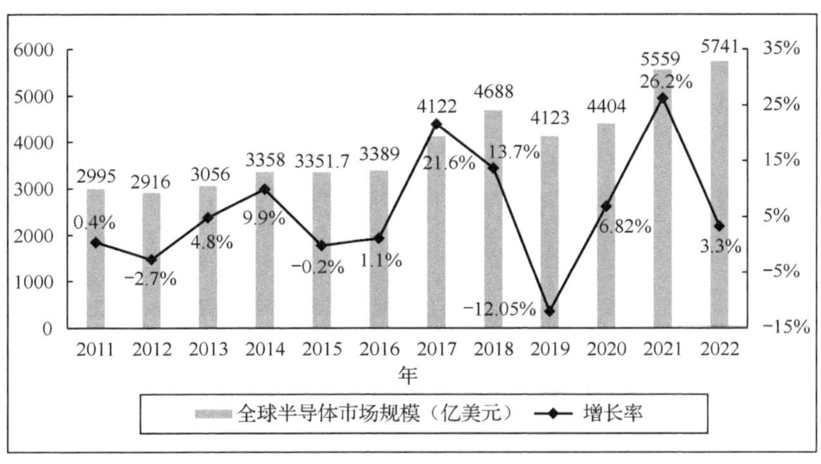

图 1-1　2011—2022 年全球半导体市场规模及增长率

数据来源：WSTS，赛迪智库集成电路研究所整理，2023 年 5 月

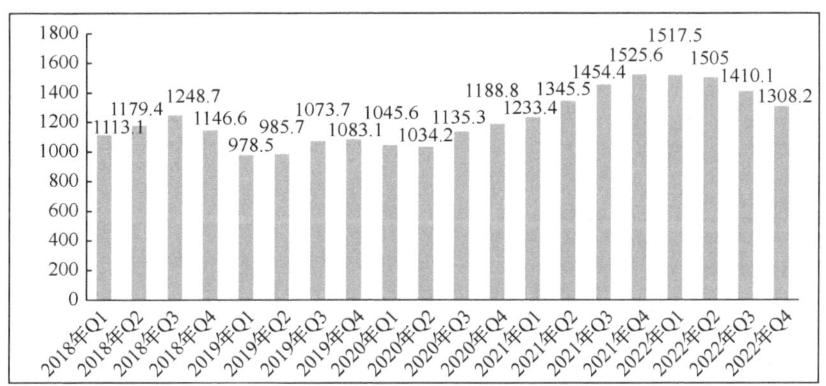

图 1-2　2018—2022 年全球半导体季度销售额（单位：亿美元）

数据来源：WSTS，赛迪智库集成电路研究所整理，2023 年 5 月

由于存储产品市场下滑，三星、SK 海力士、美光营业收入均出现下降。三星营业收入同比下降 12.8%，但仍然保持营业收入排名第一的位置。英特尔的销售额则同比下降 19.6%，主要是由于个人计算机、数据中心遭遇市场需求下滑和竞争压力，第四季度英特尔客户计算集团营业收入同比下降

36%，数据中心和人工智能部门营业收入下降 33%。AMD 收购赛灵思后，从 2021 年的排名第 10 位上升到第 7 位，销售额同比增长 44.9%，在排名前十位的企业中增速最快。AMD 数据中心的增长势头加快，完成了对赛灵思的战略收购，从而使业务更加多样化。

TechInsights 报告显示，2022 年全球手机应用处理器市场排名前三位的企业为高通、苹果、联发科。这三家企业均进入全球排名前十位的半导体供应商行列。其中，高通以 347.8 亿美元位居第 3 位，营业收入同比增长 27.4%；苹果营业收入 181 亿美元，同比增长 24.1%；联发科以 180.4 亿美元位居第 10 位，比 2021 年营业收入增长 2.4%，但排名下降。

2022 年全球排名前十位的半导体供应商营业收入如表 1-1 所示。

表 1-1　2022 年全球排名前十位的半导体供应商营业收入

排名	企　　业	总部所在地	2021 年销售额/亿美元	2022 年销售额/亿美元	份额/%	增长率/%
1	三星（Samsung）	韩国	732	638.2	10.6	-12.8
2	英特尔（Intel）	美国	727	584.4	9.7	-19.6
3	高通（Qualcomm）	美国	272.9	347.8	5.8	27.4
4	SK 海力士（SK Hynix）	韩国	371.9	335.1	5.6	-9.9
5	美光（Micron）	美国	286.2	268.5	4.5	-6.2
6	博通（Broadcom）	美国	187.9	238.7	4	27
7	AMD	美国	163	236.2	3.9	44.9
8	德州仪器（TI）	美国	173	188.4	3.1	8.9
9	苹果（Apple）	美国	145.8	181	3	24.1
10	联发科（MTK）	中国台湾	176.2	180.4	3	2.4
	合计		3235.9	3198.7	53.4	-1.2

数据来源：Gartner，2023 年 5 月

二、产业结构

（一）产品结构

根据 WSTS 的统计分类，半导体主要包括集成电路、分立器件、光电器件和传感器四大类。四大类产品 2022 年的市场规模分别为 4744 亿美元、340 亿美元、439 亿美元和 218 亿美元，市场份额分别为 82.6%、5.9%、7.6%和 3.9%。集成电路、传感器和分立器件销售额分别增长 2%、14%和 12%，光电器件上涨 1%。

2022 年全球半导体市场产品结构如图 1-3 所示。

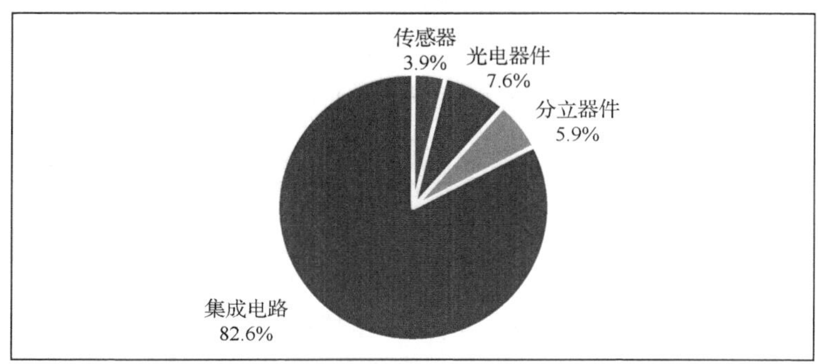

图 1-3　2022 年全球半导体市场产品结构

数据来源：WSTS，2023 年 5 月

在集成电路产品中，逻辑器件和模拟器件销售额仍然出现大幅上涨，而存储器和微器件市场规模有所下降。逻辑器件仍然为占比最高的产品，2022 年销售额为 1766 亿美元，同比上升 14%；存储器销售额为 1298 亿美元，同比下降 16%；处理器的销售额为 790 亿美元，同比下降 1.5%；模拟器件销售额为 889 亿美元，同比上升 20%。

2020—2022 年全球集成电路产品市场规模如图 1-4 所示。

（二）产业链结构

从产业链环节看，2022 年主要产业链环节销售额均出现上涨。2022 年，全球半导体垂直整合制造（IDM）产值为 3962 亿美元，同比下降 3.1%；Fabless[①]

① Fabless，指进行芯片的设计、研发、应用和销售，将制造委托给专业工厂的半导体企业。

产值为1821亿美元，同比增长8%；全球晶圆代工市场同比增长28.1%，规模再创新高，达到约1410亿美元；全球封装市场营业收入增长3%，达到800亿美元；全球半导体设备销售额为1085亿美元，同比增长6%；全球半导体材料市场规模达699亿美元，同比增长8.7%。

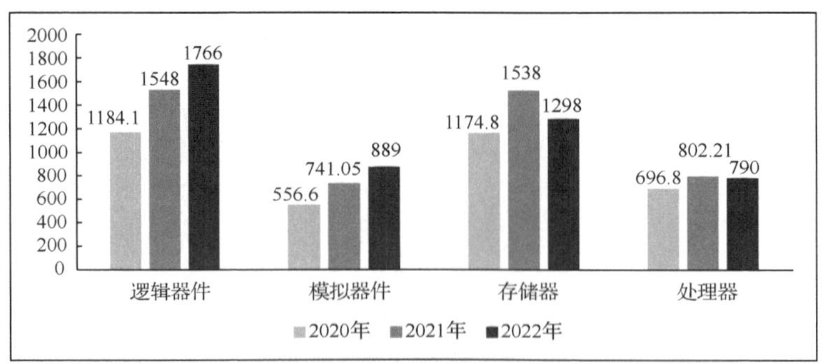

图1-4　2020—2022年全球集成电路产品市场规模（单位：亿美元）

数据来源：WSTS，2023年5月

（三）区域分布

2022年，从区域发展的情况看，除我国市场规模出现个位数下跌外，亚太地区与2021年基本持平，其他地区半导体销售额均有所提升。我国依然是全球最大的半导体市场，2022年销售额达1804.8亿美元，同比下降6%；日本半导体市场销售额为481.6亿美元，同比增长10%；亚洲其他地区半导体市场销售额达1504.6亿美元，同比持平。北美洲2022年半导体市场总销售额为1411.3亿美元，比2021年的1214.8亿美元增长16%；欧洲半导体市场销售额达538.5亿美元，同比增长13%。

2020—2022年全球半导体区域销售额如图1-5所示。

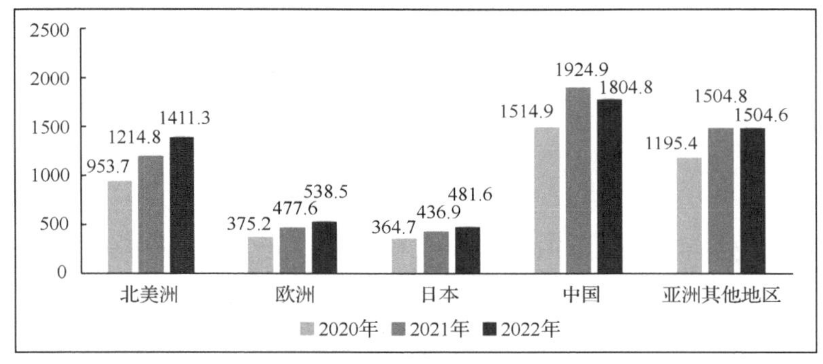

图1-5　2020—2022年全球半导体区域销售额（单位：亿美元）

数据来源：WSTS，2023年5月

三、投资情况

（一）半导体企业资本支出

根据 IC Insights 的统计数据，2022 年全球半导体企业资本支出达到 1817 亿美元，仍然保持了 19%的高速增长。2022 年上半年全球市场需求仍然持续旺盛，企业持续大幅扩产；但进入下半年后，通货膨胀和经济下滑导致半导体企业重新评估投资规划，部分企业削减资本支出，2022 年资本支出增速比 2021 年有所放缓。随着行业下行周期持续，2023 年预计全行业资本支出将出现显著下跌。

2022 年，台积电、三星和英特尔在资本支出上引领整个行业。台积电 2022 年资本支出规模提高到 363 亿美元，比 2021 年提高了 63 亿美元，是其 2020 年资本支出的 2 倍以上。台积电表示，受到宏观经济疲软和最终市场需求疲软的影响，预计其在高雄、南部科学工业园区（简称“南科”）、中部科学工业园区（简称“中科”）与新竹科技园区（简称“竹科”）的多个扩产项目将全面放缓，2023 年资本支出可能收缩。三星 2022 年资本支出约 356 亿美元，同比下降 6%。尽管存储芯片业不景气，三星 39%的半导体投资仍然集中在存储芯片领域，存储芯片业务 2023 年资本支出将与 2022 年基本持平。

2021—2022 年全球主要半导体企业资本支出如表 1-2 所示。

表 1-2　2021—2022 年全球主要半导体企业资本支出　　单位：亿美元

排　名	企　业	总部所在地	2021 年资本支出	2022 年资本支出
1	台积电	中国台湾	300	363
2	三星	韩国	380	356
3	英特尔	美国	187	250

数据来源：赛迪智库集成电路研究所整理，2023 年 5 月

（二）半导体设备支出

2022 年，在经济下滑和新冠疫情影响下，半导体市场有放缓趋势，而高性能计算和汽车等关键市场仍然保持旺盛需求，半导体长期增长趋势延续，虽有部分半导体企业削减资本支出，但整体设备投资仍然保持上涨趋势。据国际半导体产业协会（SEMI）统计，2022 年全球半导体制造设备出货金额相较 2021 年的 1026 亿美元增长 5%，创下 1076 亿美元的历史新高。

其中，中国大陆 2022 年设备市场规模达到 283 亿美元，同比增长 5%，增长放缓，但仍然是全球最大的设备市场。中国台湾连续四年稳定增长，2022 年设备投资达到 268 亿美元，同比增长 8%，排名第二位。受存储芯片市场下跌影响，三星资本支出同比下降，SK 海力士考虑将 2023 年资本支出削减 50%以上；2022 年韩国设备市场规模为 215 亿美元，同比下降 14%。此外，美国和欧洲均出台半导体产业补贴措施，大幅度吸引企业建厂，2022 年欧洲半导体设备投资激增 93%，北美洲则增长了 38%。

SEMI 预测，受存储器和逻辑芯片需求疲软影响，预计晶圆产能扩张将在 2023 年放缓，2023 年全球晶圆厂设备支出同比下降 22%，而 2024 年将恢复增长。

2013—2022 年全球半导体设备销售额及增长率如图 1-6 所示。

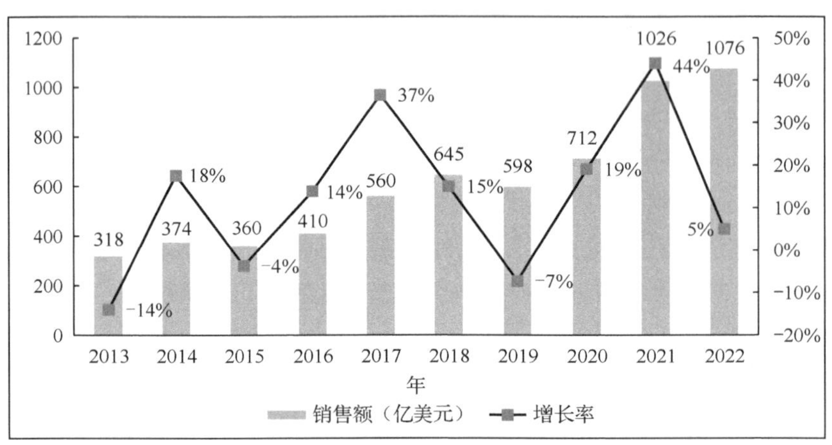

图 1-6　2013—2022 年全球半导体设备销售额及增长率

数据来源：SEMI，赛迪智库集成电路研究所整理，2023 年 5 月

（三）半导体企业研发投入

半导体行业属于资本、技术密集型行业，技术快速变革要求企业持续高强度研发和投资，以维持领先地位。随着工艺制程不断缩小，芯片研发成本不断上升，多数半导体企业的研发投入都有所提升。据美国半导体产业协会（SIA）统计，2001—2022 年，美国半导体行业的研发支出以约 7% 的年均复合增长率增长。2022 年，美国半导体行业的研发投资总额为 588 亿美元，其研发支出在总销售额当中占比高达 18.75%，远高于其他国家的半导体行业。

在全球排名前十位的半导体企业研发投入中，英特尔继续高居榜首，在 2012 年研发费用突破百亿美元以后，已经连续 8 年保持增长。2020 年，英特尔的研发费用小幅回升至 135.5 亿美元，同比增长 1.4%，占行业总研发支出的 17.4%；2021 年研发支出增加 12%，达到 152 亿美元，占全行业支出总额的 19%；2022 年研发支出达到 175.28 亿美元，占总收入的 27.8%。台积电的研发支出在 2022 年提升至 54.7 亿美元，持续投入先进工艺研发。

（四）半导体企业并购

全球半导体并购金额从 2016 年起连续三年下跌后，2019 年全球半导体企业并购额出现回升，全年涉及并购的金额为 317 亿美元，同比增长 22.4%。由于行业加速整合，尤其在人工智能、机器学习、物联网等领域的带动下，半导体行业年均并购金额从 2010—2014 年的 126 亿美元增加到 2015—2019 年的 588 亿美元。2020 年，全球半导体企业并购动作频频，芯片行业进一步洗牌整合。2020 年下半年的五宗大型并购案使并购协议的总价值攀升至 1179 亿美元，其中最大的一笔高达 400 亿美元，超过了 2019 年全年的并购金额。2021 年，在经历 2020 年半导体并购额的历史新高后，行业并购态势趋缓，全年并购金额为 300 亿美元左右。2022 年全球半导体并购交易重新获得动力，多项大型并购协议公布，主要半导体并购交易金额据统计达到 780 亿美元。

2016—2022 年全球半导体并购交易额如图 1-7 所示。

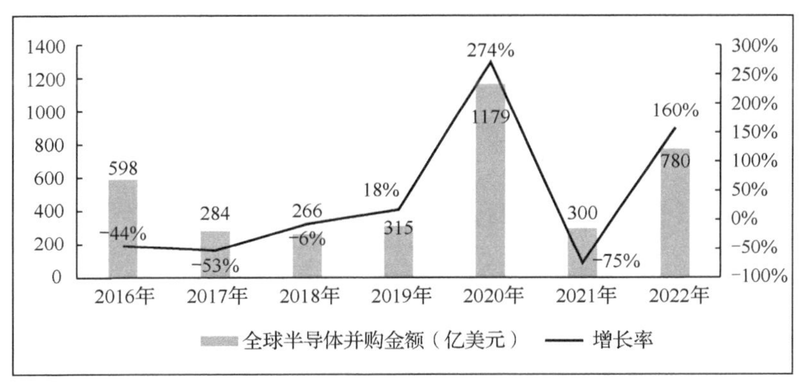

图 1-7 2016—2022 年全球半导体并购交易额

数据来源：IC Insights/集微咨询，赛迪智库集成电路研究所整理，2023 年 5 月

2022 年，行业遇冷并未阻止半导体企业的并购步伐，半导体企业希望通

过并购整合来占领技术与市场高地，持续提升竞争力。2 月 15 日，英特尔宣布收购半导体代工厂高塔半导体（Tower Semiconductor），以加强自身的芯片代工能力，其交易总价值为 54 亿美元。英特尔称，该收购将推进其 IDM2.0 战略，进军代工领域，扩大芯片制造产能，进行全球布局及技术组合。2022 年 4 月，AMD 宣布以约 19 亿美元收购云服务提供商 Pensando System，持续扩大其数据中心业务，正式进军数据处理器（DPU）领域，完成了对高性能中央处理器（CPU）、图形处理单元（GPU）、现场可编程逻辑门阵列（FPGA）和 DPU 的完整布局。2022 年 5 月，芯片制造商 MaxLinear 表示，将以 38 亿美元的现金和股票交易方式收购慧荣科技（Silicon Motion），合并后公司的企业价值为 80 亿美元；完成收购后的企业将拥有一个高度多元化的技术平台，在宽带、连接、基础设施和存储终端市场拥有重要的地位。

2022 年 5 月，博通表示已经达成协议，计划以 610 亿美元收购云计算公司 VMware，成为年度最大的半导体并购案，但该交易正接受多家监管机构审查。欧盟委员会表示，博通对 VMware 的拟收购可能限制与 VMware 虚拟化软件互操作的某些硬件组件的市场竞争。

2022 年全球主要半导体并购案如表 1-3 所示。

表 1-3　2022 年全球主要半导体并购案

序　号	时　间	并购方	被并购方	金额/亿美元
1	2022 年 2 月	英特尔	高塔半导体	54
2	2022 年 4 月	AMD	Pensando System	19
3	2022 年 5 月	MaxLinear	慧荣科技	38
4	2022 年 5 月	博通	VMware	610
5	2022 年 7 月	英特格	CMC Materials	57
6	2022 年 10 月	日本基金	安森美日本芯片厂	1.35
7	2022 年 11 月	安世半导体	Nowi	未公开

数据来源：赛迪智库集成电路研究所整理，2023 年 5 月

四、贸易情况

（一）全球集成电路贸易情况

全球电子信息产业的快速发展和产业链的全球化分布使得集成电路成为重要的贸易商品。据统计，2022 年全球集成电路产品进口额达到 12542 亿

美元，出口额达到 10949 亿美元，已经成为全球贸易额最大的贸易商品。全球集成电路相关产品贸易较为集中，中国大陆、中国香港、中国台湾、韩国、新加坡、马来西亚、欧盟、日本、美国占全球集成电路及相关产品贸易的 80% 以上。其中，中国大陆作为主要的电子整机产品制造基地，是全球最大的集成电路产品进口地区；韩国、中国台湾、日本、美国、中国大陆、欧盟是全球主要的晶圆制造地区，占全球装机产能的 93%，因此成为主要的芯片出口国；而随着马来西亚、越南、菲律宾等东南亚国家逐步承接电子制造和芯片封测产能，其在全球集成电路贸易中的占比逐步增加。中国香港和新加坡凭借良好的区位优势和自由贸易环境，成为全球主要的集成电路产品中转站。另外，日本、美国、荷兰是半导体设备的主要出口地区，日本、韩国、中国台湾是硅片的重要出口地区。

2022 年全球主要国家和地区集成电路产品进出口情况如表 1-4 所示。

表 1-4　2022 年全球主要国家和地区集成电路产品进出口情况　　单位：亿美元

国家/地区	进　口　额	出　口　额
中国大陆	4155.8	1539.2
美国	436.8	516.2
中国台湾	876.8	1838.3
韩国	624	1128.5
日本	319	338.7

数据来源：各国/地区海关，2023 年 5 月

（二）主要国家/地区贸易情况

美国在半导体领域处于全球领先地位，在半导体设计、代工、IDM 等领域均拥有全球领先的企业。美国企业在全球设立工厂或将制造、封测外包，大部分集成电路的生产不在美国本土进行，以货物原产地为统计口径的美国集成电路的进出口额并不大。2022 年，美国集成电路产品出口额达 502.4 亿美元，同比下降 3%，其中处理器和控制器下降 10%；集成电路产品进口额达 432.9 亿美元，较 2021 年上涨 6%，其中主要进口产品为处理器和控制器，累计进口额达 245.01 亿美元，同比下降 11%，其他芯片进口额达 151.3 亿美元，同比增长 44%。从区域看，美国集成电路主要进口自马来西亚、中国台湾、越南、韩国和中国大陆等国家和地区。

2022 年美国集成电路产品进出口情况如表 1-5 所示。

表 1-5　2022 年美国集成电路产品进出口情况

产　　品	进口额/亿美元	进口同比/%	出口额/亿美元	出口同比/%
处理器和控制器	245.01	−11	296.6	−10
存储器	27.72	25	24.5	−13
放大器	8.9	38	21.6	2
其他芯片	151.3	44	159.7	14
合计	432.9	6	502.4	−3

数据来源：美国海关，赛迪智库集成电路研究所整理，2023 年 5 月

美国在半导体设备领域实力较强。近年来，由于美国集成电路生产线布局在美国本土以外地区，其国内对半导体设备需求相对较小，设备以出口为主。2022 年，美国共出口半导体设备 266.9 亿美元，同比上涨 2%，其中半导体器件或集成电路用设备出口额达 176 亿美元，同比下降 3%。2022 年，美国进口半导体设备共计 117.8 亿美元，同比上涨 35%。其中进口半导体器件或集成电路用设备 65 亿美元，同比上涨 50%。

2022 年美国半导体设备进出口统计如表 1-6 所示。

表 1-6　2022 年美国半导体设备进出口统计

产　　品	进口额/亿美元	进口同比/%	出口额/亿美元	出口同比/%
半导体硅片用设备	1.8	162	1.5	−2
半导体器件或集成电路用设备	65	50	176	−3
零件及附件	9.4	57	7.4	13
其他	41.6	12	82	14
合计	117.8	35	266.9	2

数据来源：美国海关，赛迪智库集成电路研究所整理，2023 年 5 月

韩国半导体企业在全球市场占有率近 20%。存储器是韩国的优势领域，也是其主要的贸易产品。2022 年，韩国集成电路产品出口额达 1123.82 亿美元，同比上涨 3%；集成电路产品进口额达 622.51 亿美元，同比上涨 24%。

2022 年韩国集成电路产品进出口情况如表 1-7 所示。

表 1-7　2022 年韩国集成电路产品进出口情况

产　　品	进口额/亿美元	进口同比/%	出口额/亿美元	出口同比/%
处理器和控制器	294.34	30	384.02	26
存储器	210.14	12	617.78	-11
放大器	7.4	81	5.74	172
其他	110.63	33	116.28	28
合计	622.51	24	1123.82	3

数据来源：韩国海关，赛迪智库集成电路研究所整理，2023 年 5 月

在半导体设备方面，韩国 2022 年集成电路制造设备进口额为 201.34 亿美元，降幅达 9%。在出口方面，半导体设备整体出口额达 81.11 亿美元，同比下降 13%；半导体硅片用设备及零件与附件进口额上涨，其他主要设备出口额均有所下降。

2022 年韩国半导体设备进出口数据如表 1-8 所示。

表 1-8　2022 年韩国半导体设备进出口数据

产　　品	进口额/亿美元	进口同比/%	出口额/亿美元	出口同比/%
半导体硅片用设备	0.76	61	2.16	22
半导体器件或集成电路用设备	134.55	-18	24.46	-17
平板显示器用设备	8.3	203	11.15	-39
其他设备	13.7	1	12.45	-20
零件与附件	44.03	5	30.89	11
合计	201.34	-9	81.11	-13

数据来源：韩国海关，赛迪智库集成电路研究所整理，2023 年 3 月

2022 年，日本集成电路产品出口额达 338.7 亿美元，同比微降 0.4%。在具体出口产品方面，处理器及控制器、存储器和放大器出口占比分别为 11%、40%和 1%。出口区域主要集中在中国台湾、中国大陆、中国香港、韩国、越南、美国。在进口方面，2022 年，日本累计进口集成电路产品 319 亿美元，同比增加 25.5%。其中处理器及控制器、存储器分别占比 31.5%、11%，比重较 2021 年有所下降，放大器和其他集成电路产品占比有所上升。进口区域主要为中国台湾、美国、中国大陆、韩国，与前两年基本一致。

尽管日本在半导体市场略显颓势，但其在半导体材料和设备等供应链上游仍然保持着明显优势。2022 年，日本半导体硅片出口总额约 42 亿美元，主要出口至中国台湾、中国大陆、韩国、美国和新加坡，分别占其出口总额的 30%、18%、16%、12%和 7%。

2022 年日本硅片出口区域分布如图 1-8 所示。

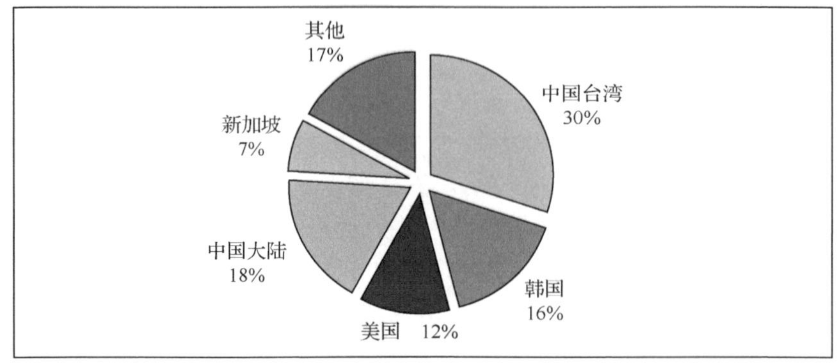

图 1-8　2022 年日本硅片出口区域分布

数据来源：日本海关，赛迪智库集成电路研究所整理，2023 年 5 月

在半导体设备领域，根据 SEMI 统计，日本企业占据全球新购半导体制造设备市场 30%以上的份额。日本企业在半导体设备的主要领域均有布局，与美国、欧洲三足鼎立，加之日本国内对半导体设备的需求较小，日本的半导体设备主要以出口为主。2022 年，日本半导体设备及零配件出口额为 311.5 亿美元，同比增长 2%。其中，集成电路制造设备约 190.3 亿美元，同比增长 3.5%；半导体硅片制造设备约 13 亿美元，同比下降 2.5%；面板制造设备约 20 亿美元，同比缩减 25.8%。在日本半导体设备的主要出口区域中，中国大陆以 31%的出口占比成为日本最主要的出口地区；随后依次是中国台湾、韩国和美国，占比分别为 23%、16%和 15%。

2022 年日本半导体设备及零配件进出口额统计如表 1-9 所示。

表 1-9　2022 年日本半导体设备及零配件进出口额统计

设　　备	进口额/亿美元	出口额/亿美元
半导体硅片制造设备	1	13
集成电路制造设备	31.5	190.3
面板制造设备	0.2	20

续表

设　　备	进口额/亿美元	出口额/亿美元
引线键合装置用零件或附件	5	18.9
品目 8486 的零件及附件	18.4	69.3
合计	56.1	311.5

数据来源：日本海关，赛迪智库集成电路研究所整理，2023 年 5 月

近年来，中国台湾集成电路产业发展较快，进出口额整体呈现持续增长态势。2019 年，受益于 5G 通信带动下处理器芯片出货的增加，中国台湾集成电路产品出口额达到 1002.5 亿美元，同比增长 4.5%；集成电路产品进口额达到 534 亿美元，同比增长 5%。2020 年，集成电路产品进出口额均大幅增长，出口额达到 1231 亿美元，进口额达到 626 亿美元。2021 年集成电路产品出口额达到 1555 亿美元，进口额达到 814 亿美元，创下历年新高。2022 年，中国台湾集成电路产品进出口持续增长，出口额达到 1838.4 亿美元，进口额达到 876.7 亿美元。

2022 年中国台湾集成电路产品进出口情况如表 1-10 所示。

表 1-10　2022 年中国台湾集成电路进出口情况

产　　品	进口额/亿美元	进口同比/%	出口额/亿美元	出口同比/%
处理器及控制器	140.6	16.1	163.5	6.2
存储器	310.2	−8.2	250.6	15.2
放大器	2.3	4.6	0.8	33.7
其他集成电路	419	19.5	1422.3	20
集成电路零件	4.6	6.2	1.17	12.6
合计	876.7	7.4	1838.4	17.9

数据来源：中国台湾海关，赛迪智库集成电路研究所整理，2023 年 5 月

五、主要国家和地区发展状况

（一）美国

作为全球半导体产业的发源地，美国在芯片设计、开发工具、软件系统、行业标准体系、元器件等领域具有较强的技术创新能力，牢牢把控产业底层核心技术，在半导体产品研发、设计、制造工艺、设备等领域处于全球领先地位。除产业规模整体优势外，在企业竞争力方面，美国同样体现出霸主地

位，全球排名前20位的半导体企业接近一半为美国企业，如英特尔、高通、美光、德州仪器、苹果、英伟达、安森美等。

美国半导体产业协会的数据显示，2022年美国半导体销售额达到2750亿美元，总部位于美国的半导体企业占据全球半导体市场48%的份额，占据中国市场53.4%的份额。在产业链环节方面，2022年美国IDM企业产值约占全球IDM企业总产值的46%，集成电路设计业约占全球集成电路设计业总产值的55%。美国集成电路产业形成高度国际化的生产模式，不少企业将芯片制造和封测转移到海外进行。美国半导体企业晶圆产能有43%位于美国本土，而57%的晶圆产能被转移到新加坡、中国台湾、欧洲、日本等地。在制造工艺方面，英特尔在先进制程工艺领域比台积电、三星有所落后。在封测业方面，美国从20世纪六七十年代开始，逐步将封测产能向亚洲转移，目前美国本土封测业产值较小。在设备业方面，美国也处于领先地位，占据全球约40%的市场份额。

（二）欧洲

欧洲凭借在通信、汽车、照明和其他电子技术领域深厚的技术积累和强大的市场需求，曾一度是全球半导体产业的重要地区之一，占全球市场的20%以上。但是，随着全球经济结构和半导体产业的转变及欧元升值，工业生产开始向亚洲转移，现在欧洲工业的竞争力有所减弱，欧洲半导体产业已失去曾经的辉煌，逐渐变得衰落和保守，其在全球市场中的份额已跌至10%以下。

根据Gartner的统计数据，2022年欧洲半导体产值达到562亿美元，占全球半导体市场的9%。欧洲在汽车电子、工业芯片、设备材料领域拥有一定的竞争力。欧洲主要生产工业、汽车用成熟半导体产品，在车规级产品领域具备较强实力，但在先进制造和设计领域缺少龙头企业。目前，欧洲拥有三家重要半导体制造企业（英飞凌、意法半导体、恩智浦）、一家垄断级光刻设备企业（ASML）及数家材料企业（包括液化空气、巴斯夫等）。恩智浦是汽车、工业和消费领域MCU供应商，全球第一大MCU企业，通信和网络解决方案供应商。英飞凌是全球功率半导体龙头企业和车用传感器、汽车、工业领域MCU龙头企业。同时，欧洲在半导体设备、材料领域占据优势地位，荷兰ASML是全球光刻设备龙头，垄断高端多层极紫外（EUV）光刻机市场，其ArFi光刻机和ArF光刻机分别占据全球96%和88%的市场份额。荷兰ASMI是欧洲第二大半导体设备企业，全球原子层沉积设备龙头，占据

全球原子层沉积 45%的市场份额。德国爱思强占据全球有机金属化学气相沉积设备 70%以上的市场份额。2022 年 2 月 8 日，欧盟委员会公布《欧洲芯片法案》，该法案提出，将在 2030 年之前投入 430 亿欧元的公共和私人投资，到 2030 年将欧洲的半导体全球市场份额翻倍，强化欧洲半导体生态系统，突破先进芯片的设计、制造和封装技术，减少对美国和亚洲的依赖，确保半导体供应链具有弹性。

（三）日本

自 21 世纪以来，数字与智能技术加速向各经济领域渗透，引发全球经济结构变革，国际分工模式快速兴起，全球数字终端和基础设施蓬勃发展并快速成为半导体主要增量市场。日本未能适应世界变化，在数字领域投资滞后，造成本土半导体市场长期低迷。在智能手机、数据中心和个人计算机等对芯片需求较大的终端产品领域，日本企业基本上退出了全球竞争，仅在汽车、家庭娱乐等领域保有份额。下游产品份额萎缩，造成日本本土市场对半导体需求不强，内循环动力不足。WSTS 的数据显示，2021 年日本半导体市场全球占比为 7.9%，约为美国的 1/3、中国大陆的 1/4。日本六成以上的芯片依靠进口，缺乏先进半导体芯片设计体系和 CPU 等高端处理器芯片，仅少数产品具备竞争力，集中在存储器、微处理器、功率分立器件、图像传感器等细分领域。日本曾经拥有全球领先的芯片制造能力，但近 20 年衰退严重。目前，日本仍然保有全球数量最多的晶圆厂，但大多数为 8 英寸（1 英寸≈2.54 厘米）及以下的落后生产线，在资本密集的先进逻辑晶圆代工和劳动力密集的芯片封测环节对外依赖严重，28 nm 及更先进的逻辑芯片产能几乎为零。但是，日本在半导体设备材料配套、特定半导体产品、硬件集成等方面具有较大优势，拥有东京电子、佳能、尼康、爱德万、信越化学、三菱住友等设备、材料龙头企业，在多个领域占据垄断地位。

（四）韩国

韩国以存储器为切入点，发展集成电路产业，持续扶持重点企业做大做强。韩国集成电路产业主要围绕三星、SK 海力士等综合型企业建立，重点发展存储器和先进代工。目前，韩国在先进制造方面具有一定的领先水平，在设备材料领域具有一定的自给能力，但在高端设计方面存在不足。韩国半导体企业在全球市场占有率近 20%，凭借其在存储器领域的领先地位而在半导体市场中竞争力显著。2022 年，韩国半导体产值达到 1006 亿美元，同比下降 11%。

随着全球半导体产业进入下行周期，三星作为全球最大的存储芯片和智能手机制造商，受限于市场需求下降和部分半导体产品价格下跌，2022 年营业收入下降 12.8%，为 638.23 亿美元，保持了全球排名第一位的半导体厂商的地位。近年来，韩国也积极布局半导体领域。2021 年，韩国发布“K 半导体战略”。未来十年，韩国政府将携手三星等 153 家韩国企业，投资 510 万亿韩元（约合人民币 2.9 万亿元）拟建设全球最大的半导体生产基地，引领全球的半导体供应链。2022 年，韩国集成电路产品出口额为 1128.47 亿美元，同比增长 3%；集成电路产品进口额为 624 亿美元，同比增长 24%。

（五）中国台湾

从产业链环节看，中国台湾集成电路产业以制造业为主，凭借强大的制造能力带动设计、封测等产业链环节协同发展。在芯片设计领域，中国台湾仅次于美国和中国大陆。中国台湾拥有联发科、联咏、瑞昱等全球领先的芯片设计企业。中国台湾集成电路设计业产值仅次于美国和中国大陆。在芯片代工和封测领域，中国台湾是绝对的市场领先者。中国台湾半导体产业凭借独创的代工模式快速抢占全球市场，而台积电是全球规模最大、技术最先进的代工企业。中国台湾在封测领域也占据领先地位，拥有日月光、力成、京元电等一批封测龙头厂商，掌握扇出、3D 等先进封装技术，占据全球封测市场的半壁江山。设备材料领域是中国台湾半导体产业的短板，虽然中国台湾是全球排名第二位的半导体设备市场，但企业在设备领域鲜有布局，设备产品短板突出。中国台湾也是全球最大的集成电路制造材料市场和排名第二位的封装材料市场，仅在少数材料领域有所参与。

根据台湾工研院产科国际所的统计，2022 年中国台湾集成电路产业产值达到新台币 48370 亿元（约合 1623 亿美元），同比增长 18.5%。其中集成电路设计业产值为新台币 12320 亿元（约合 413 亿美元），较 2021 年增长 1.4%；集成电路制造业产值为新台币 29203 亿元（约合 980 亿美元），较 2021 年增加 31%；晶圆代工业产值为新台币 26847 亿元（约合 900 亿美元），较 2021 年增加 38%，存储器与其他制造业产值为新台币 2356 亿元（约合 79 亿美元），较 2021 年下降 18.2%；集成电路封装业产值为新台币 4660 亿元（约合 156 亿美元），同比上涨 7%；集成电路测试业产值为新台币 2187 亿元（约合 73 亿美元），较 2021 年下降 2.3%。

第二节　发展特点

一、电子产品需求下滑，市场进入下行周期

半导体产业受宏观经济、终端需求等因素影响，呈现出明显的周期性特征，通常 3～5 年会经历从需求爆发、涨价、扩产、产能释放，到需求萎缩、产能过剩和价格下跌的往复波动。2020 年，新冠疫情加速全社会数字化转型，供应链恐慌推动整机及分销商加大库存或囤货，导致出现芯片供不应求、价格上涨的局面，全球半导体市场迎来一轮周期性上涨。进入 2022 年，随着全球经济增速放缓和电子产品消费低迷，加上新冠疫情、美国出口管制对集成电路供应链的持续冲击，全球半导体市场需求降温，市场增长率从 2021 年的 26%下降到 3%。从具体终端应用看，在手机方面，高库存和通货膨胀导致智能手机市场疲软。据国际数据中心（IDC）统计，2022 年全球智能手机出货约 12 亿部，下跌 11.3%；2022 年智能手机带动的半导体市场达 1497 亿美元，同比仅增长 3.1%。在个人计算机方面，受经济下行、提前消费和技术迭代速度变慢的影响，消费者换机周期变长，全球个人计算机市场面临低谷。2022 年，全球个人计算机出货量为 2.9 亿台，同比下降 16.5%。同时，云计算领域支出持续增长，数据中心市场仍然高速增长，汽车和工业领域需求仍然旺盛，传统汽车产业加速向电动化、智能化、网联化、共享化（简称“四化”）的方向转型。车用硅含量持续提升，推动车用半导体市场加速扩容，汽车存储、计算与控制、感知系统（车载摄像头、激光雷达）、动力电池、功率半导体、汽车连接器等汽车电子细分领域快速发展。高性能计算、汽车等将成为未来半导体市场增长的主要驱动力。

展望 2023 年，个人计算机、手机等半导体传统应用市场缺乏创新，增量空间显著缩窄，新兴应用市场尚未成熟，在短期内拉动作用有限，市场复苏前景不明朗。WSTS 统计，2023 年第一季度，全球半导体市场规模同比下降 21%，主要国家和地区均出现下降。多家机构预测，2023 年全年半导体市场将出现两位数下跌。

二、全球半导体产品和技术持续变革创新

2022 年，半导体产业加速产业技术变革创新，新应用领域的不断拓展也从侧面促进了产业技术的更新换代。

在半导体制造工艺方面，先进制程持续演进，3 nm 制程工艺开始量产，台积电、三星全力推进 3 nm 以下先进制程芯片的研发与制造。2022 年 6 月，三星宣布采用全环绕栅极（GAA）晶体管架构的 3 nm 工艺芯片开始量产，其第一代 3 nm 工艺可以使芯片减少 16%的面积，提升 25%的效能。台积电计划在 2025 年实现 2 nm 工艺芯片量产，预计第二代 3 nm 工艺芯片将在 2024 年量产。台积电在 2022 年 12 月开始 3 nm 工艺芯片量产，第二代 3 nm 工艺芯片预计在 2023 年下半年量产，2 nm 工艺芯片预计在 2025 年量产。

先进封装和异构集成成为产业技术重要的推动力，将不同架构、不同功能进行组合的异构计算成为重要的解决方案。随着芯片向更小、更薄方向演进，先进封装技术的市场需求也不断提升。伴随数据计算量的大幅增长，高性能计算的应用场景不断拓宽，对芯片算力性能提出了更高的要求，将拉动对先进封装及芯粒工艺的需求，预计芯粒技术将迎来广阔的发展空间。研究机构 Omdia 预计，到 2024 年，芯粒的市场规模将达到 58 亿美元；到 2035 年，其市场规模有望进一步扩大到 570 亿美元（约合人民币 4151.08 亿元）以上，是 2018 年市场规模的 88 倍。

在芯片设计方面，人工智能大模型的相关应用正在加速落地，对人工智能芯片的需求持续增加。ChatGPT 在全球范围内掀起热潮。据报道，训练聊天机器人这样的大型模型，需要数百个高端 GPU 协同工作。为了创建和维持 ChatGPT 所需的人工智能分析数据的庞大数据库，开发商 OpenAI 使用了 1 万个英伟达的 GPU 进行相关的训练。2022 年，英伟达发布的新旗舰人工智能芯片 H100 取代了一直被称为人工智能应用主力军的人工智能芯片 A100，能效提高了 3.5 倍。随着人工智能大模型数据处理需求的持续提升，人工智能市场未来将迎来新的增长点。

三、美国持续扩大出口管制，全球产业格局加速重构

当前，全球集成电路贸易明显集中在亚太地区，美国、欧洲均提出强化本土供应链，以减少对亚洲国家和地区的依赖。美国采取出台芯片法案、组建芯片联盟、扩大出口管制等一系列举措，企图吸引制造业回流，构建以美国为中心的全球产业链、供应链体系，加速重构全球半导体产业链格局。

（1）美国计划与日本、韩国等组建芯片产业联盟，企图把我国排除在供应链体系之外。2022 年 3 月，美国提出与日本、韩国和中国台湾组建“芯片四方联盟”，加强芯片产业合作；与欧盟成立美欧贸易和技术委员会，加强

美欧半导体供应链合作；通过“印太经济框架”，鼓动在我国的半导体供应链向南亚和东南亚地区转移。

（2）美国出台“芯片法案”，吸引企业赴美国建厂。台积电、三星等在美国扩大产能。

（3）2022 年 10 月 7 日，美国更新出口管制条例，限制对华出口部分人工智能芯片和半导体设备，推动制造产能从中国大陆转移。

当前，大国科技竞争和地缘政治冲突使全球半导体产业分工合作模式面临巨大的不确定性，美国一系列推动供应链转移的手段加大我国与全球“脱钩”风险，预计未来美国仍然将加强与其盟友合作，持续升级对我国半导体产业的压制和围堵。日益加剧的贸易保护主义推动全球产业格局进入新一轮重塑。

四、东南亚半导体产业加速崛起，有望成为第四次产业转移的承接地

中美贸易摩擦、新冠疫情、俄乌冲突等因素带来对供应链多元化的需求，越南、马来西亚、新加坡、印度等东南亚、南亚国家正在成为全球电子制造企业的投资热土。在整机制造方面，全球电子组装产业链正加速从我国向印度、越南转移。2022 年，苹果开始在印度生产 iPhone14 手机，同时将部分苹果手表和笔记本电脑的生产转移到越南。摩根大通的分析师预计，到 2025 年，苹果将把整个 iPhone 手机生产线的 25%转移到印度，越南将接受 20%的 iPad 和苹果手表的生产。2022 年，三星和 LG 分别计划在越南追加 20 亿美元和 40 亿美元投资，扩大智能手机、家电、相机等的生产规模。在半导体领域，东南亚地区目前已占据全球近三分之一的封测市场和 6%的晶圆制造产能。2021 年，英特尔宣布在马来西亚投资 70 亿美元建设封测生产线，英飞凌、博世等计划扩大在马来西亚的投资，联电、格罗方德宣布了在新加坡新建制造厂的计划。印度政府也已推出 100 亿美元的半导体计划，并提出未来几年成为全球半导体中心。美国在促使高端制造业回流美国的同时，推动以印度和越南等国作为我国电子产业的主要转移地。随着整机生产增加，印度等国市场未来潜力将逐步显现，南亚、东南亚地区将在全球半导体供应链中发挥更大的作用。

第二章

2022 年中国集成电路产业发展状况

第一节 发展状况

一、产业规模

自 2014 年 6 月国务院印发《国家集成电路产业发展推进纲要》以来，我国集成电路产业政策及投融资环境不断改善，企业实力显著增强，产业规模不断增长。2010—2022 年我国集成电路产业销售额及增长率如图 2-1 所示。据中国半导体行业协会统计，2019 年，我国集成电路产业销售额为 7562.3 亿元，同比增长 15.8%；2020 年，我国集成电路产业销售额为 8848 亿元，同比增长 17%；2021 年，我国集成电路产业销售额为 10458.3 亿元，同比增

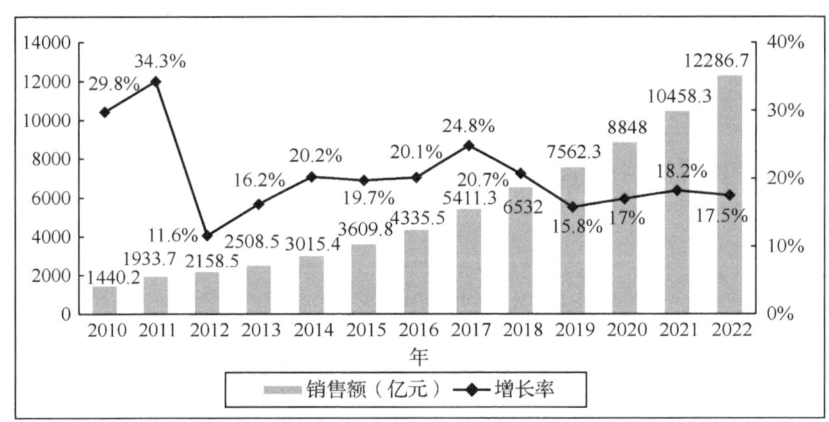

图 2-1 2010—2022 年我国集成电路产业销售额及增长率

数据来源：中国半导体行业协会，赛迪智库集成电路研究所整理，2023 年 5 月

长 18.2%。据赛迪智库集成电路研究所统计，2022 年，我国集成电路产业景气度经历了波动和反转，虽然智能手机和个人计算机出货需求减弱且库存增加，但全年依旧维持高速增长。2022 年，我国集成电路产业规模达到 12286.7 亿元，同比增长 17.5%。

2017—2021 年我国集成电路产业分季度销售情况如图 2-2 所示。

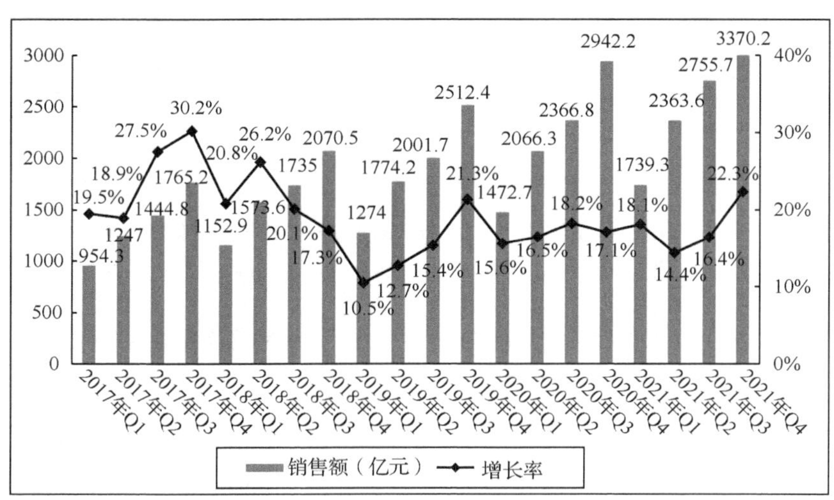

图 2-2　2017—2021 年我国集成电路产业分季度销售情况

数据来源：中国半导体行业协会，2022 年 3 月

二、产业结构

（一）产业链结构

2017—2022 年，我国集成电路设计业、制造业和封测业均保持了增长态势。2022 年，我国集成电路产业销售额为 12286.7 亿元，同比增长 17.5%。其中，设计业销售额为 5345.7 亿元，同比增长 18.3%；制造业销售额为 3855 亿元，同比增长 21.4%；封测业销售额为 3086 亿元，同比增长 11.7%。

2019—2022 年我国集成电路产业结构如图 2-3 所示。

2013—2022 年我国集成电路设计业、制造业和封测业销售额及产业链占比如表 2-1 所示。设计业占产业链的比重自 2013 年起稳步增加，占比从 2013 年的 32.2%增加到 2022 年的 43.5%。制造业由于生产线陆续投产，产业链占比增长至 31.4%。封测业所占比重持续下降，2022 年为 25.1%。总体看，我国集成电路产业链结构得到进一步优化，结构更加趋于合理。

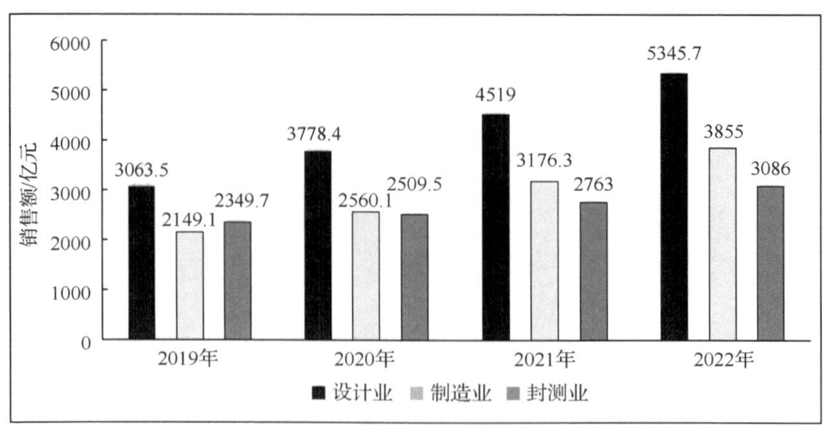

图 2-3　2019—2022 年我国集成电路产业结构

数据来源：中国半导体行业协会，赛迪智库集成电路研究所整理，2023 年 5 月

表 2-1　2013—2022 年我国集成电路设计业、制造业和封测业销售额及产业链占比

年　份	设　计　业		制　造　业		封　测　业		合计销售额/亿元
	销售额/亿元	占比/%	销售额/亿元	占比/%	销售额/亿元	占比/%	
2013	808.8	32.2	600.9	24	1098.8	43.8	2508.5
2014	1047.4	34.7	712.1	23.6	1255.9	41.7	3015.4
2015	1325	38.3	900.8	25	1384	36.7	3609.8
2016	1644.3	37.9	1126.9	26	1564.3	36.1	4335.5
2017	2073.5	38.3	1448.1	26.8	1889.7	34.9	5411.3
2018	2519.3	38.6	1818.2	27.8	2193.9	33.6	6531.4
2019	3063.5	40.51	2149.1	28.42	2349.7	31.07	7562.3
2020	3778.4	42.7	2560.1	28.9	2509.5	28.4	8848
2021	4519	43.2	3176.3	30.4	2763	26.4	10458.3
2022	5345.7	43.5	3855	31.4	3086	25.1	12286.7

数据来源：中国半导体行业协会，赛迪智库集成电路研究所整理，2023 年 5 月

2022 年我国集成电路产业链结构如图 2-4 所示。

（二）区域分布

近年来，我国集成电路产业规模不断壮大，空间形态呈现集群式“一轴一带”分布，已经形成长江三角洲地区、环渤海地区、珠江三角洲地区和以西安、武汉、重庆等为代表的中西部地区等四个产业聚集区。同时，在福建

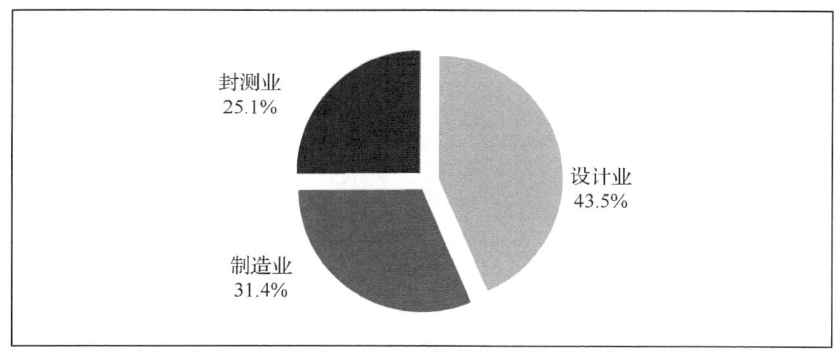

图 2-4　2022 年我国集成电路产业链结构

数据来源：赛迪智库集成电路研究所整理，2023 年 5 月

发展集成电路产业的区域优势和近年来不断出台多项集成电路产业政策等因素的作用下，福州、厦门、泉州兴建或引进了多条极具特色的生产线，逐步从珠江三角洲聚集区独立出来，形成了新的福厦泉产业聚集区。从整体发展状况看，长江三角洲地区是国内集成电路产业链最完整、综合技术水平最高的地区。接下来是珠江三角洲地区，粤芯立足广州，产能不断增加，跑出发展加速度。以深圳为代表的设计业发展迅速，中芯深圳 12 英寸生产线正在加速投产。环渤海地区以北京为代表，现已形成以中芯国际、北方华创为龙头，包括设计、晶圆制造、封测、设备、零部件及材料等环节的完整产业链。近年来，以武汉、西安、重庆等中心城市为主的中西部地区，在武汉长江存储、西安三星、润西微电子等多条生产线建设或扩产的带动下，集成电路产业得到快速发展。

三、进出口情况

（一）半导体进出口情况

1. 进口情况

半导体产品包括集成电路、光电器件、传感器和分立器件。从进口额看，2022 年我国半导体进口额达到 4488.9 亿美元，同比下降 3.9%。其中，集成电路总进口额为 4163.67 亿美元，占总进口额的 92.8%；光电器件、传感器、分立器件总进口额为 325.25 亿美元，占总进口额的 7.2%。

2010—2022 年我国半导体进口情况如图 2-5 所示。

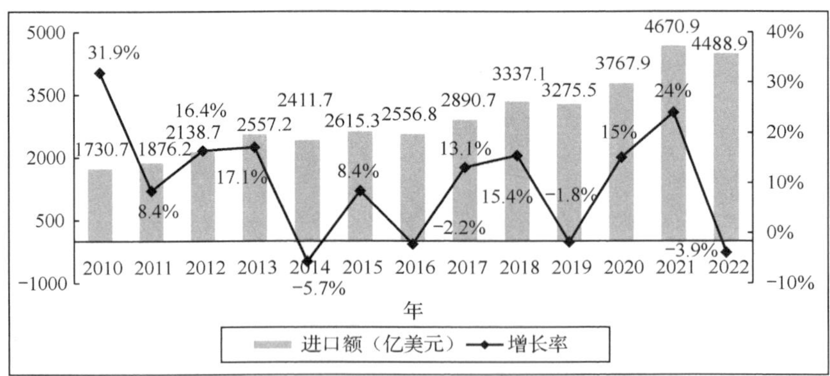

图 2-5　2010—2022 年我国半导体进口情况

数据来源：中国海关，2023 年 3 月

2. 出口情况

从出口额看，2022 年我国半导体出口规模持续增长，总金额达到 2201.6 亿美元，同比增长 7.8%。其中，集成电路的出口额为 1543.6 亿美元，占总出口额的 70.1%；光电器件、传感器、分立器件合计出口额达到 657.96 亿美元，占总进口额的 29.9%。

2010—2022 年我国半导体产品出口情况如图 2-6 所示。

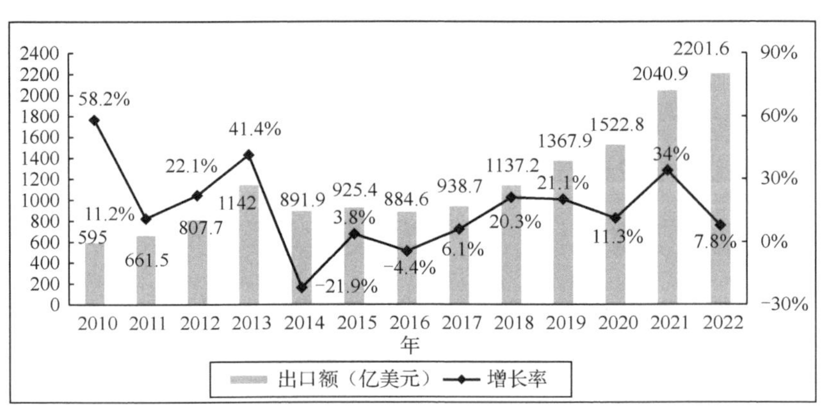

图 2-6　2010—2022 年我国半导体出口情况

数据来源：中国海关，2023 年 3 月

（二）集成电路产品进出口情况

1. 进口情况

我国集成电路产品的进口量逐年增长，进口额受产品价格影响，呈现

出波动增长态势。2019 年，我国集成电路产品进口量为 4451.3 亿块，同比增长 6.6%；进口额为 3055.5 亿美元，同比下降 2.1%。2020 年，我国集成电路产品进口量为 5435 亿块，同比增长 22.1%；进口额为 3500.4 亿美元，同比增长 14.6%。2021 年，我国集成电路产品进口量为 6355 亿块，同比增长 17%；进口额为 4337.4 亿美元，同比增长 23.9%。2022 年，我国集成电路产品进口量为 5384 亿块，同比下降 15.3%；进口额为 4163.7 亿美元，同比下降 4%。

2010—2022 年我国集成电路产品进口情况如图 2-7 所示。

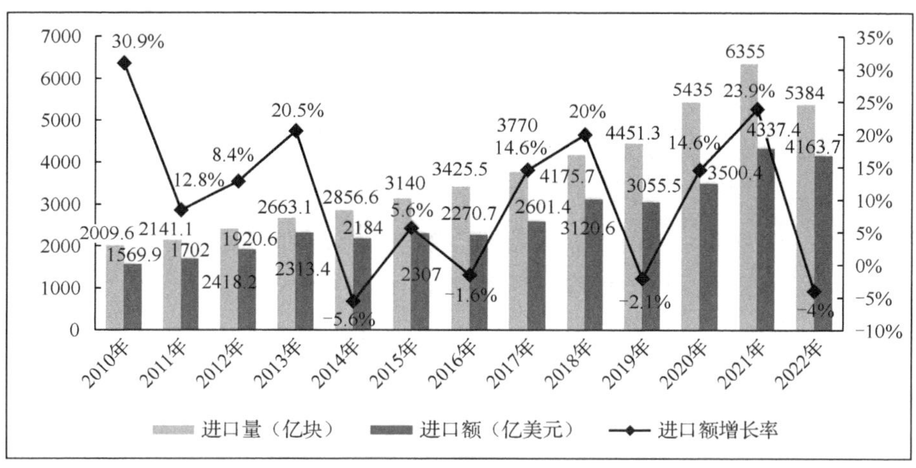

图 2-7　2010—2022 年我国集成电路产品进口情况

数据来源：中国海关，2023 年 3 月

台湾作为全球最大的代工基地和重要的封测基地，贡献了大陆集成电路产品进口额的 38%，进口额达 1589.9 亿美元。2022 年，我国从韩国共进口集成电路产品 844.8 亿美元，占比为 20%；从马来西亚、日本、越南和美国进口占比分别为 7%、5%、4%、3%。马来西亚拥有众多芯片制造厂和封测厂，因此我国从马来西亚进口额较大。我国从日本进口的产品以处理器和存储器为主，从美国进口的主要是处理器。

2022 年我国集成电路产品市场产品区域结构如图 2-8 所示。

从进口产品类型看，处理器及控制器、存储器在数据中心、计算机、移动终端、嵌入式等领域需求量很大，占据我国芯片进口 73.7%的市场份额。2022 年，处理器与控制器的进口额仍然最大，达 2034.4 亿美元，占总进口额的 49.2%。存储器和放大器分列进口第二位和第三位，进口额分别为 1012.6

亿美元和 153.3 亿美元，分别占总进口额的 24.5%和 3.7%。其他集成电路产品种类繁多，占总进口额的 22.6%。从进口数量看，我国 2022 年集成电路产品进口量为 5378.9 亿块，其中处理器与控制器、存储器占据进口量比例分别为 24.4%和 7.2%。放大器，包括晶体管、电源变压器和其他具有信号放大功能的集成电路元器件等，进口量占比为 8.5%。

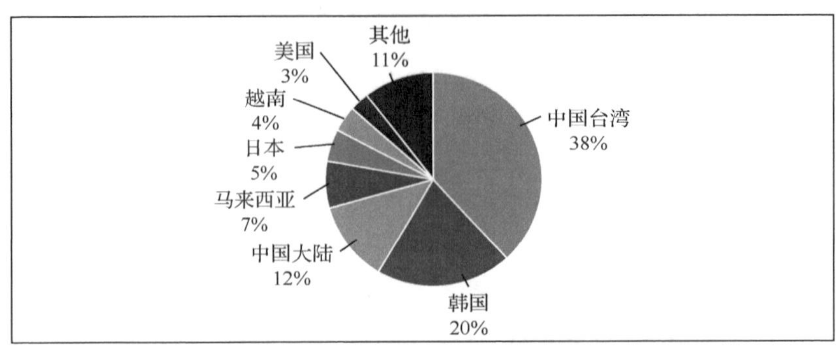

图 2-8　2022 年我国集成电路产品市场产品区域结构

数据来源：中国海关，2023 年 3 月

2022 年我国集成电路产品市场进口额结构如图 2-9 所示。

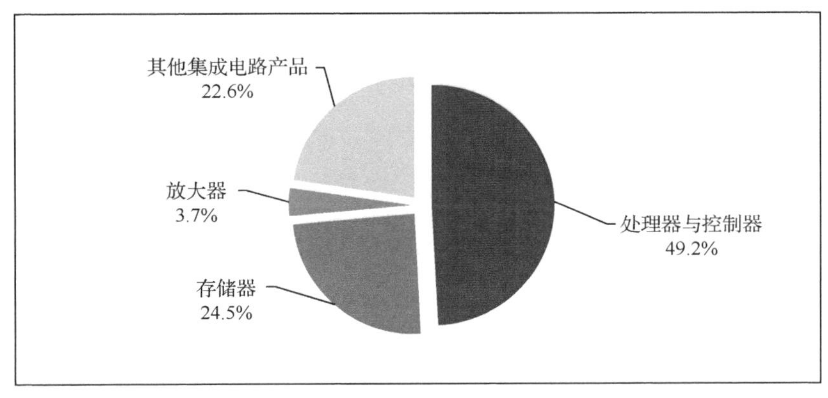

图 2-9　2022 年我国集成电路产品市场进口额结构

数据来源：中国海关，2023 年 3 月

2022 年我国集成电路产品市场进口量结构如图 2-10 所示。

2. 出口情况

2010—2022 年，我国集成电路产品出口呈现波动式增长态势。2016 年，我国集成电路产品出口量略有下降，出口额同比下降 10.8%。自 2017 年以来，

随着国内芯片制造产能的持续增加和国产芯片质量的不断提升，国内芯片出口规模进一步扩大。2019 年，我国集成电路产品出口量为 2144 亿块，出口额为 1021.9 亿美元，同比增长 20.69%；2020 年集成电路产品出口量为 2598 亿块，出口额为 1166 亿美元，同比增长 9.2%。2021 年，我国集成电路产品出口规模进一步扩大，累计集成电路产品出口量为 3107 亿块，同比增长 19.6%；出口额为 1537.8 亿美元，同比增长 37.8%。2022 年，我国累计集成电路产品出口量为 2734 亿块，同比下降 12%；出口额为 1543.6 亿美元，同比增长 0.4%。

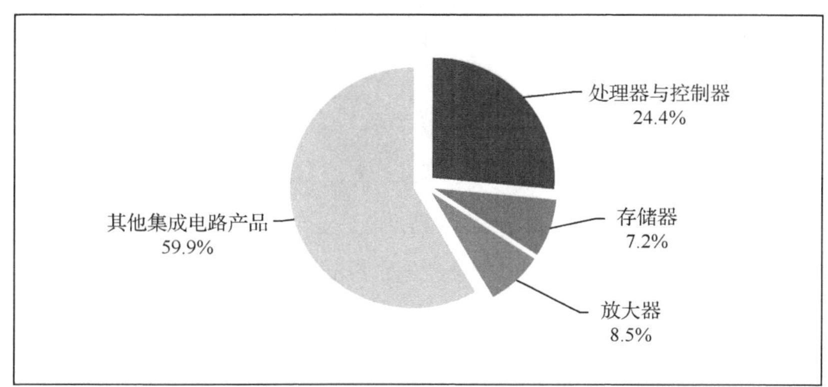

图 2-10　2022 年我国集成电路产品市场进口量结构

数据来源：中国海关，2023 年 3 月

2010—2022 年我国集成电路产品出口情况如图 2-11 所示。

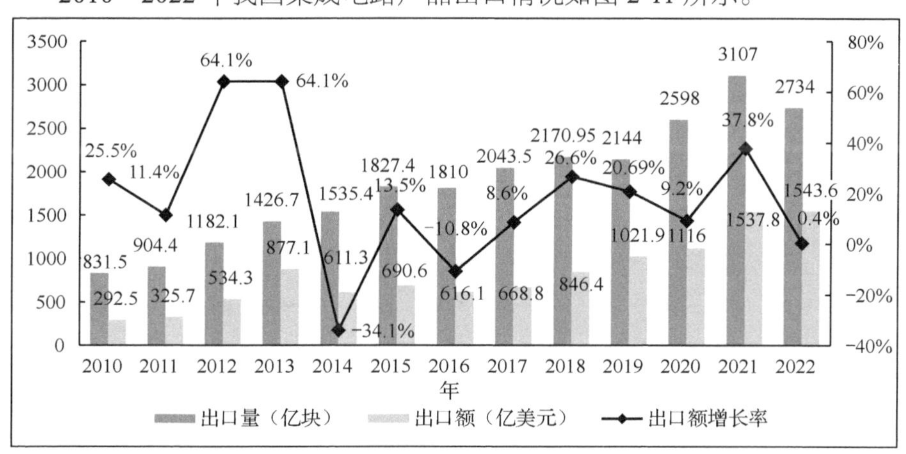

图 2-11　2010—2022 年我国集成电路产品出口情况

数据来源：中国海关，2023 年 3 月

从出口区域看，香港作为重要的贸易中转站，是内地集成电路产品出口

占比最大的地区，出口额为583亿美元，占总出口额的38%；韩国和中国台湾，分别占总出口额的15%和14%。越南、马来西亚和新加坡等东南亚国家作为全球重要的集成电路封测基地和电子产品制造基地，也是我国集成电路产品的重要出口地区。

2022年我国集成电路产品市场出口区域结构如图2-12所示。

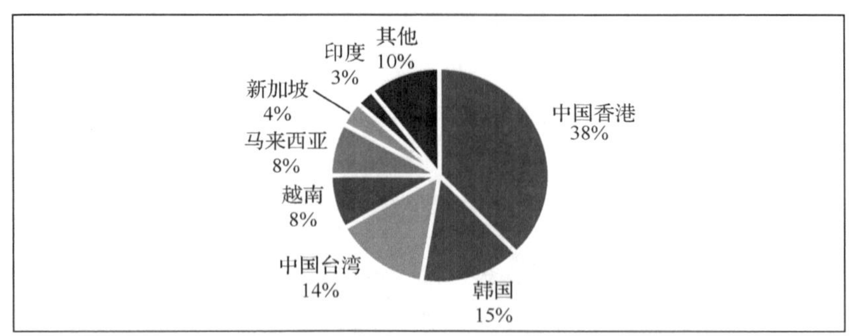

图2-12　2022年我国集成电路产品市场出口区域结构

数据来源：中国海关，2023年3月

从产品结构看，2022年出口量最大的产品为处理器与控制器，出口量为795.1亿块，占出口量的29.1%；出口额为516亿美元，占出口额的33.4%。2022年下半年存储器价格出现较大幅度的下跌，但存储器仍然为国内出口产品中出口额最高的产品，2022年出口额为702.7亿美元，占集成电路产品总出口额的45.5%。放大器的出口额和出口量分别为40.1亿美元和130.6亿块，分别占总额的2.6%和4.8%。

2022年我国集成电路产品市场出口结构如表2-2所示。

表2-2　2022年我国集成电路产品市场出口结构

产品分类	出口额		出口量	
	金额/亿美元	份额/%	数量/亿块	份额/%
处理器与控制器	516	33.4	795.1	29.1
存储器	702.7	45.5	247.5	9.1
放大器	40.1	2.6	130.6	4.8
其他集成电路	284.85	18.5	1560.8	57.1
合计	1543.7	100	2734	100

数据来源：中国海关，2023年3月

四、技术发展

2022 年，我国在集成电路设计、封测、设备和材料等方面取得了一系列新进展，在技术方面与世界先进水平的差距正逐步缩小。但是，受美国对我国先进工艺的制裁，我国先进工艺发展受阻。

（一）设计业技术发展状况

目前，我国企业在应用处理器、射频芯片等移动终端芯片、数字电视芯片、智能卡芯片、人工智能芯片等专用器件市场和 CMOS 图像传感器（CIS）、微机电系统（MEMS）麦克风传感器、指纹传感器等通用器件市场发展较好，整体技术达到或接近世界先进水平。在 5G 通信芯片方面，紫光展锐先后上市第二代 5G 通信芯片 T770、续航和性能更稳定的 5G 单片系统（SoC）芯片 T760、系统级安全的高性能芯片 T820 三款芯片，均采用 6 nm EUV 工艺。在人工智能芯片方面，寒武纪、百度等企业不断发力。寒武纪发布了基于思元 370 云端智能芯片的 MLU370-X8 与 MLU370-M8 两款不同形态的人工智能加速卡，能够提供 24 TFLOPS（FP32）的训练算力和 256 TOPS（INT8）的推理算力。在图像传感器方面，上海韦尔半导体发布了像素尺寸仅为 0.56 μm 的超小型 2 亿像素图像传感器。

我国集成电路设计业重点技术发展状况如表 2-3 所示。

表 2-3　我国集成电路设计业重点技术发展状况

芯片类型	企　业	产品型号	意　义
桌面级处理器	上海兆芯	KX-6000G 系列	缩小与国际先进水平的差距
嵌入式处理器	阿里平头哥	无剑系列	无剑视觉和语音人工智能平台，广泛应用于智能家电、工业控制和语音识别等市场领域
5G 通信芯片	紫光展锐	V8821	我国企业进入全球 5G 通信芯片第一梯队
人工智能芯片	寒武纪	思元 370	缩小与国际先进水平的差距
	地平线	旭日三代	
	百度	昆仑二代	
CMOS 图像传感器	上海韦尔半导体	OVB0A	迈向第一梯队

数据来源：赛迪智库集成电路研究所整理，2023 年 3 月

（二）制造业技术发展状况

目前，三星和台积电是全球仅有的两家可以实现 3 nm 芯片量产的企业。美国对我国先进工艺的打压，使我国集成电路量产制造能力仍然停留在 14 nm 水平。上海华力 28 nm 全套制程工艺（28LP/28HK/28HKC+）已经实现量产，14 nm 研发取得重大进展。我国存储器产业进展迅速，已经逐渐从技术突破阶段向产能提升阶段跃迁。长江存储基于 Xtacking 架构的 232 层 TLC 3D NAND 闪存①正式量产。合肥长鑫已经量产 19 nm 工艺的 DDR4 内存，17 nm 的 DDR5 内存正在加快研发中。

我国集成电路制造业重点技术发展状况如表 2-4 所示。

表 2-4　我国集成电路制造业重点技术发展状况

企 业 名 称	技术发展状况
中芯国际	中芯南方已经实现 14 nm 工艺芯片的量产
上海华力	28 nm 全套制程工艺（28LP/28HK/28HKC+）已经实现量产，14 nm 研发取得重大进展，同时研发 FD-SOI 技术
长江存储	232 层 TLC 3D NAND 闪存已经正式量产
合肥长鑫	已经量产 19 nm 工艺的 DDR4 内存，17 nm 的 DDR5 内存芯片加快研发

数据来源：赛迪智库集成电路研究所整理，2023 年 3 月

（三）封测业技术发展状况

由于我国企业进入封测行业时间较早、技术研发持续性较好、内资龙头企业对国外优质标进行收购等原因，我国封测技术已经整体达到世界先进水平，部分技术工艺达到世界领先水平。结合我国在生产成本方面的优势，封测成为我国集成电路产业链最具有优势的领域。当前，包括中小封装厂在内的我国企业已经全面掌握传统封装技术，而成本、工艺技术差异化是厂商具有市场竞争力的关键。面向先进封装技术，在芯片小型化、高密度化的发展趋势下，先进封装技术成为全球主流封测厂商研发的核心。我国封测行业龙头企业江苏长电科技股份有限公司（简称“长电科技”）在 5G 通信领域具备从 12 mm×12 mm 到 77.5 mm×77.5 mm 全尺寸倒装芯片球栅格阵列（FC-BGA）

① NAND 闪存英文为“NAND flash”，又称“与非型闪存”。

产品工程与量产能力，在存储领域拥有 16 层 NAND 闪存堆叠、35 μm 超薄芯片制程能力，混合异型堆叠等技术也处于行业领先地位。此外，长电科技 D3 工厂已经掌握主要用于射频前端系统级封装（SiP）的双面塑封 BGA 封装技术，还完成了 XDFOITM 2.5D 试验线的建设，按计划进入稳定量产阶段，同步实现针对国际客户的 4 nm 节点多芯片系统集成封装产品出货。

我国半导体创新产品和技术中的集成电路封测技术如表 2-5 所示。

表 2-5　我国半导体创新产品和技术中的集成电路封测技术

企业名称	创新产品和技术名称
华进半导体	2.5D/3D 集成、晶圆级扇出封装、大尺寸 FC-BGA 封装、光电合封、SiP 封装
长电科技	金属基高性能 FC/SiP 封装技术
华天科技	3D FO SiP 封装工艺平台、基于 TCB 工艺的 3D 内存封装技术
气派科技	5G MIMO 基站 GaN 微波射频功放塑封封装技术、高密度大矩阵集成电路封装技术、小型化有引脚自主设计的封装方案
晶方半导体	智能传感器晶圆级系统封装技术
通富超威	创新型超高导热性能 FC-BGA 封装技术
通富微电	QFN SiP 电源模块（5G）封装技术

数据来源：中国 IC 封测产业调研报告，2022 年 3 月

（四）设备业技术发展状况

集成电路设备业是我国集成电路产业发展的薄弱环节，但在“极大规模集成电路制造设备及成套工艺”国家重大专项（简称“02 专项”）的大力支持下，我国集成电路关键制造设备技术水平取得巨大突破，刻蚀机、物理气相沉积、离子注入、化学机械抛光等十几种关键设备均已通过生产线验证并实现销售。在前道工序制造领域，国产设备已经在刻蚀、化学机械抛光、扩散和清洗领域获得较大进展，氧化、扩散、快速热退火等相关产品具备批量供应能力，薄膜沉积、化学机械抛光设备可满足非关键层生产需求。在后道工序封测领域，后端清洗、激光打标等设备实现了完全国产化，封装光刻机的本土市场占有率超过 70%，但键合设备技术能力薄弱，装片设备主要为低端产品，自动化水平不足，测试设备尚未覆盖处理器、存储器、传感器等领域。

（五）材料业技术发展状况

我国集成电路材料业在“02专项”支持下成果显著。

在前道工序制造材料方面，硅片、靶材、光刻胶、抛光液、高纯化学试剂、电子气体、掩膜版、离子源等材料均实现突破，部分材料已应用于12英寸生产线。

在前道工序制造领域，大部分KrF光刻胶、ArF光刻胶、抛光修正盘、过半数种类的电子气体产品尚未国产化，12英寸大硅片（正片）的国产产品市场占有率不足2%，品种广泛的工艺化学品中尚存在本土布局空白。

在后道工序封装领域，虽然自主产品在高端产品市场中仍有不足，但整体上成为我国材料业企业发展的长板，国外企业在我国多建厂生产。在键合丝、引线框架、封装基板、塑封料、导电黏胶等重要后道工序封装材料中，我国已经成长出一批具有一定行业竞争力的企业。自主品牌封装材料在国内市场占有率普遍较高，如键合丝、塑封材料、键合丝等的国产化率已经超过20%。

五、市场情况

近年来，我国集成电路产品市场总体呈现稳步增长态势。2014年，移动互联网的爆发式增长带动我国集成电路产品市场规模首次突破1万亿元。2017年，在存储器价格大幅上涨和人工智能、5G通信、智能网联汽车、区块链等新兴市场的影响下，市场规模大幅增长，达到14250.5亿元，增速高达18.9%。2018年，受计算机和手机市场增长乏力影响，我国市场增速较2017年有所回落，达到12.5%，市场规模达到16031.8亿元。2019年，受存储器大幅降价影响，我国集成电路产品市场规模下降至15093.5亿元左右，同比下降5.9%。2020年，受新基建快速布局和汽车电动化、智能化等因素驱动，以及新冠疫情带动显示面板、数据中心等领域对显示驱动芯片、电源管理芯片和存储芯片的需求剧增，我国集成电路产品市场规模快速复苏，全年集成电路产品市场规模增至16345.7亿元，同比增长8.3%。2021年，在旺盛的市场需求下，我国集成电路产品市场规模较2020年实现20.6%的快速增长，达到19710.3亿元。

2010—2021年我国集成电路产品市场规模如图2-13所示。

在应用结构方面，网络通信、计算机和消费电子仍然占据主导地位，三者销售额合计占市场的78.1%。网络通信是我国集成电路产业的主要细分市场，在5G通信市场发展的影响下，市场占比达到36.8%。受汽车电动化及

智能化影响，汽车半导体价值含量提升，汽车电子市场占比增至 9.1%。

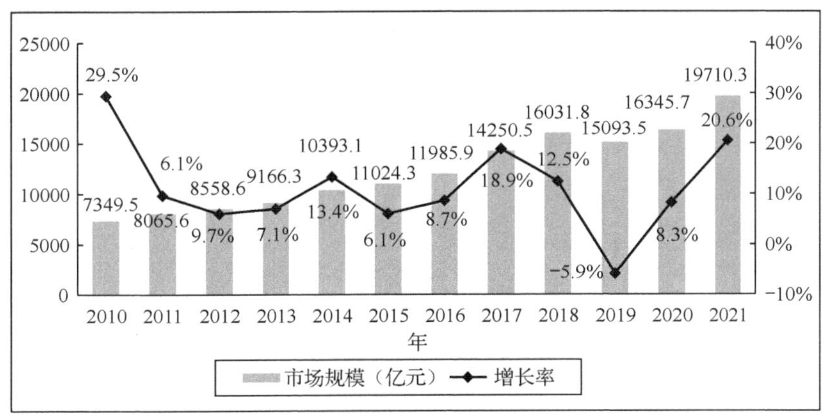

图 2-13　2010—2021 年我国集成电路产品市场规模

数据来源：中国半导体行业协会，2022 年 3 月

2021 年我国半导体市场应用结构如图 2-14 所示。

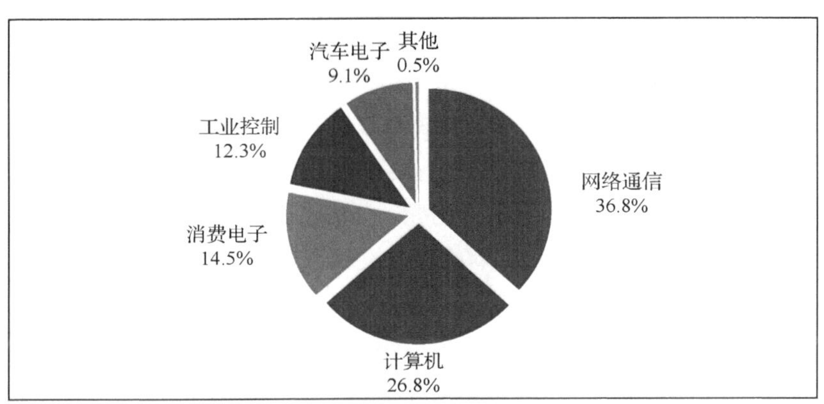

图 2-14　2021 年我国半导体市场应用结构

数据来源：赛迪智库集成电路研究所整理，2022 年 3 月

第二节　发展特点

一、我国进出口仍然保持高位态势

2022 年，我国集成电路产品进口量和进口额较 2021 年有所回落，进口额同比降低 4%，主要由全球和我国消费市场疲软导致。在主要产品中，存

储器进口额占比从 2021 年的 28.2%降低为 24.5%，进口额也明显降低。从进口量看，处理器、存储器、放大器等主要产品的占比变化不大，表明存储器进口额变化主要受 2022 年下半年存储器市场价格下跌影响。在出口方面，受全球下游消费电子市场疲软影响，我国集成电路产品出口量减少 373 亿块，降幅达 12%，而出口额基本维持不变。此外，虽然美国在 2022 年 8 月对部分高端人工智能芯片进行禁售，但所占比重不大，且相关企业提供了替代芯片，对总体进口量和进口额影响不大。

二、国内产业发展环境持续优化

从全国看，2022 年，国内产业发展政策环境进一步优化。2022 年 1 月，国家发展改革委、商务部在《国家发展改革委 商务部关于深圳建设中国特色社会主义先行示范区放宽市场准入若干特别措施的意见》中提出，创新市场准入方式，建立电子元器件和集成电路交易平台，支持深圳优化同类交易场所布局，组建市场化运作的电子元器件和集成电路国际交易中心，打造电子元器件、集成电路企业和产品市场准入新平台，促进上下游供应链和产业链聚集融合、集群发展。2022 年 1 月，教育部、财政部和国家发展改革委在《教育部 财政部 国家发展改革委关于深入推进世界一流大学和一流学科建设的若干意见》中提出，面向集成电路、人工智能、储能技术、数字经济等关键领域，加强交叉学科人才培养；强化科教融合，完善人才培育引进与团队、平台、项目耦合机制，把科研优势转化为育人优势。2022 年 3 月，国家发展改革委在《关于做好 2022 年享受税收优惠政策的集成电路企业或项目、软件企业清单制定工作有关要求的通知》中提出，做好 2022 年享受税收优惠政策的集成电路企业或项目、软件企业清单。

从重点省市看，上海发布《新时期促进上海市集成电路产业和软件产业高质量发展的若干政策》，提出继续做大做强集成电路设计基金，设立上海集成电路产业投资基金，参与投资上海市集成电路新建生产线。深圳发布《深圳市关于促进半导体与集成电路产业高质量发展的若干措施（征求意见稿）》，提出提升半导体制造能力，规划建设逻辑工艺和特色工艺集成电路生产线，支持建设高端片式电容器、电感器、电阻器等电子元器件生产线，鼓励现有集成电路生产线改造升级。

三、我国产业布局进一步完善

在新冠疫情的冲击下，全球化和全球治理体系面临重大转型，各主要经

济体对关键领域的去风险倾向加速，集成电路产业作为信息产业的基础和核心组成部分，已成为国家信息安全保障和促进经济社会发展的关键产业。2022 年，各主要经济体国家不断加大在集成电路产业的投入。2022 年 2 月 8 日，欧盟委员会公布《欧洲芯片法案》，强调加强半导体生态系统建设，提高供应弹性和安全性，并减少对外部依赖的紧迫性，重申到 2030 年将其半导体生产份额提高到占全球 20%的目标。2022 年 8 月 9 日，美国总统拜登签署总额高达 2800 亿美元的《芯片和科学法案》，该法案提供了数百亿美元的新资金，以促进美国对半导体的研究和制造。我国在地缘政治紧张趋势加剧和美国联合西方盟友对我国集成电路产业打压的背景下，也不断加大对集成电路产业的支持。我国各地政府在 2022 年相继出台了集成电路产业政策。据不完全统计，从地区上看，我国集成电路产业政策发布地主要分布在广东、福建、山东、浙江、上海等沿海地区。从数量上看，广东出台的集成电路产业政策最多，已在高端模拟、化合物半导体、MEMS 传感器等特色工艺方面布局了一批重大的生产线项目。广东正成为我国集成电路产业的第三极。此外，安徽依托晶合集成和长鑫存储等主要晶圆制造企业完成其“芯屏器合”的产业生态布局，加速构建集设计、制造、封测、设备、材料于一体的较为完整的产业链条。中西部地区（如武汉、西安等）打造以存储器为主的集成电路产业。成渝地区主要聚焦功率器件等特色工艺生产线建设，打造特色工艺技术高地。我国集成电路产业布局在政府的支持和市场的关注下得到进一步优化。

四、企业实力和技术水平持续提升

（一）芯片技术水平和供给能力显著提升

近 5 年来，我国芯片设计水平提升 5 代，与国际水平同步。人工智能芯片已在安防监控等领域实现规模应用。芯片制造企业工艺逐步提升，14 nm 工艺实现量产。我国存储芯片“双雄”进一步实现扩张，产能逐渐得到释放：长江存储已成功量产 232 层 3D NAND 闪存芯片；合肥长鑫 2022 年产能超过 5 万片，已量产 19 nm 工艺的 DDR4 内存，正加快研发 DDR5 内存。部分环节的电子设计自动化（EDA）工具实现产业化突破，国产 12 英寸关键设备材料已实现批量应用。

（二）骨干企业逐步接近全球第一阵营

从销售过亿元企业的增长情况看，根据中国半导体行业协会集成电路设

计分会的统计，我国在 2022 年有 566 家企业的销售额超过 1 亿元，比 2021 年的 413 家增加 153 家，增长 37%。芯思想研究院的数据显示，中芯国际、华虹集团与晶合集成位居全球排名前十位的晶圆代工企业行列，分别排名第四位、第五位和第九位。长电科技、通富微电、天水华天在封测行业排名分列全球第三位、第四位和第六位。北方华创、中微半导体、宁波江丰、南大光电等一批集成电路设备和材料企业发展势头良好。

集成电路行业篇

第三章

集成电路设计业

第一节　全球集成电路设计业

一、行业规模

2022 年，半导体产业依然保持增长趋势，全球产值为 5741 亿美元，同比增长 3.2%。工业设备、通信网络、消费电子等终端应用市场不断发展，远距离办公和教学等需求持续增长，物联网、人工智能等新一代信息技术不断成熟，将对高速运算芯片的需求拉高，全球集成电路设计业呈现良好态势。2022 年，全球集成电路设计业产值为 1821 亿美元，同比增长 6.7%；设计业占全球半导体产业规模的比例为 31.7%，较 2021 年提升 1 个百分点。

2009—2022 年全球集成电路设计业销售额及增长率如图 3-1 所示。

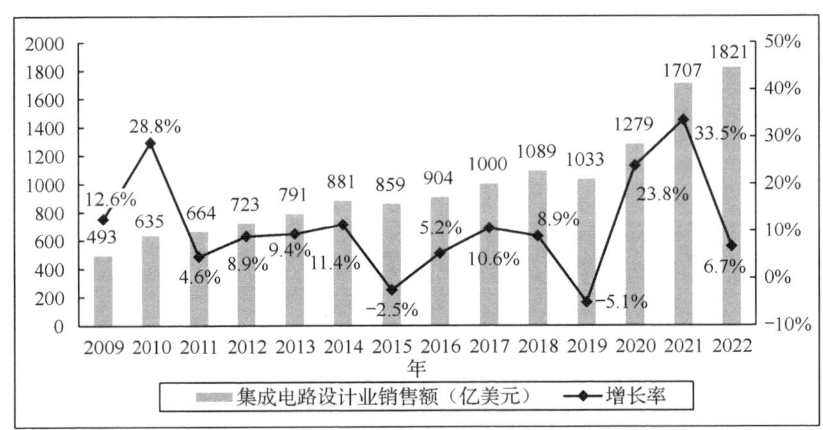

图 3-1　2009—2022 年全球集成电路设计业销售额及增长率

数据来源：IC Insights，Gartner，2023 年 4 月

2009—2022 年集成电路设计业规模在全球半导体市场规模中的占比如图 3-2 所示。

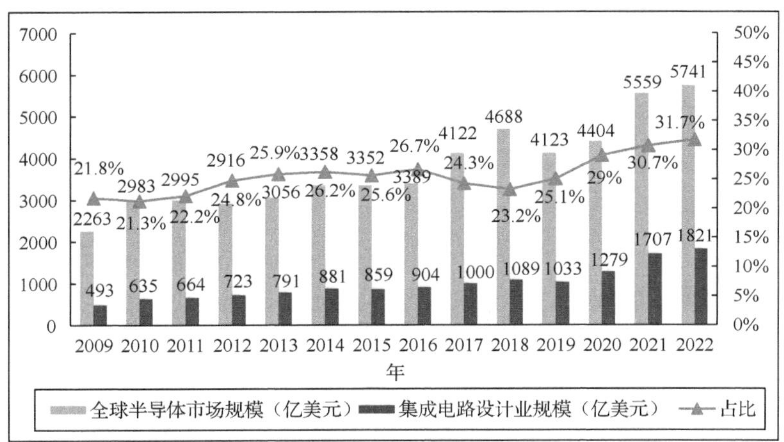

图 3-2　2009—2022 年集成电路设计业规模在全球半导体市场规模中的占比

数据来源：WSTS，IC Insights，Gartner，2023 年 4 月

二、行业布局

从区域发展状况看，2022 年集成电路设计业占有率位居前两位的是美洲和亚太地区（不包括日本）。根据 Gartner 的统计数据，美洲 2022 年设计业产值为 1112.56 亿美元，同比增长 16%，占全球总产值的 61.26%，仍然继续维持其主导地位。亚太地区（不包括日本）的设计业产值为 662.47 亿美元，同比下跌 5.9%，占全球总产值的 36.48%。欧洲设计业产值为 28.41 亿美元，同比增长 15.6%，占全球总产值的 1.56%。日本设计业产值为 12.76 亿美元，同比下跌 29%，占全球总产值的 0.7%。

2022 年全球半导体设计业市场格局如图 3-3 所示。

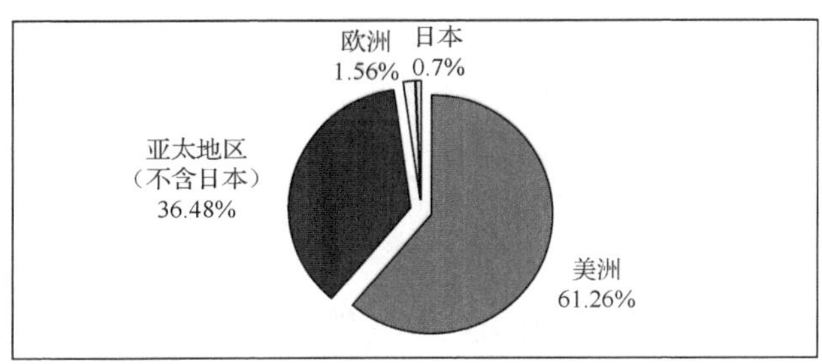

图 3-3　2022 年全球半导体设计业市场格局

数据来源：Gartner，2023 年 4 月

三、技术发展

（一）移动智能终端芯片

2022 年 11 月 16 日，高通正式发布骁龙 8 Gen 2 芯片。骁龙 8 Gen2 芯片采用全新的“1+4+3”八核架构，包括一个超大的 Kryo Prime 核心（基于 Cortex-X3），以 3.2 GHz 频率运行，负责提供高单线程性能；还有四个性能核心，以 2.8 GHz 频率运行，能够处理多线程工作负载；另有三个效率核心，频率为 2.0 GHz。此外，新芯片采用 4 nm 工艺，CPU 性能提升 35%，GPU 性能提升 25%，首度支持基于硬件的实时光线追踪，在持续人工智能推理方面能够实现 60%的能效提升。业界预计，小米、vivo、OPPO、荣耀、华硕、索尼、夏普、一加等品牌将推出搭载该芯片的智能终端。

2022 年 11 月 8 日，联发科发布天玑 9200 芯片。天玑 9200 芯片基于台积电第二代 4 nm 制程打造，搭载八核旗舰 CPU，性能核心全部支持纯 64 位应用，CPU 峰值性能功耗较上一代降低 25%；GPU 采用新一代 11 核 Immortails-G715，性能较上一代提升 32%，功耗降低 41%，支持移动端硬件光线追踪和可变速率渲染技术。

2022 年 6 月 7 日，苹果推出 M2 芯片，采用 5 nm 工艺。M2 芯片具有 8 核 CPU（4 个性能核心和 4 个能效核心）、8 核图形处理器和 16 核神经网络引擎，集成了 200 亿个晶体管，统一内存的带宽达到 100 Gbps，容量高达 24 GB。

（二）传感器芯片

2022 年 2 月，意法半导体推出 50 万像素深度图像飞行时间（ToF）传感器，使智能手机等设备能够具有先进的 3D 深度成像功能。该系列的首款产品是 VD55H1，可以通过感测 50 多万个点的距离来实现 3D 成像。该产品可以增强智能手机系统的相机功能，如散景效果、多相机选择和视频分割，能够提高人脸认证的安全性。VD55H1 用于机器人，能够为目标提供高保真 3D 场景图，使机器人实现更多功能。

2022 年 3 月，思特威推出首颗 5000 万像素超高分辨率（1 μm 像素尺寸）图像传感器新品 SC550XS，该产品使用了先进的 22 nm HKMG Stack 工艺制程，拥有更高的帧率及更低的功耗。与同类产品相比，该产品满阱电子提升了 20%，读取噪声与固定噪声分别降低 20%与 40%，进一步提升了成像的细腻质感。

2022年11月，博世展出了最新的高性能惯性测量单元IMU。IMU集成了高性能加速度计和陀螺仪，能够对三个垂直轴上的加速度和角速率进行检测。当遇到全球卫星导航系统信号较弱或中断时，IMU能够不受其影响，通过提供惯性数据来计算车辆的当前位置，帮助L2级别以上的高级辅助驾驶实现精确定位。

（三）人工智能芯片

深度神经网络系统为智能芯片的发展提供了新路径，可以大幅提升智能芯片的运算速度，减少能耗。

2022年3月，Graphcore公司推出全新的指令处理部件Bow，以及计算系统Bow Pod系列。相比搭载第二代指令处理部件Colossus Mk2 GC200的M2000，Bow Pod系列可以实现40%的总体性能提升，以及每瓦性能16%的提升。为进一步解决散热问题，Graphcore公司与台积电合作，通过WoW（Wafer on Wafer）3D封装方式，实现了性能与功耗比的进一步提升。该芯片单个封装超过600亿只晶体管，能够提供350 TFLOPS人工智能算力，具有1472个独立处理器内核、8832个独立并行程序和0.9 GB处理器内存。

2022年4月，Esperanto Technologies公司完成了对旗下人工智能推理加速芯片ET-SoC-1的评估。该芯片内含1088个RISC-V架构的64位低功耗核心，并且附带向量/张量运算单元，可以应用在加速机器学习运算中。该芯片具有超过1.6亿Byte的SRAM存储器，能够连接NAND和外部DRAM存储器。该芯片将成为运算速度最快的RISC-V架构芯片。

2022年3月，Hailo公司推出全新的Hailo-15系列高性能视觉处理芯片，可以为部署在智能城市、工厂、建筑、零售场所等地的摄像头带来前所未有的边缘人工智能性能，Hailo-15可提供高达20 TOPS的算力支持，支持多个输入流，并将强大的CPU和DSP子系统与Hailo的人工智能内核相结合。

2022年9月，英伟达发布新一代GPU芯片H100，这种新技术芯片可以大幅提升人工智能算法的计算速度，未来有望成为人工智能基础设施的核心。H100采取新一代的Hopper架构，拥有800亿只晶体管，使用台积电最新的4 nm工艺制造，是全球最大的一款加速芯片，也是全球首款PCIE5和HBM3显卡芯片。

四、重点企业排名

2022 年，全球排名前十位的集成电路设计企业销售额为 1277.4 亿美元，同比增长 15.8%。从企业总部所在地看，排名前十位的企业中有 3 家中国台湾企业、1 家中国大陆企业，其余 6 家均为美国企业，美国在集成电路设计领域依然占据无法取代的地位。从企业销售额情况看，高通以 27.4%的年增长率蝉联营业收入榜首。

各类终端应用需求强劲，导致晶圆缺货、集成电路产品严重供不应求，“缺芯”危机蔓延、涨价潮愈演愈烈，这也为集成电路设计企业带来商机，总体营业收入持续增长。2022 年，全球排名前十位的集成电路设计企业中有 6 家实现同比正增长、3 家同比负增长、1 家基本持平，排名前十位的门槛同比降低 103.5 亿美元。高通是全球移动单片系统霸主，2022 年营业收入达到 347.8 亿美元。AMD 各项业务全面增长，总营业收入达到 236.2 亿美元，超越英伟达，成为第二名。苹果营业收入年增长 24.1%，排名第三位。联发科在 5G 通信市场需求激增和多元化业务部署下，侧重于手机单片系统，营业收入年增长较少，仅为 2.4%。美满总营业收入达到 58.31 亿美元，同比增长 37.7%。此外，紫光展锐首次进入榜单，总营业收入超过 20 亿美元，同比增长 14.7%。

2022 年全球排名前十位的集成电路设计企业如表 3-1 所示。

表 3-1　2022 年全球排名前十位的集成电路设计企业

排名	企 业 名 称	总部所在地	2021 销售额/百万美元	2022 销售额/百万美元	增长率/%
1	高通（Qualcomm）	美国	27293	34780	27.4
2	AMD	美国	16299	23620	44.9
3	苹果（Apple）	美国	14580	18099	24.1
4	联发科（MediaTek）	中国台湾	17617	18043	2.4
5	英伟达（NVIDIA）	美国	16815	15331	-8.8
6	美满（Marvell）	美国	4234	5831	37.7
7	瑞昱半导体（Realtek）	中国台湾	3763	3762	0
8	联咏科技（Novatek）	中国台湾	4819	3724	-22.7
9	豪威科技（OMNIVISION）	美国	3115	2470	-20.7
10	紫光展锐（UniSoC Technologies）	中国大陆	1814	2080	14.7
合计			110349	127740	15.8

数据来源：Gartner，2023 年 4 月

第二节　我国集成电路设计业

一、行业规模

据中国半导体行业协会集成电路设计分会统计，我国 2022 年集成电路设计业销售额为 5345.7 亿元，比 2021 年的 4586.9 亿元增长 16.5%，增速比 2021 年的 20.1%降低了 3.6 个百分点。若按照美元与人民币 1∶6.8 的平均兑换率，全年销售额约 787.4 亿美元，占全球集成电路产品销售额的比例有所提升。

2004—2022 年我国集成电路设计业销售额及增长率如图 3-4 所示。

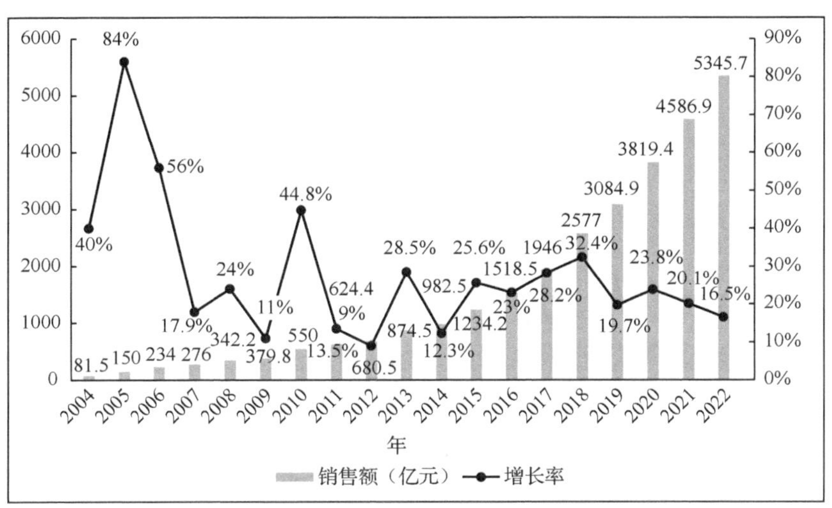

图 3-4　2004—2022 年我国集成电路设计业销售额及增长率

数据来源：中国半导体行业协会集成电路设计分会，2022 年 12 月

从国内集成电路设计企业数量看，我国 2022 年集成电路设计企业总数为 3243 家，比 2021 年增加了 433 家，同比增长 15.4%。

2011—2022 年我国集成电路设计企业数量及增长率如图 3-5 所示。

从产品分布情况看，2022 年集成电路产品各个领域的业绩都在提升。其中，模拟电路的销售额为 554.9 亿元，增长 2.5%；功率电路销售额达到 318.4 亿元，增长 9.2%；消费类芯片的销售额达到 2576.3 亿元，增长 24.7%。

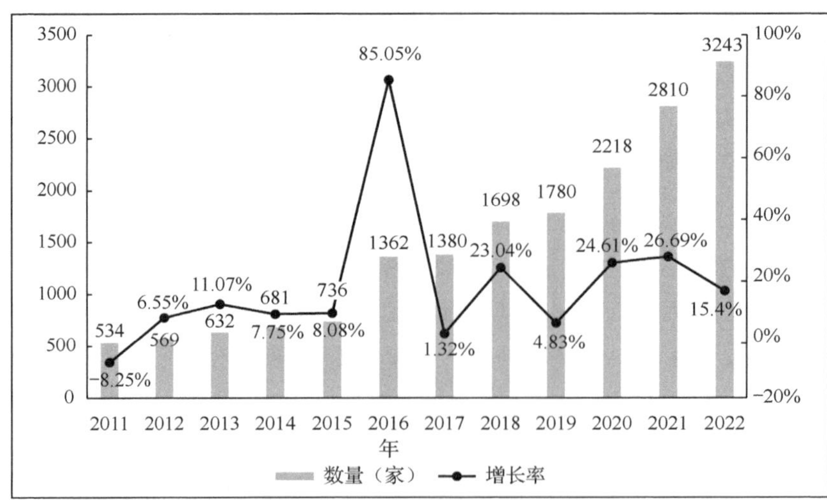

图 3-5 2011—2022 年我国集成电路设计企业数量及增长率

数据来源：中国半导体行业协会集成电路设计分会，2022 年 12 月

2021—2022 年细分产品领域设计企业分布如表 3-2 所示。

表 3-2 2021—2022 年细分产品领域设计企业分布

序号	领域	2021 年			2022 年			销售额增长率/%
		企业数量/家	销售额/亿元	销售额占比/%	企业数量/家	销售额/亿元	销售额占比/%	
1	通信	587	1029.8	22.5	635	1136.2	21.3	10.3
2	智能卡	104	81.5	1.8	85	85	1.6	4.3
3	计算机	393	301.3	6.6	395	342.8	6.4	13.8
4	多媒体	79	237.2	5.2	122	290.5	5.4	22.5
5	导航	69	38.4	0.8	74	41.7	0.8	8.6
6	模拟	414	541.4	11.8	414	554.9	10.4	2.5
7	功率	259	291.5	6.4	236	318.4	6	9.2
8	消费类	905	2065.8	45	1282	2576.3	48.2	24.7
合计		2810	4586.9	100	3243	5345.8	100	16.5

数据来源：中国半导体行业协会集成电路设计分会，2022 年 12 月

从企业销售情况看，2022 年，全国共有 566 家企业销售额超过了 1 亿元，企业数量同比增长 37%，依旧维持了较高的增长率。

2011—2022 年销售额超过 1 亿元的企业情况如图 3-6 所示。

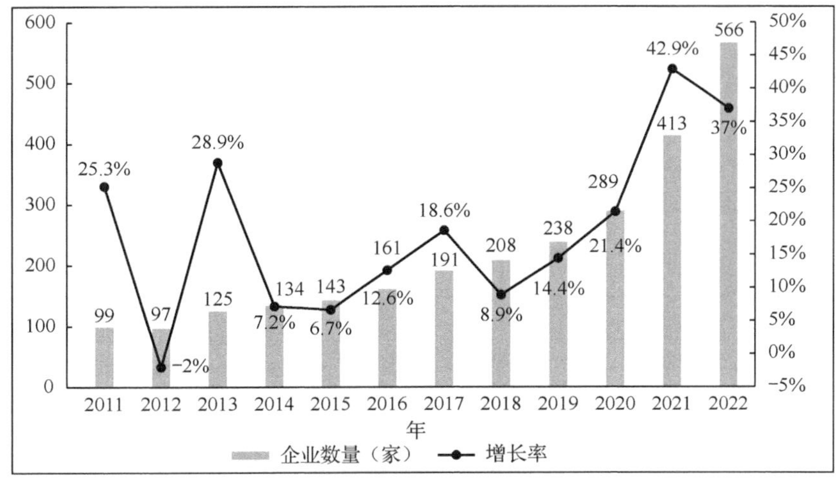

图 3-6　2011—2022 年销售额超过 1 亿元的企业情况

数据来源：中国半导体行业协会集成电路设计分会，2022 年 12 月

对 566 家销售额过亿元企业的地理分布情况进行梳理统计发现，长江三角洲地区有 257 家，占比为 45%；珠江三角洲地区有 125 家，占比为 22%；环渤海地区、中西部地区分别为 93 家、91 家。从整体增长的趋势看，均呈上升趋势。从单个城市看，上海、深圳、北京的销售过亿元企业均有 10%以上的增幅，分别以 80 家、76 家、68 家位居前三位。

2022 年销售额超过 1 亿元的企业区域分布如图 3-7 所示。

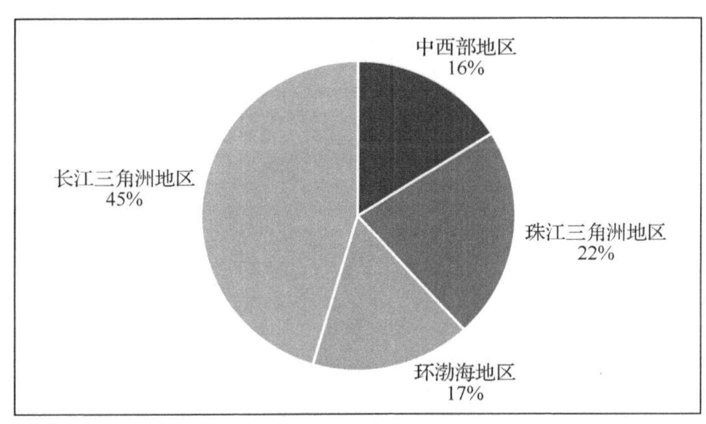

图 3-7　2022 年销售额超过 1 亿元的企业区域分布

数据来源：中国半导体行业协会集成电路设计分会，2022 年 12 月

从设计企业人员情况看，我国 2022 年集成电路设计业从业人员规模大约为 23.4 万人，人均产值达到 249.1 万元，约合 36.6 万美元，人均劳动生产

率比 2021 年进一步提升。

2021—2022 年集成电路设计企业规模如表 3-3 所示。

表 3-3 2021—2022 年集成电路设计企业规模

企 业 规 模	2021 年		2022 年	
	企业数量/家	占比/%	企业数量/家	占比/%
达到或超过 1000 人	32	1.14	34	1.05
达到 500 人，少于 1000 人	51	1.81	63	1.94
达到 100 人，少于 500 人	376	13.38	435	13.41
少于 100 人	2351	83.67	2711	83.6
合计	2810	100	3243	100

数据来源：中国半导体行业协会集成电路设计分会，2022 年 12 月

二、行业布局

从区域分布看，长江三角洲地区仍然为集成电路设计产业规模占比最大的地区。2022 年，长江三角洲地区集成电路设计业销售额达到 2959.8 亿元，同比增长 24.2%，销售额占比为 51%；珠江三角洲地区集成电路设计业销售额为 969.2 亿元，同比增长 3.5%，销售额占比为 16.7%；环渤海地区集成电路设计业销售额为 1023.3 亿元，同比增长 4%，销售额占比为 17.6%；中西部地区集成电路设计业销售额为 855 亿元，同比增长 49%，销售额占比为 14.7%。

2022 年我国集成电路设计业区域销售额及占比如图 3-8 所示。

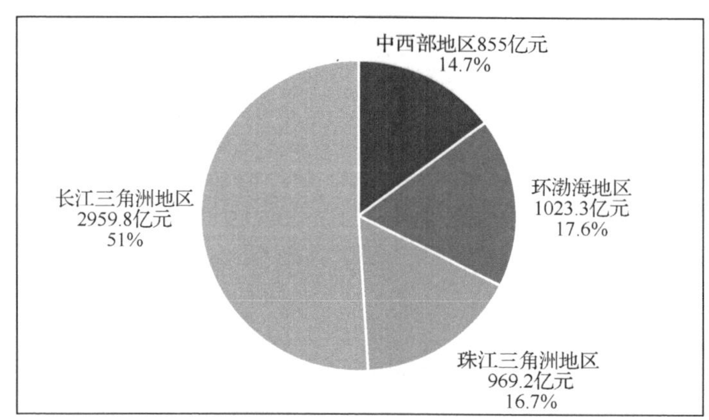

图 3-8 2022 年我国集成电路设计业区域销售额及占比

数据来源：中国半导体行业协会集成电路设计分会，2022 年 12 月

2022 年各地区集成电路设计业销售额如表 3-4 所示。

表 3-4　2022 年各地区集成电路设计业销售额

地　　区	城　　市	2021 年销售额/亿元	2022 年销售额/亿元	增长率/%
长江三角洲	上海	1200	1350	12.5
	杭州	366.9	520.9	42
	无锡	356.6	531.3	49
	苏州	90	122	35.6
	南京	306.2	342	11.7
	合肥	63.6	93.6	47.2
	小计	2383.3	2959.8	24.2
珠江三角洲	深圳	697.1	724.2	3.9
	珠海	110.2	118.2	7.3
	香港	14.5	5.6	-61.4
	福州	32.7	26	-20.5
	厦门	50	53	6
	广州	31.6	42.2	33.5
	小计	936.1	969.2	3.5
环渤海	北京	839	845.8	0.8
	天津	83.3	102.3	22.8
	大连	11.5	4.5	-60.9
	济南	50.3	70.7	40.6
	小计	984.1	1023.3	4
中西部	成都	137.5	213.6	55.3
	西安	182.2	212.8	16.8
	武汉	131.3	260	98
	重庆	35	52	48.6
	长沙	87.8	116.6	32.8
	小计	573.8	855	49
合计		4877.3	5807.3	19.1

数据来源：中国半导体行业协会集成电路设计分会，2022 年 12 月

从区域设计业增长速度看，长江三角洲地区增幅最高，其次是中西部、环渤海和珠江三角洲地区。从设计业增速最快的十大城市看，增速排在前三

位的城市分别为武汉、成都、无锡，增速分别为 98%、55.3%、49%。

2022 年设计业销售额增速最快的十大城市排名如图 3-9 所示。

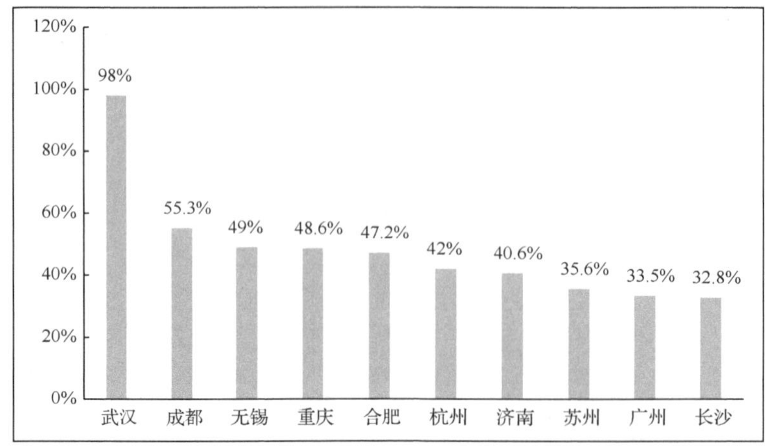

图 3-9　2022 年设计业销售额增速最快的十大城市排名

数据来源：中国半导体行业协会集成电路设计分会，2022 年 12 月

从城市设计业销售额看，长江三角洲地区 5 个城市、中西部地区 3 个城市、珠江三角洲地区 1 个城市进入了排名前十位，京津冀地区只有北京在销售规模前十位以内。集成电路设计业排名前十位的城市产业规模之和约 5123 亿元，占全国设计业比重为 88.2%，比 2021 年的 94.3%降低了 6.1 个百分点。上海销售额为 1350 亿元，是 2022 年唯一一个突破千亿元销售额的城市。设计业规模前十名的门槛由 2021 年的 110.2 亿元提高至 122 亿元。

2022 年设计业销售额前十位城市排名如图 3-10 所示。

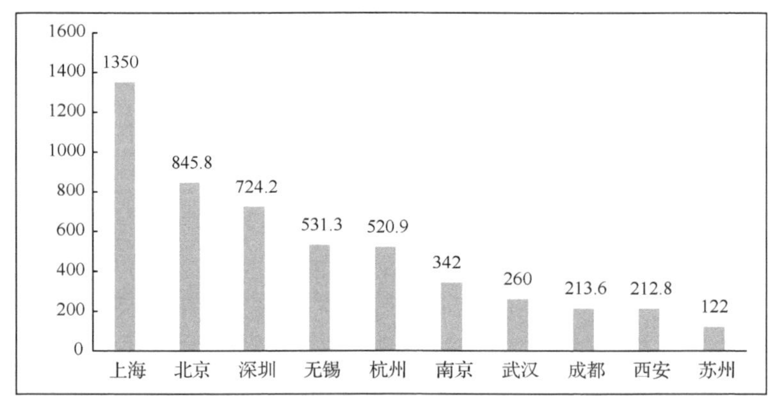

图 3-10　2022 年设计业销售额前十位城市排名（单位：亿元）

数据来源：中国半导体行业协会集成电路设计分会，2022 年 12 月

三、技术发展

2022 年，我国集成电路设计业总体上延续了这些年的良好态势，跨界造芯成为业界新趋势，芯片智能化设计水平不断提升，国产芯片在重点领域加速进步。

（一）跨界造芯波折前行

随着贸易摩擦和新冠疫情进入常态化阶段，用户对芯片的需求日益提升，在这样的大背景下，在国产替代浪潮、人工智能浪潮及半导体产业快速发展的推动下，跨界造芯的热潮仍然在继续。但是，跨界造芯道阻且长，不仅需要巨大的投入，而且短期内难以看到回报。OPPO 哲库与星纪魅族两家企业考虑到效益问题，最终终止芯片研发。但是，仍然有很多不同行业的企业在这方面取得了进展，坚持走自研芯片这条道路。

（二）智能化设计水平不断提升

我国集成电路设计业的智能化设计水平得到了较大提升，来自中国科学院的团队使用人工智能方法，成功在 5 小时内完成了一个基于 RISC-V 指令集的 CPU 设计，该设计经过后端布局布线已经成功流片点亮，并且能够运行 Linux 和 Dhrystone。此外，国内 EDA 厂商的实力也在日益增强，国产替代化愈发明显，各个国产 EDA 厂商通过不断自主研发和创新，产品功能和技术水平显著提高。

（三）重点领域国产芯片进步加快

随着多个行业对芯片需求的不断增长，国产芯片的进步不断加快，在多个重点领域实现技术突破，综合能力不断提高。例如，在 5G 通信领域，国产芯片的突破使我国在全球 5G 通信竞争中占据了重要地位；在人工智能领域，华为自主研发的 Ascend 系列人工智能芯片，成为人工智能领域的重要力量；在汽车芯片领域，国内多家厂商投入研发，已形成较大规模。我国集成电路设计业在多领域持续发力，保持进步势头。

四、重点企业排名

我国是全球规模最大、增长最快的集成电路产品市场。国内产业发展孕育出庞大的市场需求，为我国集成电路设计企业提供了发展土壤，带动国内应用生态不断完善。龙头企业华为海思笼罩在美国实体清单制裁打压的阴影下，手机芯片出货量暴跌，整体营业收入不及预期，已退出全球排名前十位的设计企业之列。但是，受供应链安全问题影响，不少厂商将目光转向国内供应商，我国芯片设计行业迎来新的发展机遇。例如，紫光展锐和紫光国芯各项业务收入均有较大的提升。不过，国内十大集成电路设计企业中有一半企业2022年的营业额较2021年出现了不同幅度的下滑。

2022年国内十大集成电路设计企业排名如表3-5所示。

表3-5　2022年国内十大集成电路设计企业排名

排　名	企 业 名 称
1	深圳豪威科技集团股份有限公司（豪威科技）
2	紫光展锐（上海）科技有限公司（紫光展锐）
3	深圳市中兴微电子技术有限公司（中兴微电子）
4	兆易创新科技集团股份有限公司（兆易创新）
5	歌尔股份有限公司（歌尔股份）
6	紫光国芯微电子股份有限公司（紫光国芯）
7	格科微电子（上海）有限公司（格科微）
8	晶晨半导体（上海）股份有限公司（晶晨半导体）
9	矽力杰半导体技术（杭州）有限公司（矽力杰）
10	北京集创北方科技股份有限公司（集创北方）

注：企业主营业务以集成电路设计为主。

数据来源：Gartner，2023年4月

第四章

集成电路制造业

2022 年，半导体产业上游的景气度经历了反转，进入周期底部，多重因素给宏观经济带来负面影响，智能手机和个人计算机出货需求减弱，库存增加，全球集成电路产业开始阶段性增速放缓。在各国（或地区）政府的引导和支持下，集成电路制造企业持续增加资本投入，台积电、三星、英特尔、中芯国际等企业持续扩充未来产能。在先进技术方面，三星、台积电接连宣布 3 nm 鳍式场效应晶体管（FinFET）工艺量产，2 nm 工艺持续推进，引领全球先进工艺技术演进。在存储器技术方面，1β（1-beta）DRAM 量产全面就绪；在 NAND 闪存方面，232 层堆叠技术研发成功，证明了将 3D NAND 闪存扩展到超过 200 层的能力。国内各地加快制造布局，下半年面对大环境的不确定性，企业产能扩充效应持续释放，营业收入、净利润仍然再创新高，并持续提升工艺水平。

第一节　全球集成电路制造业

一、行业规模

自 2020 年以来，5G 通信、服务器市场需求持续旺盛，显卡、汽车芯片等市场阶段性爆发，带动集成电路制造业营业收入规模高速增长，制造厂商不断增资扩产，应对产能持续供应不足的问题。IC Insights 的数据显示，在晶圆代工领域（纯代工+IDM），2021 年代工总销售首次超过 1000 亿美元，达到 1101 亿美元，增速高达 26%。2022 年，新冠疫情持续、通货膨胀与地缘政治风险等因素对全球经济产生较大下行压力，致使全球经济增速高位回落，民众消费意愿下降。虽然手机、笔记本电脑等消费电子产品需求不如之前强劲，但汽车等产品芯片含量增加、扩增产能大量开出，以及客户长约确保产能需求稳健，使大多数代工厂营业收入保持增长趋势。集邦咨询（TrendForce）预计，2022 年全球集成电路代工市场同比增长 28%，规模再创新高，达到 1410 亿美元，连续 3 年同比增长超过 20%。2022 年底，集成电路代工业进入库存调整阶段，其影响会在 2023 年逐渐显现。在需求订单减弱和先进工艺增长的双向作用下，2023 年全球集成电路代工产值预计将维持 2022 年的水平或出现小幅波动。

2016—2022 年全球集成电路代工市场规模如图 4-1 所示。

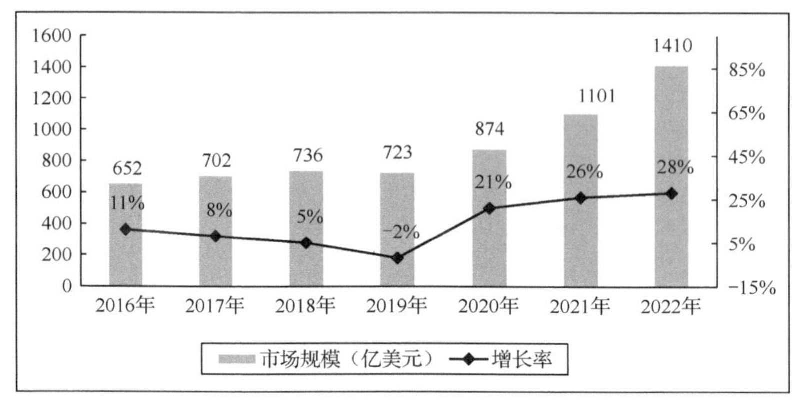

图 4-1　2016—2022 年全球集成电路代工市场规模

数据来源：IC Insights，TrendForce，2023 年 3 月

二、行业布局

全球集成电路制造产业主要集中在中国台湾、韩国、日本、中国大陆、北美洲、欧洲等地区。自 2015 年起，台积电积极扩建 12 英寸晶圆厂，中国台湾的已装机月产能超越韩国，成为全球最高。随着集成电路制程线宽不断缩小，能够负担高额的先进工艺投资的厂商越来越少，企业生产线建设进度一度放缓。然而，近几年的芯片短缺和地缘政治因素引发了生产线投资热潮。截至 2021 年底，韩国通过本土扩产再次拥有行业最大份额的集成电路制造业产能，占行业总产能的 22.8%。中国台湾位居第二，占 21%。近年来，中国大陆产能扩张，推动产能排名不断攀升，在 2010 年首次超过欧洲，在 2019 年超过北美洲，在 2021 年达到 3.5 万片/月，超过日本，占全球总产能的 16.3%。

全球集成电路制造业产能区域分布（按工厂所在地）如表 4-1 所示。

表 4-1　全球集成电路制造业产能区域分布（按工厂所在地）

排　　名	地　　区	月产能/万片（折合 8 英寸）	占比/%
1	韩国	4.9	22.8
2	中国台湾	4.5	21
3	中国大陆	3.5	16.3
4	日本	3.3	15.3
5	北美洲	2.4	11.2
6	欧洲	1.1	5.1
7	其他	1.8	8.4
合计		21.5	100

数据来源：Knometa，2023 年 3 月

三、技术发展

（一）制程节点

2022 年 6 月，三星正式宣布开始初步生产基于 3 nm GAA 制程工艺节点的芯片，首先生产高性能、低功耗计算领域的半导体芯片，并计划将其扩大至移动处理器领域。官方介绍称，相比三星 5 nm 工艺，三星第一代 3 nm 工艺功耗降低 45%，性能提升 23%，面积减少 16%。台积电原计划在 2022 年 9 月正式量产 3 nm 芯片，但因一些原因延期到年底。2022 年 12 月 29 日，台积电正式宣布 3 nm 芯片量产，并表示 3 nm 制程良品率已经和 5 nm 制程量产同期的良品率相当，逻辑密度增加 60%，在相同速度下功耗降低 30%～35%。台积电首批客户涉及超级计算机、云计算、数据中心、高速通信网络及许多智能设备，包括增强现实/虚拟现实（AR/VR）等。同时，台积电宣布其 2 nm 工厂将落地新竹和台中，合计六期工程计划在 2025 年量产。台积电 3 nm 技术工艺平台名称为 N3。N3E 是台积电计划在 2023 年推出的扩展 N3 平台。在相同功耗下，N3E 平台比 N3 平台的速度有所提升（约 5%）。台积电未来还计划推出 N3P（2024 年）和 N3X（2025 年），丰富 3 nm 工艺平台，提升工艺技术。据报道，台积电南科晶圆 18 厂 3 nm 月产能为 1.5 万片。

存储器技术不断发展。2022 年 11 月，美光宣布 1β DRAM 量产全面就绪，开始为特定手机制造商提供1β技术的验证样品。1β节点降低功耗约 15%，存储密度提升超过 35%，每颗晶粒容量可达 16 GB。美光采用独家的多重曝光微影技术和先进的制程技术，绕过 EUV 技术实现 1β 技术，并计划在广岛

的工厂量产。2022 年 12 月，三星宣布，成功开发出首款采用 12 nm 级工艺技术打造的 16 GB DDR5 DRAM，该产品通过使用一种新的高介电材料来增加电容，并改进关键电路特性设计来实现技术突破，结合先进的 EUV 光刻技术，实现 7.2 Gbps 的速度，比上一代三星 DRAM 产品功耗降低约 23%。2022 年 7 月，美光宣布 232 层 3D NAND 闪存正式量产，首次证明其具有将 3D NAND 闪存扩展到超过 200 层的能力。除美光外，三星和铠侠也在争先恐后地拥向 200 层闪存的生产制造。

（二）未来技术方向

2022 年 5 月，比利时微电子研究中心（IMEC）表示，摩尔定律不会终结，但需要多方努力。IMEC 提出了 1 nm 以下至 2 埃米（A2）的半导体制程技术和芯片设计路径，借以进一步延续摩尔定律。原子通道器件架构、新材料和 High-NA 光刻机等技术的导入都需要很多年。ASML 目前正在安装的 High-NA 光刻机的原型设备将在 2024 年投入商用，将把摩尔定律扩展到相当于 1 nm 节点以下。另外，使用钨或钼的新材料可以制造相当于几个原子长度的栅极，可用于技术规划中 2028 年的 1 nm（A10）制程、2034 年的 4 埃米（A4）制程和 2036 年的 2 埃米（A2）制程。

四、重点企业排名

全球集成电路制造业产能主要集中在台积电、三星、英特尔等少数制造业龙头企业手中。中国台湾的台积电、韩国的三星和 SK 海力士、美国的美光、日本的东芝等的 12 英寸产能全球占比超过 70%。除台积电外，其余四家企业均涉及存储器业务。在 8 英寸晶圆工艺方面，主要是以代工厂、模拟/混合信号集成电路工厂及微控制器 IDM 厂商为主，台积电、联电、德州仪器、意法半导体等企业占据主导地位。在 6 英寸（含）以下晶圆工艺方面，意法半导体、安森美半导体等企业占据主导地位。

2022 年全球排名前十位的纯代工厂商营业收入合计为 7627 亿元，较 2021 年增长了 43%，其中有四家中国台湾厂商，分别是台积电、联电、力积电、世界先进。台积电一家独大，占据了 63.14%的市场份额。中国大陆企业中芯国际、华虹集团、晶合集成分列第 4 位、第 5 位和第 9 位。其他企业包括美国格芯、以色列高塔半导体、韩国东部高科。值得注意的是，2022 年 2 月，英特尔宣布以 54 亿美元的价格收购高塔半导体，收购完成后高塔半导体将被纳入英特尔代工服务公司。

2022 年全球纯代工厂商营业收入排名如表 4-2 所示。

表 4-2　2022 年全球纯代工厂商营业收入排名

2022 排名	2021 排名	厂　商	2022 年营业收入/亿元	2022 年市场占有率/%	2021 年营业收入/亿元	增长率/%
1	1	台积电	5093	63.14	3449	47.67
2	2	联电	627	7.77	469	33.69
3	3	格芯	537	6.66	418	28.47
4	4	中芯国际	485	6.01	345	40.58
5	5	华虹集团	289	3.58	190	52.11
6	6	力积电	171	2.12	151	13.25
7	8	世界先进	116	1.52	95	22.11
8	7	高塔半导体	113	1.40	96	17.71
9	—	晶合集成	104	1.29	54	92.59
10	9	东部高科	92	1.14	73	26.03

注：华虹集团包括华虹宏力和上海华力的营业收入。

数据来源：芯思想，2023 年 2 月

第二节　我国集成电路制造业

一、行业规模

自 2014 年《国家集成电路产业发展推进纲要》出台以来，国内集成电路制造业持续高速发展。2015 年，中芯国际 28 nm 产品量产、上海华力投产与西安三星产能释放等行业利好消息推动我国集成电路制造业增速达到 26.5%，销售额达到 900.8 亿元。2016 年，在国内生产线满产和扩产带动下，制造增速达到 25.1%，销售额达到 1126.9 亿元。2017 年和 2018 年，我国集成电路制造业销售额分别达到 1448.1 亿元和 1818.2 亿元，同比增长 28.5% 和 25.6%，继续保持集成电路产业链中最快的增速。而 2019 年，中美贸易摩擦影响了全球集成电路产业增长，我国集成电路制造业增速回落至 18.2%，销售额达到 2149.1 亿元，相比全球整体情况依然较好。2020 年，受惠于国内新冠疫情快速得到控制和全球供应链协调工作成效显著，国内制造业整体发展态势好于国外。但是，2020 年 9 月 15 日，美国对华为禁令生效后，国内制造业的四季度市场订单受到一定影响。2020 年，我国集成电路制造业销售额达到 2560.1 亿元，同比增长 19.1%。2021 年，全球“芯片荒”引发产能供应紧张和涨价，制造企业迎来产能规模大幅提升，销售额达到 3266 亿元，同比增长 27.6%。2022 年，半导体上游的景气度经历反转，下半年智能手机和个人计算机出货需求减弱，库存增加，但全年依旧维持 18%的高速增长，销售额达到 3855 亿元。

2014—2022 年我国集成电路制造业销售额及增长率如图 4-2 所示。

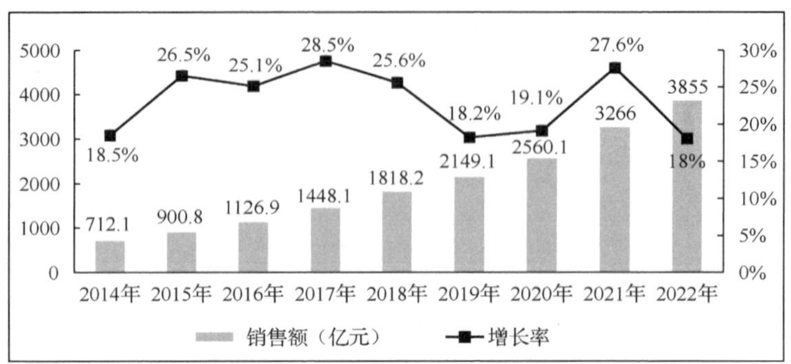

图 4-2 2014—2022 年我国集成电路制造业销售额及增长率

数据来源：中国半导体行业协会，赛迪智库集成电路研究所整理，2023 年 3 月

集成电路制造业是整个集成电路产业的核心组成，贯穿上游设计业、下游封测业，以及设备、材料产业。近几年，我国集成电路产业规模和研发能力不断提升。2022 年，我国集成电路制造业产业结构更趋均衡，占比提升至 32.1%。

2014—2022 年我国集成电路制造业占比情况如图 4-3 所示。

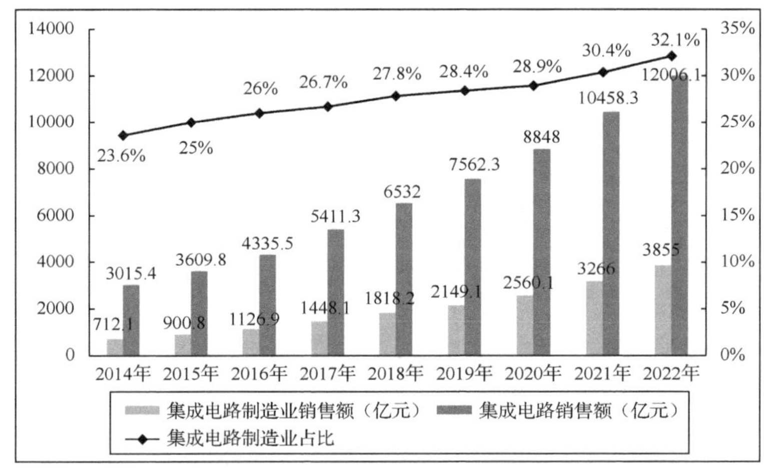

图 4-3 2014—2022 年我国集成电路制造业占比情况

数据来源：中国半导体行业协会，赛迪智库集成电路研究所整理，2023 年 3 月

二、行业布局

近 5 年来，国内新建和扩产多条生产线，其中部分生产线建成投产，产能呈现快速增长态势。截至 2021 年底，我国已建成投产的 12 英寸晶圆制造生产线合计产能为 119 万片/月。其中，存储器产能为 73.26 万片/月，逻辑代工产能为 45.75 万片/月。已建成的 8 英寸晶圆制造生产线合计产能为 121.6 万片/月。

2022 年我国集成电路制造业已投产 12 英寸生产线情况如表 4-3 所示。

表 4-3　2022 年我国集成电路制造业已投产 12 英寸生产线情况

省市	工厂名称	工厂编号	计划产能/万片/月	最小线宽	主要产品
上海	中芯南方	SH 300 mm	3.5	14 nm	逻辑电路、或非型闪存（NOR flash）
	上海华力	FAB5	4	65/55 nm	CPU、MCU、数模混合、模拟电路、射频、光电
		FAB6	4.5	28～14 nm	
北京	中芯北京	BJB1	5	55 nm	逻辑电路、存储器（闪存）
	中芯北方	BJB2A	3.5	28 nm	逻辑电路、存储器（闪存）、CPU、高压器件
		BJB2B	3.5	28 nm	
江苏	台积电（南京）	FAB1	2	16/14 nm	逻辑电路
	华虹半导体（无锡）	FAB7	6.5	55 nm	CIS，内存
	无锡海力士	HC1、HC2、HC2F	18	20 nm	DRAM
湖北	武汉新芯	FAB1，FAB2	6	65～24 nm	或非型闪存（NOR flash）、CIS
	长江存储	一期、二期	20	20 nm	3D NAND
安徽	晶合集成	N1	4.5	65/55 nm	显示驱动、CIS、NVM
	长鑫存储	N1、N2，北京工厂	20	17/19 nm	DRAM
福建	联芯集成	FAB1	5	28 nm	逻辑电路、射频、高压器件
	士兰微（士兰集科）	一期、二期	8	90 nm	功率半导体芯片、MEMS 传感器芯片
	晋华		6	25 nm	DRAM

续表

省市	工厂名称	工厂编号	计划产能/万片/月	最小线宽	主要产品
重庆	万国半导体		5	65 nm	MOSFET、IGBT、功率集成电路等
	华润微电子		3	130 nm	功率半导体
广东	粤芯	一期、二期	4	90 nm	模拟芯片、CIS、指纹传感器、MOS 管
辽宁	SK 海力士	FAB68	12	10 nm	3D NAND
陕西	三星	一期、二期	25	10 nm	3D NAND

数据来源：赛迪智库集成电路研究所整理，2023 年 3 月

2022 年我国集成电路制造业已投产 8 英寸生产线情况如表 4-4 所示。

表 4-4　2022 年我国集成电路制造业已投产 8 英寸生产线情况

省市	工厂名称	工厂编号	计划产能/万片/月	最小线宽	主要产品
上海	华虹宏力	FAB1	6.5	0.13 μm	逻辑电路、存储器（闪存、EEPROM）、MCU、数模混合、模拟电路、射频、高压、传感器，光电器件
		FAB2	5	0.13 μm	
		FAB3	7	90 μm	
	中芯上海	FAB1（S1）	12	90 μm	逻辑电路、存储器（闪存、EEPROM）
		FAB2（S1）			
		FAB1（S1）			
	台积电（上海）	FAB10	12	0.18 μm	逻辑电路、存储器（闪存）、MCU、数模混合、模拟电路、射频、高压、传感器，光电器件
	积塔半导体（上海先进）	FAB1	11	0.11 μm	模拟电路、高压、传感、功率、化合物半导体
天津	中芯天津	TJ FAB（P1）	5	90 nm	逻辑电路、EEPROM、模拟、高压、光电器件
		TJ FAB（P2）	5	90 nm	
山东	青岛芯恩	一期	3	90 nm	电源管理、MOSFET 等
深圳	中芯深圳	SZ FAB	7	0.13 μm	逻辑电路、模拟电路、传感器、指纹识别

续表

省市	工厂名称	工厂编号	计划产能/万片/月	最小线宽	主要产品
江苏	和舰科技（苏州）	P1	6	0.13 μm	MCU、逻辑电路、数模混合、模拟、射频、高压，传感器
	和舰科技（苏州）	P2	4	0.13 μm	
	华润上华	FAB2	6.5	0.13 μm	逻辑电路、存储器（SRAM、EEPROM）、MCU、数模混合、模拟电路、射频、高压、传感器
	海晨半导体		10	0.11 μm	DDIC、PMIC、CIS
北京	燕东微电子		5	0.13 μm	LCD 显示驱动集成电路、LDMOS、IGBT 等
浙江	士兰微（士兰集昕）		7.6	0.18 μm	MOSFET、IGBT 和功率集成电路等
	中芯（宁波）		2.5		射频、高压模拟、光电器件
	中芯绍兴		10		功率半导体、MEMS
四川	TI		8	0.11 μm	功率器件及成熟模拟器件
湖南	株洲中车时代		2	0.35 μm	IGBT、FRD 等芯片

数据来源：赛迪智库集成电路研究所整理，2023 年 3 月

从生产线分布看，国内集成电路生产线主要集中在长江三角洲地区，而中西部地区和珠江三角洲地区陆续有生产线投产，产能比重有所提升。

国内 12 英寸集成电路生产线区域分布如图 4-4 所示。

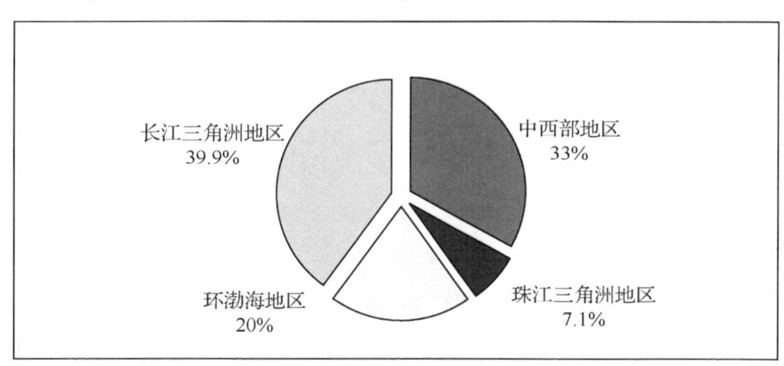

图 4-4　国内 12 英寸集成电路生产线区域分布

数据来源：赛迪智库集成电路研究所整理，2022 年 5 月

国内 8 英寸集成电路生产线区域分布如图 4-5 所示。

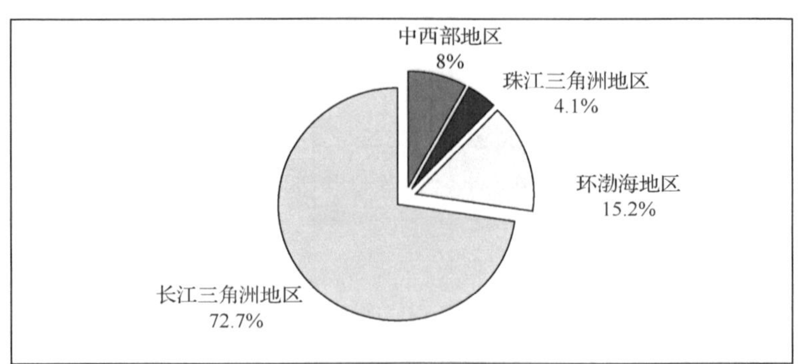

图 4-5　国内 8 英寸集成电路生产线区域分布

数据来源：赛迪智库集成电路研究所整理，2022 年 5 月

三、技术发展

2022 年，我国集成电路制造业技术持续推进，但先进工艺受到美国出口管制新规影响严重。国内 12 英寸生产线工艺制程主要覆盖 110～14 nm，8 英寸生产线工艺制程主要覆盖 0.25 μm～90 nm，6 英寸生产线工艺制程覆盖 1～0.35 μm。2022 年 10 月 7 日，美国出台出口管制新规，限制用于在我国生产 14 nm 以下逻辑芯片、18 nm 以下 DRAM、128 层以上 NAND 闪存的生产设备出口，严重影响我国先进工艺研发和量产计划。国内企业持续丰富成熟工艺平台，尤其车规技术成为发展热点。

在代工方面，以中芯国际为代表的国内企业过去两年在成熟制程领域大力扩产。2021 年，中芯国际宣布在北京、上海、深圳建 28 nm 工厂，完善工艺平台，满足市场需求。截至 2022 年底，中芯深圳已开始量产，中芯京城预计 2023 年下半年开始量产，中芯东方预计 2023 年底通线，中芯西青还在建设中。

在车规工艺方面，华虹集团 0.11 μm 的车规级工艺平台已经量产发布，其他工艺节点正在加紧研发，预计华虹集团 55 nm 和中芯国际 40 nm 的车规级工艺平台将会在一两年内正式量产。

在存储器技术方面，长江存储在 2022 年 10 月发布致态 TiPlus7100 消费级固态硬盘，该硬盘采用基于晶栈 Xtacking 3.0 架构的长江存储新一代 TLC 闪存颗粒。长鑫存储已推出 19 nm DDR4 DRAM 产品。此外，基于铟镓锌氧化物（IGZO，indium-gallium-zinc-oxide）等的新型 DRAM 也成为国内研究热点。

四、重点企业排名

国内十大内资集成电路代工企业如表 4-5 所示。

表 4-5　国内十大内资集成电路代工企业

序　号	企 业 名 称
1	中芯国际集成电路制造（上海）有限公司（中芯国际）
2	上海华虹（集团）有限公司（华虹集团）*
3	华润微电子有限公司（华润微电子）**
4	合肥晶合集成电路股份有限公司（晶合集成）
5	粤芯半导体技术股份有限公司（粤芯）
6	芯联集成电路制造股份有限公司（芯联）
7	武汉新芯集成电路制造有限公司（武汉新芯）**
8	上海积塔半导体有限公司（积塔半导体）
9	北京燕东微电子股份有限公司（燕东微电子）**
10	芯恩（青岛）集成电路有限公司（青岛芯恩）

*包括华虹宏力和上海华力。

**仅计算代工业务。

数据来源：赛迪智库集成电路研究所整理，2023 年 12 月

中芯国际是我国大陆地区规模最大、工艺技术最先进的集成电路芯片制造企业。中芯国际 2022 年的财报显示，其营业收入为 495.16 亿元，同比增长 39%；归母净利润为 121.33 亿元，同比增长 13%。按地区算，2022 年中芯国际中国区和美国区业务均取得增长，欧亚区则出现萎缩。其中，中国区主营业务收入为 362.53 亿元，占比为 74.2%，同比增长 48%；美国区主营业务收入为 101.97 亿元，占比为 20.8%，同比增长 30%；欧亚区主营业务收入为 24.35 亿元，占比从 2021 年的 7.8%萎缩至 5%，同比减少 11.2%。按应用分类，智能手机类占晶圆代工业务营业收入的 27%，低于 2021 年同期的 32.2%；消费电子类占营业收入的 23%，和 2021 年的 23.5%基本持平；智能家居类占营业收入的 14.1%，略高于 2021 年的 12.8%；其他占 35.9%。中芯国际收入增长主要是因为 2022 年晶圆销售的数量增加、平均售价上升和产品组合变动。中芯国际晶圆销售的数量同比增加 5.2%，至 709.8 万片（约相当于 8 英寸晶圆），平均售价由 4763 元/片上升至 6381 元/片。

华虹集团旗下主要有华虹宏力和上海华力两家子公司。其中，华虹宏力在 8 英寸晶圆制造领域产能增长迅速，华虹一厂、华虹二厂、华虹三厂的 8 英寸生产线，月总产能超过 18 万片。华虹六厂、华虹七厂实现了华虹集团从以 8 英寸为主转型为以 12 英寸为主的跨越，目前 12 英寸产能已经超过 50%，营业收入占比首度超过 8 英寸业务。上海华力是华虹集团旗下的 12 英寸逻辑代工企业，其 28 nm 工艺已进入稳定量产阶段。目前，华虹集团已建成金桥、张江、康桥、无锡四大制造基地。2022 年，华虹集团紧抓市场机遇，无锡 12 英寸工厂适时扩产，全年月平均出货 7 万片，营业收入约 10 亿美元，较 2021 年实现翻番。华虹半导体是华虹集团下属上市公司，业务以功率器件、嵌入式非易失性存储器、模拟芯片等产品为主，工艺节点在 65/55 nm 以上，2022 年销售额达到 24.76 亿美元，较 2021 年增长 51.8%。

华润微电子包括集成电路设计、掩膜制造、晶圆制造、封测及分立器件等业务，在无锡、深圳、上海、重庆、香港、台湾等地均有布局。目前，华润微电子半导体产业链布局完整，并在特色制造工艺技术方面国内领先。2022 年，华润微电子实现营业收入 100.6 亿元，较 2021 年同期增长 8.77%。从业务看，产品与方案业务实现收入 49.47 亿元，同比增长 13.54%，营业收入占比升至 49.18%；制造与服务业务实现收入 49.49 亿元，同比增长 3.08%，营业收入占比降至 49.19%。从重点产品看，IGBT 产品线营业收入为 5.24 亿元，同比增长 145%；碳化硅与氮化镓功率产品不断迭代丰富，营业收入同比增长 324%；金属-氧化物-半导体场效应晶体管（MOSFET）产品技术领先性与规模影响力进一步提升，其中先进沟槽栅金属-氧化物-半导体（MOS）和高压超结 MOS 占比达到 55%；智能功率模块销售额同比增长 220%。

第五章

集成电路封测业

2022 年，封测业呈现出良好的发展态势。从市场看，智能手机、物联网、人工智能、汽车电子等新兴领域应用市场的快速发展，带动了全球封测产业的持续增长，但自半导体步入下行周期以来，集成电路产业目前回暖迹象仍然存在较大的不确定性。从技术看，在传统封测体提质增量的同时，先进封测市场发展前景良好，成为后摩尔时代重点关注的领域。展望 2023 年，先进封测将继续引领主赛道，晶圆级封装（WLP）、三维封装（2.5D/3D）、系统级封装（SiP）等技术产业化步伐不断加快，传统封测也将继续向高可靠、低成本的方向发展。

第一节　全球封测业

一、行业规模

智能手机、物联网、人工智能、汽车电子等新兴领域应用市场的快速发展，带动了全球封测产业的持续增长。但是，由于受到 2022 年下半年消费电子市场疲软的冲击，全球封测营业收入增速放缓。2022 年，全球封装市场营业收入提升 3%，达到 800 亿美元。未来，全球半导体封测市场将在传统工艺保持较大比重的同时，继续向小型化、集成化、低功耗的方向发展，附加值更高的先进封装将得到越来越多的应用，封测市场有望持续向好。

2015—2022 年全球半导体封测产业销售额及增长率如图 5-1 所示。

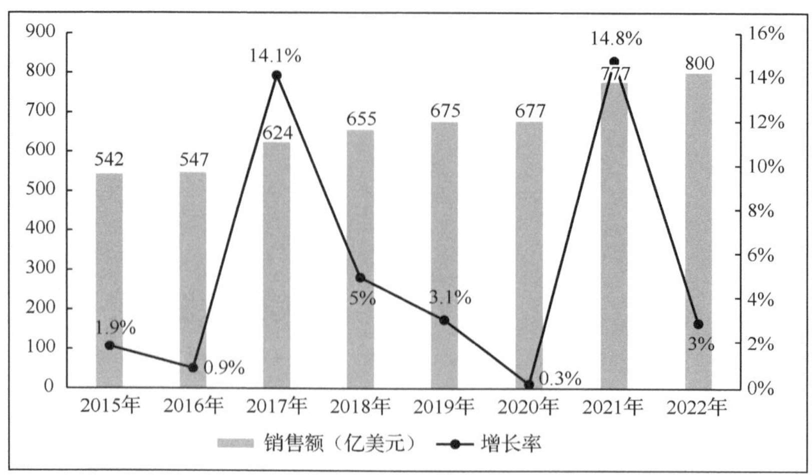

图 5-1　2015—2022 年全球半导体封测产业销售额及增长率

数据来源：Yole Développement，各公司年报，赛迪智库集成电路研究所整理，2023 年 4 月

二、产业布局

纵观全球封测市场，中国大陆和中国台湾营业收入约为全球市场的 60%。亚太地区依托制造产能集中和人力成本较低等优势，已经成为全球集成电路封测业的产能聚集地，并吸引了半导体整体产能的转移。我国台湾地区聚集了日月光（已完成对矽品的并购）、力成、欣邦等一批全球最具竞争力的集成电路封测专业代工企业，台积电的先进封装技术更是近年来兴起的重点领域。我国在封测领域起步早、发展快，目前已经达到世界领先水平，长电科技、通富微电、华天科技等封测龙头企业已在企业规模上稳居全球前列，依靠公司技术的研发与海外优质标的并购，已掌握全球领先的封测技术。

在摩尔定律放缓和新兴产业的推动下，半导体产业链趋于整合发展，发展先进封测成为必然选择，并带来半导体行业竞争格局的转变。前道工序与后道工序不断整合，代工厂涉足先进封装业务。例如，台积电的晶圆级封测业务取得长足进展，成为支撑我国台湾地区集成电路封测业发展的新动能。此外，IDM 企业也纷纷加大对先进封测的投资力度，并推动半导体产业链的进一步整合。例如，英特尔、三星持续研发先进封测技术，进一步推动半导体异质整合的发展。

2022 年，重点委外封测服务提供商的市场份额变化不大，总体呈现增长趋势。在顶级外包半导体封测服务提供商中排名前三十位的厂商中有 13 家

来自中国台湾，7 家来自中国大陆，少数来自美国和韩国等国。2022 年，世界各地外包半导体封测收入数据也显示出这一趋势，即亚太地区占据最大的半导体封测服务市场。2022 年全球集成电路封测行业重点企业所在区域市场占有率统计情况如图 5-2 所示，中国台湾占据最大的市场份额（47%），其次是中国大陆（29%）、美洲（14%）、韩国（6%）、马来西亚（2%）、日本（1%）和新加坡（1%）。

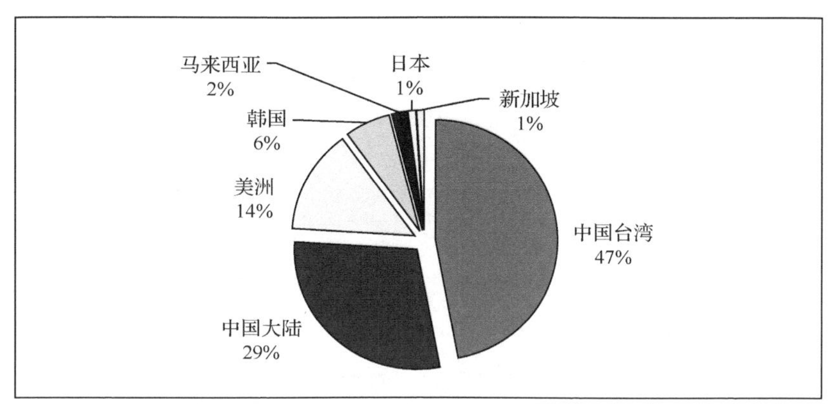

图 5-2　2022 年全球集成电路封测行业重点企业所在区域市场占有率统计情况

数据来源：Gartner，赛迪智库集成电路研究所整理，2023 年 4 月

三、技术发展

目前，全球半导体行业传统封测与先进封测并行，QFN、BGA、Flip-Chip、WLP、SiP 等主要封装技术被大规模使用。先进封装技术未来有三大发展方向：一是晶圆级封装，在更小的封装面积下容纳更多的电极引脚数量，满足“窄间距、高密度”的封装要求；二是三维封装，在立体层面实现异构集成和立体集成；三是系统级封装，通过封装将多个具有独立功能的芯片集合于一体，实现体积微缩，提升芯片系统整体多功能性和设计灵活性。特别是近年来芯粒技术受到广泛关注，利用先进封装技术将多个异构芯片裸片整合为具有特定功能的系统芯片，是先进封装技术发展的又一突破，有望推动异质整合成为未来芯片设计的重点。

先进封测的发展趋于多功能化和系统化，扇出封装竞争激烈，硅通孔（TSV）封装技术到了爆发的年代，异质集成不断发展并逐步成为行业关注的焦点。异质集成可将不同工艺节点的裸管芯通过三维堆叠技术封装在一起，成为芯片封装的新趋势。近年来，具备模块化、定制化优势的芯粒模式得以兴起，推动了晶圆级封装、三维集成等技术的发展，未来市场前景广阔；在5G 通信高速发展的过程中，针对终端设备小型化趋势，为减缓信号传输中的衰减问题，出现了天线与射频前端模块一体化集成的封装天线（AiP）技术，有助于推动系统级封装的发展。依靠先进的封测技术，芯片可进一步实现体积微缩，做到半导体全技术的异质集成。

封装的未来发展方向可能不再局限于以往单独代工环节，而是提供与设计、材料设备相结合的一体化解决方案，集成电路前道工艺与后道工艺融合发展趋势日益明显。先进封装技术不断发展，特别是晶圆级封装产业规模不断形成，封装与芯片设计、制造的协同发展显得更加重要。晶圆级封装的出现模糊了晶圆厂和封装厂之间的界限。前道工序与后道工序不断整合，晶圆代工厂涉足先进封装业务。例如，台积电的 WLP、2.5D/3D 封装业务取得长足进展，成为支撑我国台湾地区集成电路封测业发展的新动能。此外，IDM 企业也纷纷加大对先进封装的投资力度，并推动半导体产业链的进一步整合。例如，英特尔、三星持续研发 WLP、2.5D/3D 封测技术，进一步推动半导体异质集成的发展。面向芯粒技术，台积电、三星、英特尔等企业已有广泛的技术研发布局与产品服务能力。

目前，日月光、台积电等中国台湾企业均已掌握 WLP、2.5D/3D 封装技术并实现量产；中国大陆企业以传统封测为基础，加大对先进封测的投资力度并加紧研发，先进封测市场渗透率逐步增加，并不断进行全球布局，已拥有 WLP、Flip-Chip、2.5D、3D、SiP、芯粒等技术储备，并实现了多项产品量产。

全球主要封测业务技术对比如表 5-1 所示。

表 5-1　全球主要封测业务技术对比

	WLP	Flip-Chip	2.5D	3D	SiP	芯粒
日月光	○	○	○	○	○	○
安靠	○	○	○	○	○	/
台积电	○	○	○	○	○	○
长电科技	○	○	○	○	○	/
通富微电	○	○	/	/	/	/
华天科技	○	○	/	○	○	/

注：“○”代表技术已实现量产，“/”代表技术研发中。

数据来源：赛迪智库集成电路研究所整理，2023 年 4 月

四、重点企业排名

委外封测服务提供商在 2021—2022 年也出现了不同的变化，其中日月光虽然仍居第一的位置，但市场份额略有下降，由 23.3%变为 23%；通富微电由第七位升至第六位，市场份额由 4.9%增至 5.8%。2022 年，委外封测服务提供商收入市场份额变化不大，但总体呈现增长趋势。大多数委外封测服务提供商为中国大陆、中国台湾厂商，少数厂商来自美国和韩国等国。2022 年，世界各地外包半导体封测收入数据也显示出这一趋势，即亚太地区占据最大的半导体封测服务市场。

近年来，封装业务发生改变，IDM 企业、晶圆代工企业、集成电路载板供应商等厂商崛起，分食委外封测服务的份额。先进封装正从封装载体转移到晶圆级，这为台积电、英特尔和三星等半导体巨头提供了新的发展动能。台积电从扇出整合封装到三维封装，其在先进封装领域已经成为领导者，并将持续扩展由众多合作企业组成的先进封装技术 3D Fabric 联盟。

在持续的成本压力下，日月光、力成科技等领先的中国台湾封测厂商开始降价，以维持产能利用率。5G 智能手机应用处理器（AP）封测的价格正在降低。厂商将中端和入门级微控制器的价格继续下调，以清理库存。降价是否会刺激市场需求尚不明朗，而晶圆代工方面的价格调整可能有助于维持封测厂商的产能利用率。

2022 年全球排名前十位的集成电路封测企业排名如表 5-2 所示。

表 5-2 2022 年全球排名前十位的集成电路封测企业排名

排名	企 业 名 称	国家/地区	2021 年销售额/亿美元	2022 年销售额/亿美元	年增长率/%
1	日月光（含矽品）	中国台湾	152.65	165.8	8.6
2	安靠	美国	61.38	70.92	15.5
3	长电科技	中国大陆	46.61	49.77	6.8
4	太极半导体	中国大陆	37.66	47.07	25
5	通富微电	中国大陆	24.52	30.93	26.1
6	力成科技	中国台湾	29.92	28.26	−5.5
7	华天科技	中国大陆	18.48	17.62	−4.7
8	三星电机	韩国	15.35	16.21	5.6
9	京元电子	中国台湾	12.05	12.37	2.7
10	颀邦科技	中国台湾	9.76	8.11	−16.9

数据来源：Gartner，赛迪智库集成电路研究所整理，2023 年 4 月

第二节 我国封测业

一、行业概况

近年来，我国封测产业发展势头良好，受益于新兴产业的发展与广阔市场的带动，已取得长足发展。在全球封测产业回暖的大潮下，我国封测业应紧抓机遇，实现更大的突破。在整个半导体产业链中，我国封测领域已率先实现突破。在企业长期持续发展、实施对外优质标的并购等带动下，我国封测业持续快速发展，以长电科技、通富微电、华天科技为代表的龙头企业连续成为全球排名前十位的封测代工企业。然而，当前我国封测业仍然面临高端封测技术基础薄弱、供应链安全风险较大等问题。自 2022 年半导体产业步入下行周期以来，集成电路产业回暖迹象目前仍然不明朗，封测厂排产周期及生产节奏呈现短期脉冲性特点，订单数量较 2021 年同期出现不同程度的下滑。上下游企业需加强对接合作，巩固规模优势，开展携手攻关。

根据中国半导体行业协会统计，2021 年我国集成电路产业销售额超过 1.2 万亿元。集成电路产业三业（设计、晶圆、封测）结构合理占比为 3∶4∶3，我国集成电路封测业所占比例尚处于比较理想的位置。2020—2022 年，智能驾驶、医疗、数据中心、5G 通信及物联网的快速渗透，使我国封测产业实现了快速增长。2022 年，传统行业消费疲软、受市场冲击较大，但预计增长点在于汽车、人工智能、高性能计算，以及部分工控等应用，特别是芯粒、聊天机器人等领域的兴起，为产业发展带来了广阔的增长期。封测处于与产品端衔接最紧密的环节，向上直接对接设备材料，向下直接对接客户，因此具有较强的行业风向标作用，处于三业中发展的快车道，有望产能快速调涨并传导至全产业链。

2015—2022 年我国集成电路封测业销售额及增长率如图 5-3 所示。

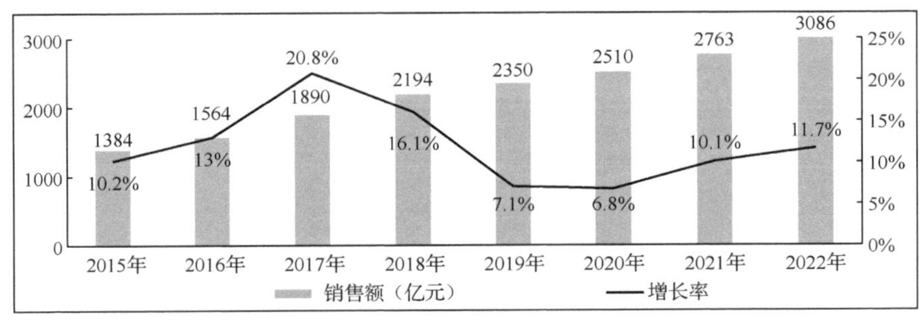

图 5-3 2015—2022 年我国集成电路封测业销售额及增长率

数据来源：赛迪智库集成电路研究所整理，2023 年 4 月

二、产业布局

我国半导体产业下游发展迅速，消费电子、新能源汽车等产业给我国半导体产业带来了大量消费需求。目前，我国已成为全球排名第一位的消费电子生产国和消费国。在未来的几年中，我国有望承接全球半导体产能的第三次转移。在集成电路封测业，我国已经形成长江三角洲地区、环渤海地区、珠江三角洲地区、中西部地区等行业聚集区。其中，长江三角洲地区聚集效应明显，是我国封测业乃至集成电路产业最发达的地区。长江三角洲地区不但拥有长电科技、通富微电、晶方半导体、华天科技（昆山）等本土龙头企业，还吸引了日月光、矽品等外资企业投资建厂，汇聚了我国集成电路封测业约 55%的产值。珠江三角洲地区封测业则以中等规模内资企业与小企业为主，拥有华润赛美科、佰维存储、赛意法等企业，约占全国封测总产值的 14%。中西部地区近年来凭借生产成本优势、制造业和上游配套产业发展拉动，成为我国集成电路封测业的新增长极，拥有全国约 14%的封测产值。环渤海地区拥有全国约 13%的封测产能，拥有威讯联合半导体（Qorvo）、瑞萨（Renesas）封测厂、英特尔大连工厂等相关厂商。

2022 年我国封测企业产值区域分布如图 5-4 所示。

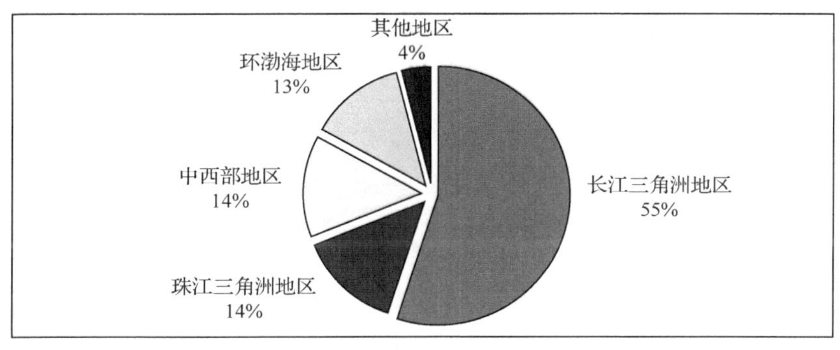

图 5-4　2022 年我国封测企业产值区域分布

数据来源：中国半导体行业协会封测分会，2023 年 4 月

自 2014 年以来，我国集成电路设计业与制造业快速发展，我国集成电路设计业与制造业销售额占集成电路产业总销售额的比例逐年上升，封测业产值占行业总产值的比例逐年下降。我国集成电路封测业的年销售额在集成电路全行业中的占比以每年约 2%的速度降低，2022 年封测业销售额占全行业的比例为 25%。

2014—2022 年我国封测业产值在全行业总产值中的占比情况如图 5-5 所示。

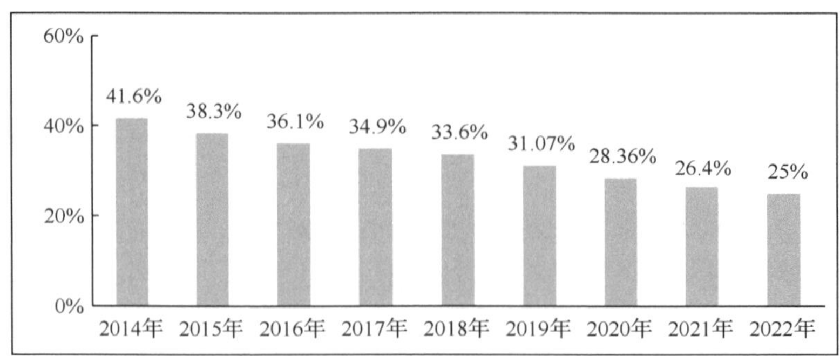

图 5-5 2014—2022 年我国封测业产值在全行业总产值中的占比情况

数据来源：中国半导体行业协会，赛迪智库集成电路研究所整理，2023 年 4 月

三、技术发展

由于我国企业进入行业时间较早、技术研发持续性较好、内资龙头企业对国外优质标的进行收购等原因，目前国内封测产业已经处于世界第一梯队。我国封测产业规模稳居世界第一位，技术已经达到世界先进水平。结合我国在生产成本与市场方面的优势，封测成为全球集成电路产业中最先向我国进行转移的环节。

（一）传统封装技术

传统封装技术具有不可替代性，其基本特点是重人力成本、轻资本与技术。在一定时间内，传统封装技术将与先进封装技术并行发展，在新款芯片对传统封装工艺提出新需求的同时，继续优化传统封装技术依然受到主流封装厂商的重视。现在，包括中小封装厂在内的我国企业已经全面掌握传统封装技术，而成本、工艺技术差异化、产品的一致性与稳定性是厂商形成市场竞争力的关键。

（二）先进封装技术

在芯片小型化、高集成化的发展趋势下，先进封装技术是全球封测业竞逐的焦点，带动我国封测行业从“量的增长”向“质的突破”转变。由于摩尔定律的发展逐步放缓，未来半导体硬件方面的突破将更加依赖先进封装技术，且先进封装技术更加灵活，不受制于晶体管微缩技术节点，研发投入和设备投入成本较低。我国封测行业应向利润附加值更高的高端封测转化，以资本支出取代人力成本作为新的行业推动力，发展先进封装技术将是满足各种性能需求和复杂异构集成需求的不二之选。

我国先进封装技术由长电科技、通富微电、华天科技、晶方半导体等企业掌握，覆盖 SiP、SoC、2.5D/3D 等封装形式，封装技术囊括 WLP（包括扇入和扇出）、TSV、Bumping、Flip-Chip、BGA 等。伴随我国封装技术的发展，先进封装技术的应用比例不断提高，封装产业约 33%产值来自先进封装技术。对于龙头企业来说，先进封装技术为企业贡献产值比例接近 50%。国内厂商在下行压力下逆周期化投资明显，在先进封装、芯粒、人工智能领域发展红利下加大布局。长电科技在 2023 年 1 月宣布，XDFOI 芯粒高密度多维异构集成系列工艺已按计划进入稳定量产阶段，并已实现 4 nm 多芯片系统集成封装产品向国际客户出货。通富微电与 AMD 紧密合作，利用次微米级硅中介层以 TSV 将多芯片整合于单一封装，已实现 7 nm 产品量产。华天科技全资子公司华天江苏拟投资 28.58 亿元，进行“高密度高可靠性先进封测研发及产业化”项目的建设。

增资扩产的行业发展快车道也扩展至产品供应链。2023 年 1 月 9 日，浙江创豪年产 45 万片高阶封装基板项目开工。2023 年 1 月 12 日，奥芯半导体科技 FC-BGA 高阶集成电路封装基板项目签约落户江苏省太仓市璜泾镇。2023 年 1 月 29 日，景旺电子深圳宝安半导体封装基板项目顺利开工。2023 年 3 月 8 日，安捷利美维厦门工厂高端封装基板及高端 HDI 生产能力建设项目（一期）封顶。这些项目的建设均为我国封测产业带来持续的发展动能。

四、重点企业排名

2022 年我国本土封测代工企业整体营业收入超过 1200 亿元，尽管 2022 年受到种种因素的影响，还是较 2021 年增长约 10%。2022 年，我国封测代工“10 亿元俱乐部”出现下滑的是颀中科技和晶方半导体，主要受全球市场的影响。颀中科技下滑 6%，主要是驱动集成电路封测业务，同类企业颀邦科技下滑超过 10%。晶方半导体主要受手机等消费类电子市场景气度下降影响。通富微电 2022 年营业收入突破 200 亿元，成为全球排名第四位的封测代工企业。通富微电依托在 FC-BGA、芯粒方面的优势地位，加强与行业领先企业的深度合作，市场份额进一步提升，2022 年先进封装营业收入占比约 70%。

2022年我国内资封测代工企业销售额排名如表5-3所示。

表5-3 2022年我国内资封测代工企业销售额排名

排名	总部所在地	企业名称	2021年销售额/亿元	2022年销售额/亿元	增长率/%
1	无锡	长电科技	309.54	337.62	9.07
2	南通	通富微电	158.12	214.29	35.52
3	天水	天水华天	120.96	119.05	-1.58
4	宁波	甬矽电子	20.55	21.77	5.94
5	合肥	颀中科技	13.2	13.17	-0.23
6	苏州	晶方半导体	14.11	11.06	-21.62
7	合肥	新汇成	7.96	9.4	18.09
8	上海	伟测科技	4.93	7.33	48.68
9	镇江	江苏大港	6.11	5.09	-16.69
10	东莞	气派科技	8.09	5.4	-33.25

数据来源：各公司年报，赛迪智库集成电路研究所整理，2023年4月

集成电路设备业

第一节　全球集成电路设备业

一、行业规模

2022 年，全球集成电路设备市场呈现出较明显的反转形势。与上半年产业市场预期持续提升相悖的是，在严峻的宏观经济形势、国际地缘形势等因素作用下，全球半导体市场在 2022 年下半年出现了周期性衰退，以存储器为代表的晶圆制造业务景气度出现较明显的下滑，集成电路设备市场未维持 2021 年的强增长态势。2022 年下半年的市场反转、美国对华出口管制等成为抑制设备销售的主要因素。根据 SEMI 的统计，2022 年全球集成电路设备销售额为 1078 亿美元，同比增长 5%。其中，前道工序制造设备销售额同比增长 8%；封装设备销售额同比下降 15%；测试设备销售额同比下降 3%。分产品看，逻辑芯片制造设备销售额为 530 亿美元，同比增长 16%；NAND 闪存芯片制造设备销售额为 190 亿美元，同比下降 4%；DRAM 存储器芯片制造设备销售额为 143 亿美元，同比下降 10%。2023 年，由于全球消费电子产品进入库存修正期，市场不确定性升高，导致半导体厂商减少资本支出，预计全球集成电路设备销售额将同比下降 16%，至 912 亿美元。

2015—2023 年全球集成电路设备市场情况如图 6-1 所示。

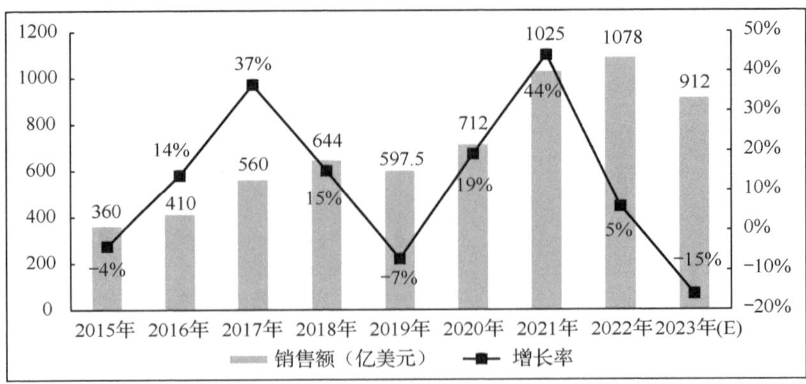

图 6-1　2015—2023 年全球集成电路设备市场情况

数据来源：SEMI，2023 年 4 月

二、行业格局

在区域市场格局上，东亚是全球最重要的集成电路设备市场。其中，中国大陆继续成为全球最大的集成电路设备消费市场，2022 年市场规模达到 283 亿美元，同比下降 5%。中国台湾和韩国分别为全球排名第二位与第三位的集成电路设备市场，2022 年市场规模分别达到 268 亿美元和 215 亿美元，同比分别增长 8%与下降 14%。此外，北美洲与欧洲市场的集成电路设备销售额同比增长显著，分别实现 38%和 97%的增长。

2021—2022 年全球各主要经济体集成电路设备市场情况如表 6-1 所示。

表 6-1　2021—2022 年全球各主要经济体集成电路设备市场情况

地　　区	2021 年销售额/亿美元	2022 年销售额/亿美元	增长率/%
欧洲	32	63	97
日本	78	84	8
北美洲	76	105	38
韩国	250	215	-14
中国台湾	249	268	8
中国大陆	296	283	-4
其他	44	60	36
合计	1025	1078	5

数据来源：SEMI，2023 年 4 月

在市场竞争格局上，在企业不断并购整合和技术节点持续推进的背景下，全球集成电路设备市场已经形成市场高度集中的特征，细分领域市场由两三家甚至一家企业垄断。伴随集中度持续提升，行业发展的技术门槛也逐渐抬高。美国、日本、荷兰位列全球集成电路专用设备第一梯队，牢牢把控光刻机、刻蚀机、离子注入机、沉积设备、测试设备等设备领域的先进技术和市场，处于绝对领先的地位，基本包揽了集成电路设备全球排名前十位的企业。韩国、中国稳步发展，在清洗设备、热处理设备、刻蚀设备等领域取得较大突破，相关产品已获得三星、中芯国际、台积电等主流制造厂的认可和应用，发展潜力巨大。新加坡在后道工序封装领域有一定的话语权，ASMPT公司在减薄、切合、键合等领域的设备产品处于技术领先地位。

近 20 年来，伴随韩国、中国大陆集成电路产业的发展，新兴地区成为集成电路设备的重要市场，由此为韩国、中国大陆集成电路设备企业发展带来机遇。目前，集成电路设备业产能由美国、日本、欧洲三大传统优势地区向韩国、中国大陆进行区域演进已成为趋势。细美事、KC Tech 等韩国企业，北方华创、中微半导体、屹唐半导体等中国大陆企业正在刻蚀机、清洗机、热处理设备、沉积设备等领域快速发展。同时，韩国、中国大陆、中国台湾的建厂扩产计划不断增加，设备量需求的增加，除了维持全球集成电路设备市场的景气，也为韩国、中国大陆等地的设备企业提供了一定的发展空间和市场空间。

三、技术发展

全球集成电路专用设备的技术创新和发展，主要随着摩尔定律的发展，与先进工艺的发展并行推进。晶体管特征尺寸的缩小和密度的提升一直是集成电路发展研发的重点，与之对应，光刻、刻蚀、离子注入、沉积这些相关关键工艺所需设备的发展也至关重要。全球半导体设备技术需要晶圆制造企业、设备企业、研发机构多方协同和合作发展。目前，在以英特尔、台积电为代表的晶圆制造企业，以 ASML、应用材料、泛林半导体、东京电子等为代表的设备企业，和以 IMEC 为代表的研发机构的共同努力下，5 nm 工艺已经实现量产，向 3 nm、1 nm 乃至亚纳米工艺进一步发展推进是各企业与机构的共同目标。

（一）光刻技术

在光刻技术领域，ASML 已基本垄断高端光刻机市场，是唯一能够实现

EUV 光刻机量产的公司。2018 年，ASML 实现 EUV 光刻机量产，2019 年出货 26 台，2020 年出货 31 台，2021 年出货 42 台，2022 年出货 40 台。目前，ASML 的 EUV 光刻机出货主力为最新一代的 NXE:3600D 型号，于 2021 年推出。该 EUV 光刻机透镜数值孔径（NA）为 0.33，能够实现 13 nm 的分辨率和 1.1 nm 的套刻精度，并通过多重曝光技术支持 5 nm 和 3 nm 逻辑节点及前沿 DRAM 节点的批量生产，以 30 mJ/cm²的曝光速度达到 160 片/小时的晶圆生产能力。和前代型号 NXE:3400C 相比，NXE:3600D 光刻机的生产能力提高了 15%～20%，套刻精度提高了约 30%。

ASML 下一代 EUV 光刻机研发包括 0.33NA 和 0.55NA（High-NA）两条技术路线，分别对应 NXE 系列和 EXE 系列机型。NXE 系列下一代型号为 NXE:3800E，将实现套刻精度小于 1.1 nm，晶圆生产能力超过 195 片/小时，预计于 2023 年出货；更新一代的 NXE:4000F 型号将实现套刻精度小于 0.8 nm，晶圆生产能力超过 220 片/小时，预计于 2025 年出货。EXE 系列目前包括 EXE:5000 和 EXE:5200 两个型号，将采用 0.55 数值孔径的透镜，实现 8 nm 的分辨率。其中 EXE:5000 为研发机型，将实现套刻精度小于 1.1 nm，晶圆生产能力达到 185 片/小时。目前，该系统基本设计已经完成，具有应用于 2 nm 及以后的超精密工艺的潜力，预计于 2023 年推出。EXE:5200 为量产机型，将实现套刻精度小于 0.8 nm，晶圆生产能力超过 220 片/小时，目前已收到英特尔的订单，预计于 2024 年底出货。

ASML EUV 光刻设备技术路线如图 6-2 所示。

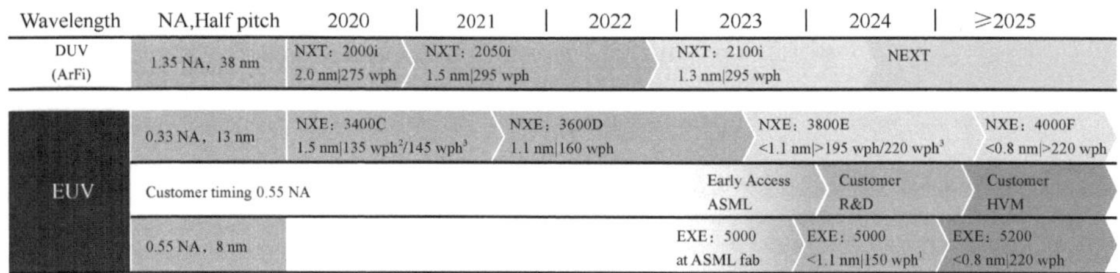

图 6-2　ASML EUV 光刻设备技术路线

数据来源：ASML，2021 年 9 月

（二）刻蚀技术

在刻蚀技术领域，GAA、3D DRAM 等下一代芯片架构加速催生了高选择性刻蚀要求。应用材料于 2016 年推出业内首款具有高选择性刻蚀能力的系统 Selectra，泛林半导体、东京电子等刻蚀设备企业也正在或计划推出高

选择性刻蚀工具，以支持芯片行业向 3D 架构转变。2022 年，泛林半导体推出由 Argos、Prevos 和 Selis 组成的选择性刻蚀设备组合，能够以超高的选择性和埃米级的精度刻蚀和修改薄膜，以实现最先进的集成电路性能并加速其 3D 路线进展。其中，Argos 通过产生极为温和的自由基等离子体，实现高度选择性的晶圆表面改性和净化；Prevos 采用全新的化学催化剂，对氧化物、硅和金属进行选择性刻蚀；Selis 通过低能量自由基源控制等离子体，在不损坏关键硅层的前提下完成对硅锗层的刻蚀。

（三）沉积技术

在沉积技术领域，应用材料在 2022 年推出 Stensar 化学气相沉积（CVD）技术，作为进一步使用 EUV 光刻技术进行二维缩放的一种方法，支持 GAA 结构的形成。与之前普遍采用自旋技术沉积形成的薄膜相比，Stensar CVD 薄膜能够帮助客户调整 EUV 硬掩膜层的特定厚度和刻蚀弹性，从而优化整个晶圆上的 EUV 图案的传输均匀性。

四、重点企业排名

全球半导体专用设备市场已经形成市场高度集中的特征，细分领域市场由两三家甚至一家企业垄断。2021 年，全球排名前十位的集成电路制造设备企业中有 9 家来自美国、日本、荷兰。韩国的细美事作为三星的子公司，近年来在三星的带领下快速发展，在 2021 年成为全球排名第 8 位的集成电路制造设备企业，打破了美国、日本、荷兰企业垄断集成电路制造设备企业前十位排名的格局。

2022 年全球排名前十位的集成电路制造设备企业如表 6-2 所示。

表 6-2　2022 年全球排名前十位的集成电路制造设备企业

排名	企　业	2021 年销售额/亿美元	2022 年销售额/亿美元	增长率/%	市场占比/%
1	应用材料	162.86	187.97	15.42	23.68
2	ASML	148	166	12.16	20.91
3	东京电子	95	136	43.16	17.13
4	泛林半导体	97.6	113.2	15.98	14.26
5	科磊	52.4	73	39.31	9.2
6	爱德万测试	28	33	17.86	4.16

续表

排名	企　业	2021年销售额/亿美元	2022年销售额/亿美元	增长率/%	市场占比/%
7	迪恩士	21.7	25.2	16.13	3.17
8	日立高科	18	21.8	21.11	2.75
9	ASM国际	17	20.66	21.53	2.6
10	细美事	18.7	17	-9.09	2.14
合计		659.26	793.83	793.83	100

数据来源：公开资料，赛迪智库集成电路研究所整理，2023年8月

第二节　我国集成电路设备业

一、行业规模

2022年，受到美国"半导体技术出口管制新规"等因素的影响，我国集成电路设备消费市场在第四季度出现较明显的波动，全年集成电路设备市场规模为283亿美元，同比下降4.4%，同时再度成为全球最大的集成电路设备市场。回看2022年，在市场需求驱动及产业投资热情高涨的情况下，境外与境内资金在我国投资包括存储、制造代工、封装等项目的积极性高，已有项目扩产与新项目建设数量多，我国正在成为全球集成电路产业发展最活跃的地区之一。目前，我国多地涌现出一批逻辑工艺、特色工艺、存储器、宽禁带半导体、传感器、功率器件生产线，工艺制程横跨250～28 nm，涉及CMOS工艺、射频工艺、MEMS工艺、BCD工艺等，推动我国集成电路专用设备需求量持续攀升。

2016—2022年我国集成电路设备市场规模如图6-3所示。

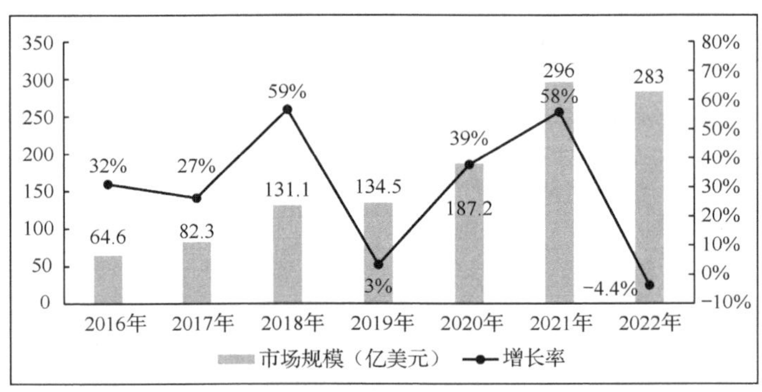

图6-3　2016—2022年我国集成电路设备市场规模

数据来源：SEMI

二、行业布局

集成电路设备专用工业装备是复杂度与技术难度最高的领域之一，核心设备的研发与生产涵盖包括机械、自动化、电子、光学、软件等在内的多学科领域，发展所需的要素条件需求高，所以我国集成电路设备企业分布较为集中。北京、上海作为我国科研基础最好、人才聚集最丰富的地区，区域内企业承担了多数相关国家重大专项的攻关工作，是我国集成电路设备企业分布最集中的地区，汇聚了光刻机、刻蚀机、离子注入机等关键设备产能，两地区设备业销售额占全国的比重超过 70%。辽宁省作为我国老工业基地，依托工业基础，在外延设备、沉积设备等产品领域进行布局，形成以沈阳为中心的集成电路设备业区域聚集。

我国主要集成电路设备厂商区域分布情况如表 6-3 所示。

表 6-3　我国主要集成电路设备厂商区域分布情况

省　市	重点企业	主要产品
北京	北方华创	刻蚀设备、物理气相沉积设备、氧化/退火设备、清洗设备、外延设备
	屹唐半导体	退火设备、干法去胶设备、刻蚀设备
	中科信	离子注入设备
	中电科	减薄机、晶圆切割机、倒装键合机
	华峰测控	测试机
上海	中微半导体	刻蚀设备、沉积设备
	上海微装	光刻机、光学薄膜测量设备、晶圆键合机
	盛美半导体	清洗设备
	至纯科技	清洗设备
	睿励科学仪器	光学薄膜测量设备、光学关键尺寸测量设备、光学图像测量设备
	中晟光电	沉积设备
辽宁	沈阳科仪	外延设备
	沈阳拓荆	沉积设备
	芯源微	匀胶显影设备、湿法去胶设备
	佳峰股份	装片机
江苏	艾克瑞思	装片机
	苏州美图	键合机

续表

省 市	重点企业	主要产品
天津	华海清科	化学-机械抛光设备
浙江	长川科技	测试机、分选机、探针台
湖南	中电科48所	氧化/扩散设备
湖北	华工激光	激光划片机
安徽	文一科技	分选机

数据来源：赛迪智库集成电路研究所，2023年4月

三、进出口情况

根据海关数据，2022年，在美国升级对华半导体产业制裁、行业进入下行周期的不利影响下，我国集成电路设备国际贸易规模下降。根据海关数据，我国2022年1—11月集成电路设备进口额为230.1亿美元，下降趋势明显。从进口地看，在2022年前11个月中，我国自新加坡和主要设备生产国之外的地区集成电路设备进口额出现同比上涨或持平的情况，自日本、美国、荷兰、韩国的设备同比进口额均出现两位数下降。贸易争端等因素正在影响我国集成电路设备市场格局。

2023年，受产业周期和外部不利因素的影响，我国集成电路设备进口额将进一步下降。从进口地看，美国在2022年发起的对华产业制裁将成为改变我国设备进口格局的关键因素。2019年，在美国对华半导体产业制裁后，美国在华集成电路设备贸易额显著下降。2023年，我国将进一步降低自美国进口集成电路设备的比重，日本、欧洲等地区企业将逐步占据美国企业在我国腾出的市场。

2018—2022年（截至11月）我国集成电路设备进口来源国分布如表6-4所示。

表6-4 2018—2022年（截至11月）我国集成电路设备进口来源国分布

进口来源国	进口额/亿美元				
	2018年	2019年	2020年	2021年	2022年（1—11月）
日本	29.4	30↑	41↑	68.1↑	54.7↓
美国	29.5	23↓	24.2↑	36.9↑	28.3↓
荷兰	24.2	15.9↓	26.2↑	32.4↑	24.3↓

续表

进口来源国	进口额/亿美元				
	2018 年	2019 年	2020 年	2021 年	2022 年（1—11 月）
新加坡	10.9	8.9↓	15↑	25.3↑	23.6↑
韩国	3.9	10.7↑	11.8↑	21.5↑	14↓
其他	44	45.7↑	58.4↑	95.6↑	85.2
合计	141.9	134.2↑	176.6↑	279.8↑	230.1↓

数据来源：中国海关，赛迪智库集成电路研究所整理，2023 年 4 月

四、重点企业排名

2022 年我国重点集成电路设备企业排名如表 6-5 所示。

表 6-5　2022 年我国重点集成电路设备企业排名

序号	企　业	主要产品
1	北方华创	刻蚀设备、物理气相沉积设备、氧化/退火设备、清洗设备、外延设备
2	屹唐半导体	退火设备、干法去胶设备、刻蚀设备
3	芯源微	匀胶显影设备、湿法去胶设备
4	中微半导体	刻蚀设备、沉积设备
5	华海清科	化学-机械抛光设备
6	长川科技	测试设备、分选机
7	盛美半导体	清洗设备
8	中电装备	离子注入设备、化学-机械抛光设备
9	上海微装	光刻设备
10	华峰测控	测试设备
11	拓荆科技	沉积设备
12	至纯科技	清洗设备
13	金海通	封装设备
14	精测电子	量测设备
15	大族激光	后道工序封装用激光焊接设备

数据来源：赛迪智库集成电路研究所整理，2023 年 4 月

第七章

集成电路材料业

第一节　全球集成电路材料业

一、行业规模

2022 年，受全球政治博弈、地缘战争、新冠疫情冲击、主要经济体货币政策调整等多重因素叠加影响，全球消费电子终端需求持续疲软，晶圆产能进入下降通道，集成电路材料销售额增速也受到影响。2022 年，全球集成电路材料市场规模达 699 亿美元，超过 2021 年的 642.7 亿美元，再创历史新高，但增速开始下降，同比增长 8.8%。其中，集成电路制造材料销售额为 425.3 亿美元，同比增长 5.2%；集成电路封装材料销售额为 248 亿美元，同比增长 4%。在集成电路制造材料中，硅片的市场规模占比最大，为 32.4%，其次是光刻胶及其配套试剂、掩膜版和电子气体，分别占比 13.3%、12%和 12.3%。在集成电路封装材料中，封装基板和键合丝的市场规模占比较大，两种材料的总和占封装材料的比值接近 50%。

硅片是最重要的集成电路材料，成本占比约为 40%，2022 年全球硅片市场在一定程度上反映了全球材料市场的景气度。根据 SEMI 的数据，2022 年全球硅片出货量达到 14713 MSI（百万平方英寸），比 2021 年增长 3.9%；硅片的价格与 2021 年相比基本保持平稳。

2015—2023 年全球集成电路材料市场规模如表 7-1 所示。

2015—2022 年全球硅片出货量和价格如图 7-1 所示。

表 7-1　2015—2023 年全球集成电路材料市场规模　　单位：亿美元

材料种类		2015 年	2016 年	2017 年	2018 年	2019 年	2020 年	2021 年	2022 年	2023 年（E）
制造材料	硅片	71.5	72.1	87.1	113.8	111.6	111.7	126.2	146	136.3
	绝缘体上硅	4.3	4.4	5.4	7.2	9.2	10.3	13.7	15	13.9
	掩膜版	32.7	33.2	37.5	40.4	41	44	49.9	54.2	50.6
	光刻胶	13.3	14.5	16	17.3	17.7	21.2	25.3	27.8	25.9
	光刻胶配套试剂	18	19.1	21.1	22.8	23.2	26.5	29.5	32.4	30.3
	电子气体	35	36.3	38.7	42.7	43	45.4	49.9	55.4	51.7
	工艺化学品	14.4	15.9	18.8	21.4	20	23.5	29.5	33.1	30.9
	靶材	6.3	6.7	7.4	7.8	7.5	7.3	9.9	9.3	8.7
	化学-机械抛光材料	15.9	16.7	18.5	21.8	19.6	22.6	26.8	28.8	26.9
	其他材料	28.5	29.6	31.4	35	34.8	37.5	43.5	49	45.7
	小计	239.9	248.5	281.9	330.2	327.6	350	404.2	451	420.9
封装材料		189.1	181.5	190.5	199.2	199.6	204.8	238.5	248	245.5
合计		429	430	472.4	529.4	527.2	554.8	642.7	699	666.4

数据来源：SEMI，赛迪智库集成电路研究所整理，2023 年 6 月

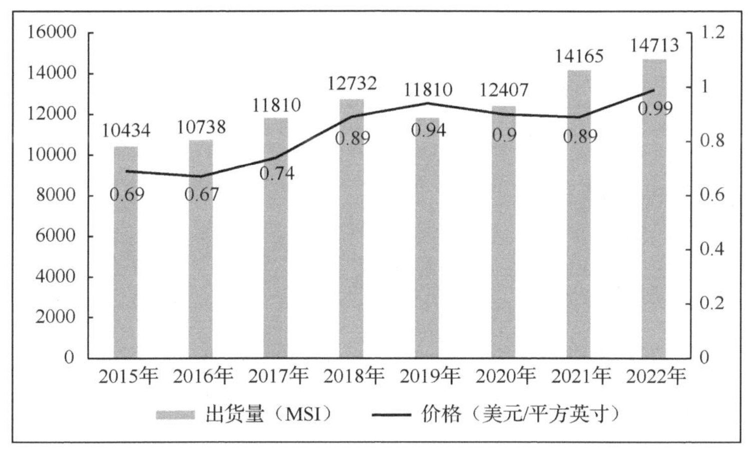

图 7-1　2015—2022 年全球硅片出货量和价格

数据来源：SEMI，赛迪智库集成电路研究所整理，2023 年 6 月

二、市场布局

全球大部分制造和封测生产线集中在亚太地区，因此亚太地区依然是集成电路材料的主要市场。中国台湾拥有台积电等规模庞大的集成电路晶圆代工厂和日月光等世界先进的集成电路封装厂，连续 13 年成为集成电路制造材料和封装材料的最大市场。中国大陆在新冠疫情环境下逆势上涨，连续三年占据第二位，集成电路材料市场规模为 154.3 亿美元，同比增长 29.3%，连续两年增速全球排名第一位。第三位和第四位分别为韩国和日本，市场规模分别为 108.7 亿美元和 94.7 亿美元，增速分别为 2.8%和 7.5%。美国和欧洲集成电路材料的市场规模增速分别为 6.6%和 2.9%。

2021—2022 年全球集成电路材料市场区域分布如表 7-2 所示。

表 7-2　2021—2022 年全球集成电路材料市场区域分布

地　　区	2021 年市场规模/亿美元	2022 年市场规模/亿美元	增长率/%
中国台湾	147.1	160	8.8
日本	88.1	94.7	7.5
韩国	105.7	108.7	2.8
中国大陆	119.3	154.3	29.3
美国	60.4	64.4	6.6
欧洲	44.1	45.4	2.9
其他	78	71.5	-8.3
合计	642.7	699	8.8

数据来源：SEMI，赛迪智库集成电路研究所整理，2023 年 6 月

三、重点企业

以硅片为例，2022 年，日本信越化学硅片销售额为 38.9 亿美元，持续位居硅片市场份额榜首，营业利润为 13.9 亿美元，利润率高达 35.9%。日本三菱住友硅片销售额为 34.8 亿美元，利润率为 13.2%。2022 年 2 月，中国台湾的环球晶圆拟以 45 亿美元收购德国晶圆制造商世创电子材料（Siltronic AG）的计划被德国政府否决。信越化学、三菱住友、环球晶圆、世创电子材料、SK Siltron 五大公司共占据全球硅片约 97%的市场份额，继续保持寡头垄断格局。

2022 年全球硅片主要企业销售额及市场份额如表 7-3 所示。

表 7-3　2022 年全球硅片主要企业销售额及市场份额

排名	硅 片 企 业	地　　区	2022 年硅片销售额/亿美元	市场占有率/%
1	信越化学（Shinetsu）	日本	38.9	28.2
2	三菱住友（SUMCO）	日本	34.8	25.3
3	环球晶圆（Global Wafer）	中国台湾	23.9	17.4
4	世创电子材料（Siltronic AG）	德国	18.2	13.2
5	SK Siltron	韩国	17.8	12.9
6	其他	其他	4.1	3

数据来源：赛迪智库集成电路研究所整理，汇率使用 2022 年平均汇率，2023 年 6 月

全球集成电路材料重点企业如表 7-4 所示。

表 7-4　全球集成电路材料重点企业

材 料 种 类	企　　业	总部所在地
硅片	信越化学（Shinetsu）	日本
	三菱住友（SUMCO）	日本
	环球晶圆（Global Wafer）	中国台湾
	世创电子材料（Siltronic AG）	德国
	SK Siltron	韩国
光刻胶	东京应用化学（TOK）	日本
	JSR	日本
	住友化学（Sumitomo Chemical）	日本
	信越化学（Shinetsu）	日本
	富士胶卷（Fuji Film）	日本
	陶氏化学（Dow Chemical）	美国
	东进世美肯（Dongjin Semichem）	韩国
掩膜版	丰创股份（Photronics）	美国
	大日本印刷（DNP）	日本
	日本凸版印刷（Toppan）	日本
	台湾光罩	中国台湾
高纯化学试剂	霍尼韦尔（Honeywell）	美国
	ATMI	美国
	杜邦	美国

续表

材料种类	企业	总部所在地
高纯化学试剂	巴斯夫（BASF）	德国
	E. Merck	德国
	Ashland	美国
	Arch	美国
	Mallinckrodt Baker	美国
	三菱化学	日本
	Wako	日本
	和光纯药	日本
	住友化学（Sumitomo Chemical）	日本
电子气体	美国空气化工产品（Air Products and Chemicals）	美国
	普莱克斯/林德（Praxair/Linde）	美国
	法国液化空气（Air Liquide）	法国
	大阳日酸（Taiyo Nippon Sanso）	日本
抛光材料	卡伯特微电子	美国
	Fujimi	日本
靶材	霍尼韦尔（Honeywell）	美国
	Nikko	日本
	东曹（Tosoh）	日本
	普莱克斯（Praxair）	美国
	住友化学（Sumitomo Chemical）	日本
	日本真空技术（ULVAC）	日本
引线框架	三井高科（Mitsui High-tec）	日本
	住友矿产（Sumitomo Metal Mining）	日本
	新光电气工业（Shinko）	日本
	顺德工业（SDI）	中国台湾
	日立电缆（Hitachi Cable）	日本
封装基板	揖斐电（Ibiden）	日本
	欣兴（Unimicron）	中国台湾
	三星电机（SEMCO）	韩国
	南亚（Nanya）	中国台湾
	新光电气工业（Shinko）	日本

数据来源：赛迪智库集成电路研究所整理，2023年6月

第二节　我国集成电路材料业

一、产业规模

2022 年，由于国内汽车电子、绿色能源、工业控制领域需求的坚挺，我国成熟工艺晶圆出货平稳。我国集成电路材料供给能力显著提升，硅片、光刻胶等多款产品成功放量，集成电路材料市场逆势增长。

根据 SEMI 的数据，2022 年我国集成电路材料市场规模为 857.1 亿元，同比增长 11.4%，增速开始放缓。

2016—2023 年我国集成电路材料市场规模及增长率如图 7-2 所示。

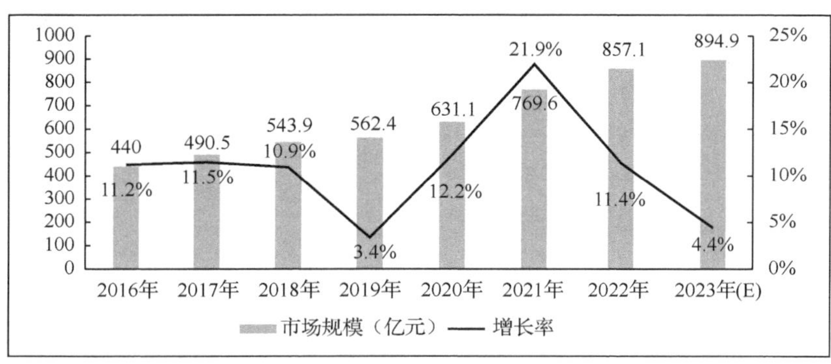

图 7-2　2016—2023 年我国集成电路材料市场规模及增长率

数据来源：SEMI，赛迪智库集成电路研究所整理，2023 年 6 月

在国内企业生产规模方面，根据赛迪智库集成电路研究所的统计，2022 年我国集成电路材料业生产规模为 514.8 亿元，同比增长 38.4%；其中制造材料的生产规模为 361.1 亿元，封装材料的生产规模为 153.7 亿元。

从国内集成电路制造材料的市场看，根据 SEMI 的数据，2022 年我国集成电路制造材料市场规模为 427.2 亿元，同比增长 19.9%。根据赛迪智库集成电路研究所的统计，2022 年我国企业的集成电路制造材料生产规模为 361.1 亿元，同比增长 53.2%。

从国内集成电路封装材料看，根据 SEMI 估算的数据，2022 年我国封装材料市场规模为 429.9 亿元，同比增长 4%。根据赛迪智库集成电路研究所的统计，2022 年我国企业的集成电路封装材料生产规模为 153.7 亿元，同比增长 12.8%。

2016—2023 年我国集成电路制造材料和封装材料市场规模及增长率如表 7-5 所示。

表 7-5 2016—2023 年我国集成电路制造材料和封装材料市场规模及增长率

类别		年份							
		2016	2017	2018	2019	2020	2021	2022	2023（E）
制造材料	市场规模/亿元	135.9	164.7	202.4	217	274.1	356.2	427.2	460.7
	增长率/%	14.4	21.2	22.9	7.2	26.3	30	19.9	7.8
封装材料	市场规模/亿元	304.1	325.8	341.5	345.4	357	413.4	429.9	434.2
	增长率/%	9.8	7.1	4.8	1.1	3.4	15.8	4	1

数据来源：SEMI，赛迪智库集成电路研究所整理，2023 年 6 月

2021—2022 年我国集成电路材料业生产规模及增长率如表 7-6 所示。

表 7-6 2021—2022 年我国集成电路材料业生产规模及增长率

类别	细分领域	2021 年生产规模/亿元	2022 年生产规模/亿元	增长率/%
制造材料	衬底材料（硅、绝缘体上硅、化合物）	126.5	182.7	44.4
	光刻材料（光刻胶、配套试剂）	5.2	6.9	32.7
	工艺化学品	34.2	58.5	71.1
	电子气体	43.7	76.1	74.1
	化学-机械抛光材料	10	15.8	58
	靶材	16.1	21.1	31.1
	小计	235.7	361.1	53.2
封装材料	封装基板（有机、陶瓷）	48.1	62.9	30.8
	引线框架	33.8	30.7	-9.2
	键合丝	17.7	19.7	11.3
	环氧树脂塑封材料	8.7	9.4	8
	其他	27.9	31	10.8
	小计	136.2	153.7	12.8
合计		371.9	514.8	38.4

数据来源：赛迪智库集成电路研究所整理，2023 年 6 月

从国内的产业区域分布看，江苏、上海和浙江三地分列前三位，2022 年材料产业规模分别为 100.3 亿元、96.8 亿元和 89.1 亿元，江苏在全国占比达到 19.5%。全国各地材料企业在下游需求的带动下迎来了高速增长。总体

看，我国集成电路材料企业依然集中在长江三角洲地区（江苏、上海和浙江等地）、珠江三角洲地区（深圳和广东省内其他中南部城市）和环渤海地区（天津、北京、山东等地），以上地区产业规模在全国占比达到 83.5%，产业聚集效应显著。

2022 年集成电路材料产业区域生产规模排名如表 7-7 所示。

表 7-7 2022 年集成电路材料产业区域生产规模排名

排名	省 市	2021 年销售额/亿元	2022 年销售额/亿元	增长率/%	2022 年全国占比/%
1	江苏	67.4	100.3	48.8	19.5
2	上海	70.9	96.8	36.5	18.8
3	浙江	66.8	89.1	33.4	17.3
4	广东	36.3	48.9	34.7	9.5
5	天津	20.9	34	62.7	6.6
6	深圳	22.3	33.6	50.7	6.5
7	北京	19.2	24.2	26	4.7
8	河南	14.1	19	34.8	3.7
9	四川	8.1	9.1	12.3	1.8
10	山东	3	3	0	0.6
其他		42.9	56.8	32.4	11
合计		371.9	514.8	38.4	100

数据来源：赛迪智库集成电路研究所整理，2023 年 6 月

二、重点产品

（一）国产材料验证速度加快，部分细分材料取得重大突破

国内部分材料产品已进入世界先进行列，获得国际知名半导体厂商认可，其中，沪硅、西安奕斯伟、天津中环 12 英寸硅片相继放量；北京科华已实现多款 KrF 光刻胶的大批量稳定供货，徐州博康已获得多款 ArF、KrF 及 i 线光刻胶销售订单，应用覆盖至 28 nm 成熟逻辑、3D NAND、DRAM 等关键层与非关键层工艺；安集微化学-机械抛光液全球市场占有率逐步提升，14 nm 及以下先进工艺用铜及阻挡层抛光液产品稳定性取得突破；鼎汇微化学-机械抛光硬垫已能够支持长江存储全制程生产线。电子特气、氢氟酸等

部分高纯化学试剂、靶材中的部分高端产品也已取得突破并打入ASML、台积电等国际龙头企业供应链。

（二）中高端材料供给不足，关键环节面临“卡脖子”困境

在硅片方面，12英寸正片大部分依赖进口，被信越化学、三菱住友、环球晶圆、Siltronic、SK Siltron等企业垄断。

在光刻胶及配套试剂方面，大部分KrF光刻胶和全部型号ArF光刻胶完全依赖进口，主要被JSR、信越化学、Fujimi、东京应化、陶氏杜邦等企业垄断，EUV光刻胶研发量产尚处于空白阶段。

在掩膜版方面，国内第三方掩膜厂仅能生产0.11 μm以上工艺制程用的掩膜版，绝大部分掩膜版被Photonics、Toppan、DNP等企业垄断，上游高纯石英基板国内尚无替代厂商。

在电子气体方面，高纯特气、高纯前驱体等材料国内仍然处于空白。

在湿化学品方面，异丙醇等高度依赖进口，甲基二乙氧基硅烷、四氯化铪等存在专利侵权问题。

在靶材方面，铜锰合金靶、钨及合金靶材等仍然高度依赖进口，主要被JX Nippon、Honeywell、Prixair、Tosoh等企业垄断。

在化学-机械抛光材料方面，钻石修正盘国内完全处于空白阶段，依赖3M、SEASOL等企业。超精细抛光垫国内完全处于空白阶段，主要被陶氏杜邦垄断。化学-机械抛光液国产化率较低，主要被陶氏杜邦、卡伯特微电子、Fujimi等企业垄断。

在封装材料方面，先进封装用引线框架、键合丝等产品大部分由三井高科、贺利氏等企业提供。

三、重点企业

按照集成电路材料业务的营业收入，我国排名前十位的企业分别为中环领先半导体材料有限公司、上海硅产业集团股份有限公司、杭州立昂微电子股份有限公司、深南电路股份有限公司、中船（邯郸）派瑞特种气体股份有限公司、珠海越亚半导体股份有限公司、宁波江丰电子材料股份有限公司、潮州三环（集团）股份有限公司、西安奕斯伟材料科技股份有限公司、广东华特气体股份有限公司，总销售额为208.9亿元，占集成电路材料企业总销售额的40.6%。

我国集成电路材料重点企业如表 7-8 所示。

表 7-8　我国集成电路材料重点企业

材料种类	企　　业	企业所在地
硅片	昆山中辰矽晶有限公司	江苏
	上海合晶硅材料股份有限公司	上海
	有研半导体硅材料股份公司	北京
	上海硅产业集团股份有限公司	上海
	杭州立昂微电子股份有限公司	浙江
	南京国盛电子有限公司	江苏
	重庆超硅半导体有限公司	重庆
	上海超硅半导体股份有限公司	上海
	杭州中欣晶圆半导体股份有限公司	浙江
	河北普兴电子科技股份有限公司	河北
	中环领先半导体材料有限公司	天津
	沈阳硅基科技有限公司	辽宁
	麦斯克电子材料股份有限公司	河南
光刻胶	瑞红（苏州）电子化学品股份有限公司	江苏
	北京科华微电子材料有限公司	北京
	江阴江化微电子材料股份有限公司	江苏
	上海新阳半导体材料股份有限公司	上海
	潍坊星泰克微电子材料有限公司	山东
	江苏南大光电材料股份有限公司	江苏
	上海飞凯材料科技股份有限公司	上海
	徐州博康信息化学品有限公司	江苏
	深圳市容大感光科技股份有限公司	广东
	江苏艾森半导体材料股份有限公司	江苏
高纯化学试剂	上海新阳半导体材料股份有限公司	上海
	苏州晶瑞化学有限公司	江苏
	江苏达诺尔科技股份有限公司	江苏
	杭州格林达电子材料股份有限公司	浙江
	贵州威顿晶磷电子材料股份有限公司	贵州
	多氟多新材料股份有限公司	河南

续表

材料种类	企业	企业所在地
高纯化学试剂	浙江凯圣氟化学有限公司	浙江
	江苏德纳化学股份有限公司	江苏
	江阴江化微电子材料股份有限公司	江苏
	湖北兴福电子材料股份有限公司	湖北
	上海化学试剂研究所有限公司	上海
	江苏艾森半导体材料股份有限公司	江苏
	江阴润玛电子材料股份有限公司	江苏
电子气体	中国船舶重工集团有限公司第七一八研究所	河北
	江苏雅克科技股份有限公司 （原成都科美特）	江苏
	湖北和远气体股份有限公司	湖北
	四川梅塞尔气体产品有限公司	四川
	大连大特气体有限公司	辽宁
	无锡高新气体有限公司	江苏
	江苏南大光电材料股份有限公司	江苏
	中昊光明化工研究设计院有限公司	辽宁
	湖北晶星科技股份有限公司	湖北
	金宏气体股份有限公司	江苏
	黎明化工研究设计院有限责任公司	河南
	大连科利德电子化学品研究院有限公司	辽宁
	绿菱电子材料（天津）有限公司	天津
	广东华特气体股份有限公司	广东
抛光材料	安集微电子（上海）有限公司	上海
	上海新安纳电子科技有限公司	上海
	上海江丰平芯电子科技有限公司	上海
	湖北鼎龙控股股份有限公司	湖北
靶材	宁波江丰电子材料股份有限公司	浙江
	有研亿金新材料有限公司	北京
化合物半导体	中科晶电信息材料（北京）股份有限公司	北京
	东莞市中镓半导体科技有限公司	东莞
	南京国盛电子有限公司（中电科55所）	江苏
	苏州纳维科技有限公司	苏州

续表

材料种类	企　　业	企业所在地
化合物半导体	浙江博蓝特半导体科技股份有限公司	浙江
	北京天科合达半导体股份有限公司	北京
	山东天岳晶体材料有限公司	山东
	河北同光半导体股份有限公司	河北
封装基板	深圳市兴森快捷电路科技股份有限公司	广东
	深南电路股份有限公司	广东
	上海嘉捷通电路科技股份有限公司	上海
	安捷利电子科技（苏州）有限公司	江苏
	广东丹邦科技有限公司	广东
	天芯互联科技有限公司	江苏
	珠海越亚半导体股份有限公司	广东
键合丝	宁波康强电子股份有限公司	浙江
	北京达博有色金属焊料有限责任公司	北京
	汕头市骏码凯撒有限公司	广东
	烟台一诺电子材料有限公司	山东
	浙江佳博科技股份有限公司	浙江
引线框架	宁波康强电子股份有限公司	江苏/浙江
	成都兴胜半导体材料有限公司	四川
	东莞长安品质电子制造厂	广东
	宁波港波电子有限公司	浙江
	三井高科技（上海）有限公司	上海
	四川金湾电子有限责任公司	四川
	天水华洋电子科技股份有限公司	甘肃
	铜陵市三佳电子（集团）有限责任公司	安徽
环氧树脂塑封材料	上海飞凯材料科技股份有限公司	上海
	江苏华海诚科新材料股份有限公司	江苏
	衡所华威电子有限公司	江苏
	汕头市骏码凯撒有限公司	广东
其他封装材料	上海飞凯材料科技股份有限公司	上海
	江苏联瑞新材料股份有限公司	江苏
	湖州晶矽粉体材料有限公司	浙江

续表

材 料 种 类	企　　业	企业所在地
其他封装材料	江苏艾森半导体材料股份有限公司	江苏
	汕头市骏码凯撒有限公司	广东
	烟台德邦科技股份有限公司	山东

数据来源：赛迪智库集成电路研究所整理，2023年6月

集成电路区域篇

第八章

中国集成电路产业区域发展状况

第一节　北京集成电路产业发展状况

一、产业规模

根据北京半导体行业协会的统计，2022 年北京集成电路产业实现销售额 1488.7 亿元，较 2021 年增长 7.7%。其中，集成电路设计、制造、封测三业合计销售额 1186.3 亿元，三业总销售额同比增长 5.6%；设备材料业销售额为 302.4 亿元，同比增长 17%。

2013—2022 年北京集成电路产业销售额及增长率如图 8-1 所示。

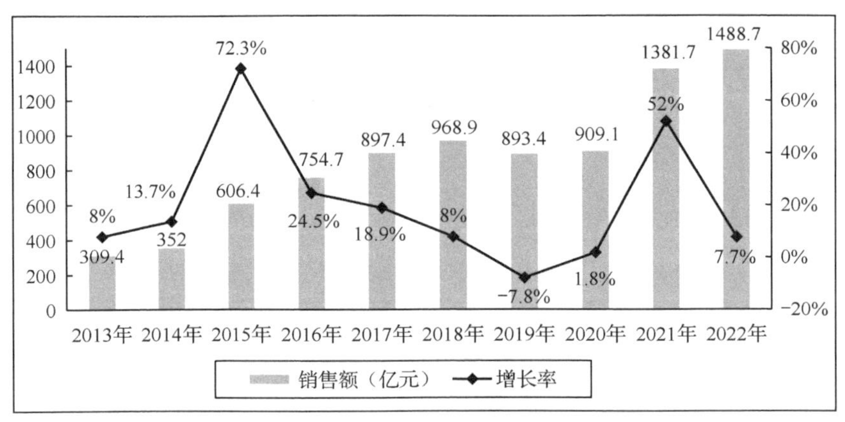

图 8-1　2013—2022 年北京集成电路产业销售额及增长率

数据来源：北京半导体行业协会，赛迪智库集成电路研究所整理，2023 年 5 月

二、产业结构

2022 年，集成电路设计业依然是北京集成电路产业销售额占比最大的产业环节，占比达到 56.5%，销售额较 2021 年增长 8%；制造业对北京集成电路总产值的贡献有所下降，占比为 17.2%，销售额较 2021 年增长 2%；封测业占比持续下降，为 5.6%，销售额较 2021 年下降 5.4%；设备材料业占比较 2021 年有提升，为 20.7%，销售额较 2021 年增长 17%。

2021—2022 年北京集成电路产业各产业链销售额及增长率如表 8-1 所示。

表 8-1 2021—2022 年北京集成电路产业各产业链销售额及增长率

行　业	2021 年销售额/亿元	2022 年销售额/亿元	增长率/%
设计业	782.9	845.8	8
制造业	251.7	256.7	2
封测业	88.6	83.8	-5.4
设备材料业	258.5	302.4	17
合计	1381.7	1488.7	7.7

数据来源：北京半导体行业协会，赛迪智库集成电路研究所整理，2023 年 5 月

2022 年北京集成电路产业结构如图 8-2 所示。

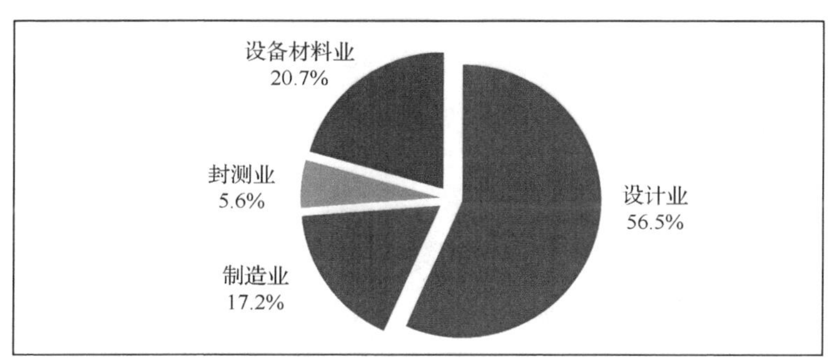

图 8-2 2022 年北京集成电路产业结构

数据来源：北京半导体行业协会，赛迪智库集成电路研究所整理，2023 年 5 月

（一）设计业

2022 年，北京集成电路设计业销售额为 845.8 亿元，同比增长 8%，在北京集成电路总销售额中占比为 56.5%。

2015—2022 年北京集成电路设计业销售额及增长率如表 8-2 所示。

表 8-2　2015—2022 年北京集成电路设计业销售额及增长率

类　别	2015 年	2016 年	2017 年	2018 年	2019 年	2020 年	2021 年	2022 年
销售额/亿元	425.7	510.4	643	657.2	597.3	484.7	782.9	845.8
增长率/%	126.1	19.9	26.0	2.2	−9.1	−18.9	61.5	8

数据来源：北京半导体行业协会，赛迪智库集成电路研究所整理，2023 年 5 月

（二）制造业

2022 年，北京集成电路制造业实现销售额 256.7 亿元，同比增长 2%，保持增长态势。其中，中芯北方拥有 2 条 3.5 万片/月的 12 英寸生产线。截至 2022 年底，中芯国际在北京布局有中芯北京、中芯北方、中芯京城三家企业。截至 2022 年底，赛微电子北京 FAB3 的 8 英寸 MEMS 产能达到 1 万片/月。FAB3 二期 BAW 滤波器部分生产线通线。

2015—2022 年北京集成电路制造业销售额及增长率如表 8-3 所示。

表 8-3　2015—2022 年北京集成电路制造业销售额及增长率

类　别	2015 年	2016 年	2017 年	2018 年	2019 年	2020 年	2021 年	2022 年
销售额/亿元	53.2	72.8	82	118.2	127.3	183.8	251.7	256.7
增长率/%	6.2	36.8	12.6	44.1	7.7	44.4	36.9	2

数据来源：北京半导体行业协会，赛迪智库集成电路研究所整理，2023 年 5 月

2021 年北京集成电路制造业生产线（12 英寸、8 英寸）分布情况如表 8-4 所示。

表 8-4　2021 年北京集成电路制造业生产线（12 英寸、8 英寸）分布情况

企　业	生　产　线	晶圆尺寸/英寸	工艺技术水平	计划产能/万片/月
中芯北京	FAB4	12	90～55 nm CMOS、逻辑芯片	3.6
	FAB6	12	65～28～14 nm CMOS（Cu 制程）	4.5
中芯北方	B2A	12	45～28 nm CMOS、HKMG	6～10
燕东微电子	FAB1	8	0.25～0.11～0.09 μm BCD、MOS	5
赛微电子	1 期	8	MEMS	1～3

数据来源：中国半导体行业协会，赛迪智库集成电路研究所整理，2022 年 6 月

（三）封测业

2022 年，北京集成电路封测业实现销售额 83.8 亿元，同比下降 5.4%。北京封测业销售额在全市集成电路销售额占比继续呈下滑态势，其主要原因在于威讯联合半导体和瑞萨两家在京外资集成电路封测企业对专业和战略进行调整。

2015—2022 年北京集成电路封测业销售额及增长率如表 8-5 所示。

表 8-5　2015—2022 年北京集成电路封测业销售额及增长率

类　别	2015 年	2016 年	2017 年	2018 年	2019 年	2020 年	2021 年	2022 年
销售额/亿元	80.4	102.9	98.3	105.4	79.9	70.4	88.6	83.8
增长率/%	−6.3	28	−4.5	7.2	−24.2	−11.9	25.9	−5.4

数据来源：北京半导体行业协会，赛迪智库集成电路研究所整理，2023 年 5 月

（四）设备材料业

2022 年，北京集成电路设备材料业继续保持高速增长态势，实现销售额 302.4 亿元，同比增长 17%。其中，北方华创实现营业收入 146.88 亿元，同比增长超过 50%。北京半导体专用设备研究所自主研制的双 8 英寸全自动化湿法整线设备进入国内主流集成电路制造企业（FAB 厂）。

2015—2022 年北京集成电路设备材料业销售额及增长率如表 8-6 所示。

表 8-6　2015—2022 年北京集成电路设备材料业销售额及增长率

类　别	2015 年	2016 年	2017 年	2018 年	2019 年	2020 年	2021 年	2022 年
销售额/亿元	52.1	68.8	74	88.1	88.9	170.2	258.5	302.4
增长率/%	72.5	32.1	7.6	19.1	0.9	91.5	51.9	17

数据来源：北京半导体行业协会，赛迪智库集成电路研究所整理，2023 年 5 月

第二节　上海集成电路产业发展状况

一、产业规模

根据上海市集成电路行业协会的数据，2022 年上海集成电路产业实现销售额 3094.7 亿元，同比增长 20%。这是自 2014 年以来上海集成电路产业连续 9 年实现 10%以上的增长。

2014—2022 年上海集成电路产业规模和增长率如图 8-3 所示。

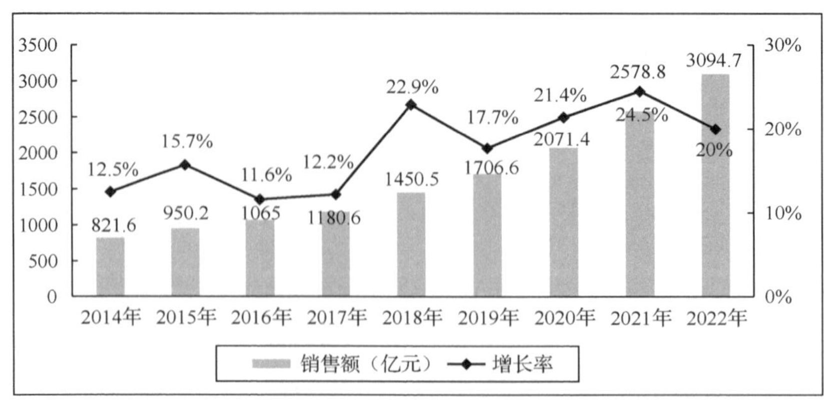

图 8-3　2014—2022 年上海集成电路产业规模和增长率

数据来源：上海集成电路行业统计网（SICS），上海市集成电路行业协会，赛迪智库集成电路研究所整理，2023 年 5 月

二、产业结构

2021 年，上海集成电路产业链环节继续协同发展。其中，设计业销售额突破千亿元大关，为 1222.3 亿元，同比增长 28.1%，占上海集成电路产业整体销售额的 47.4%；制造业销售额为 596 亿元，同比增长 27.6%，占上海集成电路产业整体销售额的 23.1%；封测业销售额为 470.7 亿元，同比增长 9.2%，占上海集成电路产业整体销售额的 18.3%；设备材料业销售额为 289.8 亿元，同比增长 32.3%，占上海集成电路产业整体销售额的 11.2%。

2020—2021 年上海集成电路产业各行业销售额及增长率如表 8-7 所示。

表 8-7　2020—2021 年上海集成电路产业各行业销售额及增长率

行　业	2020 年		2021 年	
	销售额/亿元	增长率/%	销售额/亿元	增长率/%
设计业	954.2	33.4	1222.3	28.1
制造业	467.2	19.9	596	27.6
封测业	430.9	12.7	470.7	9.2
设备材料业	219.1	0	289.8	32.3
合计	2071.4	21.4	2578.8	24.5

数据来源：SICS，赛迪智库集成电路研究所整理，2022 年 4 月

2021 年上海集成电路产业结构如图 8-4 所示。

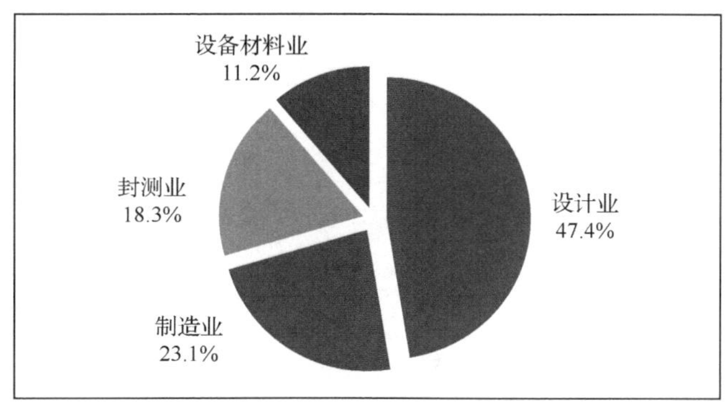

图 8-4　2021 年上海集成电路产业结构

数据来源：SICS，赛迪智库集成电路研究所整理，2022 年 4 月

（一）设计业

设计业是上海集成电路产业各环节中占比最高的环节。根据 SICS 的数据，2021 年上海集成电路设计业销售额达到 1222.3 亿元，同比增长 28.1%，占上海集成电路产业总产值的 47.4%，占全国集成电路设计业总产值的 27%，位列全国首位，也是全国第一个设计业销售额突破千亿元大关的城市。

2014—2021 年上海集成电路设计业销售额及增长率如表 8-8 所示。

表 8-8　2014—2021 年上海集成电路设计业销售额及增长率

类　别	2014 年	2015 年	2016 年	2017 年	2018 年	2019 年	2020 年	2021 年
销售额/亿元	240.9	303.5	365	437.4	482	715.3	954.2	1222.3
增长率/%	14.7	26	20.3	19.8	10.2	48.4	33.4	28.1

数据来源：SICS，赛迪智库集成电路研究所整理，2022 年 4 月

（二）制造业

上海是国内集成电路制造能力集中度和先进性的代表之一。2021 年，上海集成电路制造业实现销售额 596 亿元，同比增长 27.6%，占上海集成电路产业总产值的 23.1%，占全国集成电路制造业总产值的 18.8%。

2014—2021 年上海集成电路制造业销售额及增长率如表 8-9 所示。

表 8-9　2014—2021 年上海集成电路制造业销售额及增长率

类　别	2014 年	2015 年	2016 年	2017 年	2018 年	2019 年	2020 年	2021 年
销售额/亿元	186.2	215.9	240	282	398.4	389.8	467.2	596
增长率/%	22.6	16	11.2	17.5	41.3	−2.2	19.9	27.6

数据来源：SICS，赛迪智库集成电路研究所整理，2022 年 4 月

2021 年上海集成电路制造业生产线分布情况如表 8-10 所示。

表 8-10　2021 年上海集成电路制造业生产线分布情况

企　业	生　产　线	晶圆尺寸/英寸	工艺技术水平	计划产能/万片/月
中芯国际（上海）	FAB8 s2	12	65～40～28 nm CMOS、逻辑芯片	1.5/3.5
中芯南方（上海）	SN1	12	14～12 nm FinFET，第二代 FinFET N+1 进入 12 nm	3.5
	SN2	12	14 ～ 10 ～ 7 nm FinFET CMOS，12 nm 导入期	3.5/7.0
上海华力	HHFAB5	12	65～55～28 nm CMOS	3.8
	HHFAB6	12	28 ～ 20 ～ 14 ～ 10 nm，HKC+，2022 年量产 14 nm FinFET 工艺	4
上海积塔		12	特色工艺	5
中芯国际（上海）	FAB1	8	0.35～0.11 μm CMOS	12
	FAB2	8	0.13～0.09 μm CMOS	
	FAB3B	8	0.13～0.09 μm Cu 制程	3
	FAB8B	8	CMOS-MEMS	5
	FAB9	8	0.18～0.13 μm CMOS 数模混合	1/3
华虹宏力	HHFAB1	8	0.35～0.09 μm CMOS 数模混合	8
	HHFAB2	8	1.0 ～ 0.18 ～ 0.09 μm CMOS 数模混合	6
	HHFAB3	8	0.35～0.09 μm CMOS	5.3
上海先进(上海积塔)	FAB1	8	0.5～0.25 μm CMOS、数模混合	2.6～3

续表

企　　业	生　产　线	晶圆尺寸/英寸	工艺技术水平	计划产能/万片/月
上海积塔	FAB5	8	0.35～0.11 μm 特色工艺、模拟	6
台积电（中国）	FAB10	8	0.35～0.13 μm CMOS	13
上海新进芯	FAB1	6/8 混合	0.6～0.18 μm 数模混合	1.5/3

数据来源：中国半导体行业协会，SICS，赛迪智库集成电路研究所整理，2022 年 4 月

（三）封测业

2021 年，上海集成电路封测业产业规模为 470.7 亿元，同比增长 9.2%，占上海集成电路产业总产值的 18.3%，占全国集成电路封测业总产值的 20.8%。截至 2021 年底，上海拥有集成电路封测企业 31 家，代表性企业包括环旭电子、环维电子、安靠、凯宏、晟碟半导体、紫光宏茂等。

2014—2021 年上海集成电路封测业销售额及增长率如表 8-11 所示。

表 8-11　2014—2021 年上海集成电路封测业销售额及增长率

类　　别	2014 年	2015 年	2016 年	2017 年	2018 年	2019 年	2020 年	2021 年
销售额/亿元	310.1	332.2	360	310.3	368.9	382.5	430.9	470.7
增长率/%	5	7.1	8.4	-13.8	18.9	3.7	12.7	9.2

数据来源：SICS，赛迪智库集成电路研究所整理，2022 年 4 月

（四）设备材料业

2021 年，上海集成电路设备材料业产业规模为 289.8 亿元，同比增长 32.3%，占上海集成电路产业总产值的 11.2%。截至 2021 年底，上海拥有集成电路设备材料制造企业 46 家，代表性企业包括中微半导体、盛美半导体、至纯科技、上海微装、沪硅产业、安集科技、上海新阳、飞凯材料、上海超硅等。

2014—2021 年上海集成电路设备材料业销售额及增长率如表 8-12 所示。

表 8-12　2014—2021 年上海集成电路设备材料业销售额及增长率

类　别	2014 年	2015 年	2016 年	2017 年	2018 年	2019 年	2020 年	2021 年
销售额/亿元	84.5	98.6	112.6	150.9	201.2	219	219.1	289.8
增长率/%	16.1	16.7	14.2	34	33.3	8.8	0	32.3

数据来源：SICS，赛迪智库集成电路研究所整理，2022 年 4 月

第三节　广东集成电路产业发展状况

一、产业规模

广东是信息技术产业的重镇，也是国内集成电路产品设计、应用和集散中心。近年来，广东一直将集成电路产业作为重点产业，着力打造我国集成电路第三极。2022 年，广东集成电路产业销售规模达到约 2268 亿元，同比增长 21.2%。

二、产业结构

广东形成了相对完整的产业链，但产业结构分布相对不均衡，超过一半的销售额由设计业贡献。2022 年，广东集成电路设计业销售额为 1265.1 亿元，占全省集成电路总销售额的 55.8%。集成电路制造业销售额为 52.6 亿元，占全省集成电路总销售额的 2.3%。集成电路封测业销售额为 563.8 亿元，占全省集成电路总销售额的 24.9%。集成电路设备材料业销售额为 386.6 亿元，占全省集成电路总销售额的 17%。

2022 年广东集成电路产业结构如图 8-5 所示。

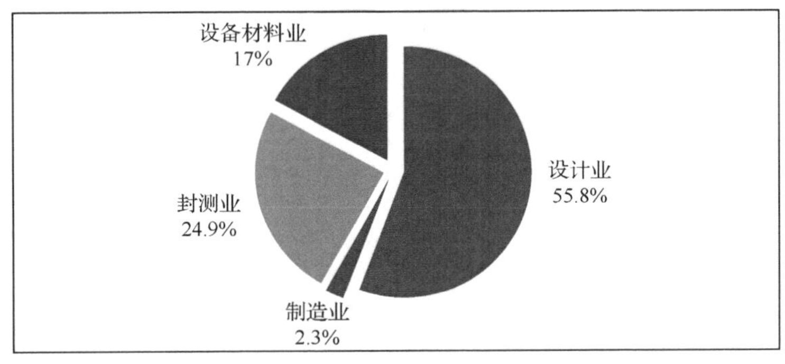

图 8-5　2022 年广东集成电路产业结构

数据来源：广东省集成电路行业协会，赛迪智库集成电路研究所整理，2023 年 5 月

（一）设计业

2022 年，广东集成电路设计业销售额为 1265.1 亿元。其中，深圳为广东集成电路设计业贡献了 1101.9 亿元的销售额，占广东集成电路设计业的 87%。深圳形成了以海思半导体、汇顶科技、敦泰科技等为代表，具有相当规模的集成电路设计与应用企业聚集基地，构建了 5G 通信、物联网、显示驱动与触控、汽车电子、人工智能等集成电路设计与应用产业链。

（二）制造业

广东的集成电路制造业相对薄弱，2022 年集成电路制造业销售额仅为 52.6 亿元，占全省集成电路总销售额的 2.3%。截至 2022 年底，广东已建成 12 英寸生产线 3 条、8 英寸生产线 2 条、6 英寸生产线 4 条，在建 12 英寸生产线 7 条、6 英寸生产线 1 条。

2020 年广东集成电路制造企业生产线分布情况如表 8-13 所示。

表 8-13　2020 年广东集成电路制造企业生产线分布情况

企业名称	生产线数量（已投产）/条	最大晶圆尺寸/英寸	工艺水平	最高产能/万片/月
粤芯半导体技术股份有限公司	1	12	一期 180～90 nm 二期 90～55 nm 三期 55～40、22 nm	三期完全投产后约 8
中芯国际集成电路制造（深圳）有限公司	1	8	90 nm～0.35 μm	5.5
			>0.35 μm	
深圳深爱半导体股份有限公司	3	6	0.35 μm	13
深圳方正微电子有限公司	2	6	0.5 ～2.5 μm	5.2

数据来源：深圳 IC 基地，深圳市半导体行业协会，赛迪智库集成电路研究所整理，2021 年 5 月

（三）封测业

广东封测业 2022 年的销售额为 563.8 亿元，占广东集成电路总销售额的 24.9%。广东集成电路封测业在存储封装、3D 封装等先进封装领域具有一定特色。例如，在存储模块产品封装方面，广东聚集了江波龙、记忆科技、佰维存储、宏旺微电子等代表性企业。

第四节 江苏集成电路产业发展状况

一、产业规模

江苏是我国重要集成电路产业基地之一，产业规模稳居国内前列。2022 年，江苏集成电路设计、制造、封测三业销售额达到 3182.4 亿元，同比增长 15.4%。

2015—2022 年江苏集成电路设计、制造、封测三业销售额及增长率如图 8-6 所示。

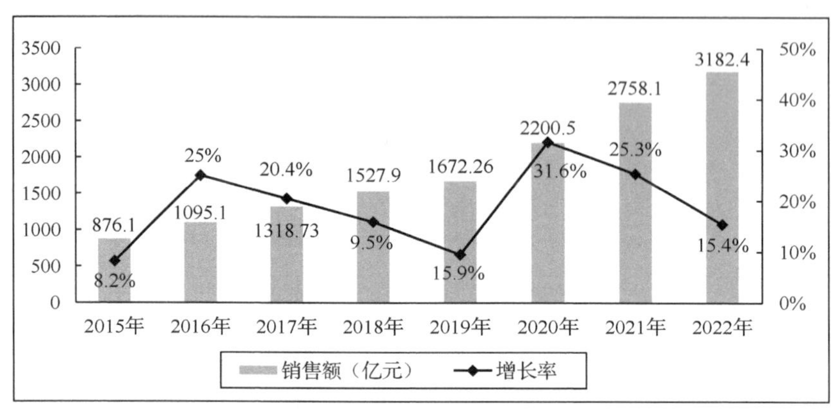

图 8-6 2015—2022 年江苏集成电路设计、制造、封测三业销售额及增长率

数据来源：江苏省半导体行业协会，赛迪智库集成电路研究所整理，2023 年 4 月

二、产业结构

江苏已经形成较为完备的集成电路产业链，在集成电路设计、制造、封测、分立器件、设备、材料等环节拥有一批有实力的企业。2022 年，江苏集成电路设计、制造、封测、设备材料等产业链环节均保持快速增长态势。其中，封测业以 1644 亿元的销售额和在三业中 51.6%的占比，继续保持江苏集成电路产业销售额占比最大的产业环节；设计业以 832.8 亿元的销售额和在三业中 26.2%的占比，位居第二；制造业销售额为 705.6 亿元，在三业中占比为 22.2%，位居第三。

2021—2022 年江苏集成电路产业销售额及增长率如表 8-14 所示。

表 8-14　2021—2022 年江苏集成电路产业销售额及增长率

行　　业	2021 年销售额/亿元	2022 年销售额/亿元	增长率/%
设计业	706.1	832.8	17.9
制造业	515.3	705.6	36.9
封测业	1536.7	1644	7
支撑业	767.1	961.2	25.3
合计	3525.2	4143.6	17.5

数据来源：江苏省半导体行业协会，赛迪智库集成电路研究所整理，2023 年 4 月

2022 年江苏集成电路产业三业结构如图 8-7 所示。

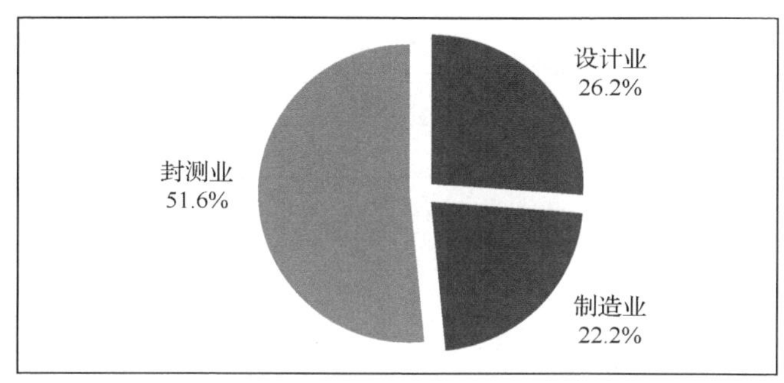

图 8-7　2022 年江苏集成电路产业三业结构

数据来源：江苏省半导体行业协会，赛迪智库集成电路研究所整理，2023 年 4 月

（一）设计业

2022 年，江苏集成电路设计业保持增长态势，销售额达到 832.8 亿元，同比增长 17.9%，占江苏设计、制造、封测三业总产值的 26.2%。在政策利好与市场驱动共同作用下，江苏集成电路设计业迅速发展，在全省集成电路销售额中的占比不断提升。

2014—2022 年江苏集成电路设计业销售额及增长率如表 8-15 所示。

表 8-15　2014—2022 年江苏集成电路设计业销售额及增长率

类　　别	2014 年	2015 年	2016 年	2017 年	2018 年	2019 年	2020 年	2021 年	2022 年
销售额/亿元	119.9	153.7	161.3	194.7	230.5	279.8	502.3	706.1	832.8
增长率/%	12.4	28.2	4.9	20.7	18.4	21.4	79.5	40.6	17.9

数据来源：江苏省半导体行业协会，赛迪智库集成电路研究所整理，2023 年 4 月

（二）制造业

2022 年，江苏集成电路制造业产值达到 705.6 亿元，同比增长 36.9%，占江苏设计、制造、封测三业总产值的 22.2%。江苏拥有 6 条 12 英寸集成电路制造生产线，分别是台积电（南京）FAB16，SK 海力士（中国）HC1、HC2、HC2F，华虹半导体 FAB7，以及江苏时代芯存 FAB1。在 8 英寸集成电路制造生产线方面，江苏拥有华润微电子、和舰科技（苏州）、多维科技（张家港）、无锡锡产微芯（8/6 英寸）、海辰半导体、英诺赛科 6 家企业共计 7 条生产线。

2014—2022 年江苏集成电路制造业销售额及增长率如表 8-16 所示。

表 8-16 2014—2022 年江苏集成电路制造业销售额及增长率

类　别	2014 年	2015 年	2016 年	2017 年	2018 年	2019 年	2020 年	2021 年	2022 年
销售额/亿元	194.8	209.7	216.1	245.9	284.9	337.3	382.8	515.3	705.6
增长率/%	19.1	7.6	3.1	13.8	15.9	18.4	13.5	34.6	36.9

数据来源：江苏省半导体行业协会，赛迪智库集成电路研究所整理，2023 年 4 月

2021 年江苏集成电路制造业生产线分布情况如表 8-17 所示。

表 8-17 2021 年江苏集成电路制造业生产线分布情况

尺寸/英寸	工厂名称	工厂编号	计划产能/万片/月	工艺技术水平
12	台积电（南京）	FAB16	1.5	28～16 nm FinFET
	华虹半导体（无锡）	FAB7	4	91～65～55 nm 特色工艺、BCD、eFlash
	SK 海力士（中国）	HC1	10	90～40 nm DRAM
		HC2	10	45～20 nm CMOS、DRAM
		HC2F	18/20	10X DRAM.3D NAND 64 层
	江苏时代芯存	FAB1	2	相变存储器
8	和舰科技（苏州）	FAB1	6	0.35～0.11 μm CMOS
		FAB2	6	0.13～0.11 μm CMOS
	华润微电子	FAB2	6.5	0.25 ～ 0.13 ～ 0.11 μm，Xixed-Signal\HVCMOS\BCD\RF CMO\e-NVM\Logic 数模混合、BCD、功率器件
	海辰半导体	M8	11.5	0.25～0.11 μm CIS、DDI、PMIS、NAND

续表

尺寸/英寸	工厂名称	工厂编号	计划产能/万片/月	工艺技术水平
8	无锡锡产微芯		4	0.11～0.15 μm CMOS 图像传感器、8/6 英寸 DRAM
	多维科技（张家港）	FAB1		磁传感器
	英诺赛科（苏州）			硅基 GaN

数据来源：中国半导体行业协会，赛迪智库集成电路研究所整理，2022 年 6 月

（三）封测业

江苏的封测业产业规模多年蝉联全国榜首。2022 年，江苏集成电路封测业销售额达到 1644 亿元，同比增长 7%，占江苏设计、制造、封测三业总产值的 51.6%。

2014—2022 年江苏集成电路封测业销售额及增长率如表 8-18 所示。

表 8-18 2014—2022 年江苏集成电路封测业销售额及增长率

类别	2014 年	2015 年	2016 年	2017 年	2018 年	2019 年	2020 年	2021 年	2022 年
销售额/亿元	495.3	512.7	719.3	878.2	1012.6	1055.1	1315.4	1536.7	1644
增长率/%	7.7	3.5	40.3	22.1	15.3	4.2	24.7	16.8	7

数据来源：江苏省半导体行业协会，赛迪智库集成电路研究所整理，2023 年 4 月

第五节 浙江集成电路产业发展状况

一、产业规模

浙江是国内集成电路产业的重要生产基地，目前已经建设较为完整的产业生态链。浙江在芯片设计、晶圆制造、封测和产品应用等领域取得不错的成绩，在集成电路设备、系列材料等配套领域的建设也颇有成效。根据浙江省半导体行业协会对全省集成电路产业的统计，2022 年浙江全省集成电路产业链实现销售额 2044.8 亿元，同比增长 45.8%。

2015—2022 年浙江集成电路产业销售额及增长率如图 8-8 所示。

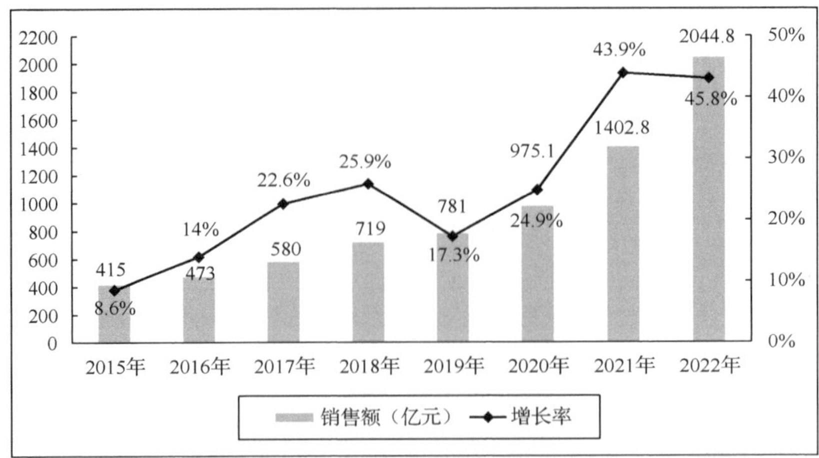

图 8-8　2015—2022 年浙江集成电路产业销售额及增长率

数据来源：浙江省半导体行业协会，赛迪智库集成电路研究所整理，2023 年 5 月

二、产业结构

浙江集成电路设计业和支撑业分别占比 30.3%和 55.4%，是浙江集成电路产业发展的支柱产业。与设计业和材料业相比，浙江集成电路制造业和封测业相对处于弱势，2022 年占比分别为 8.9%和 5.4%。其中，集成电路设计业、制造业分别实现销售额 620.1 亿元、182 亿元，同比分别增长 52.8%、41.2%。封测业实现营业收入 111.3 亿元，同比下降 6%。

2022 年浙江集成电路产业链核心环节占比规模如图 8-9 所示。

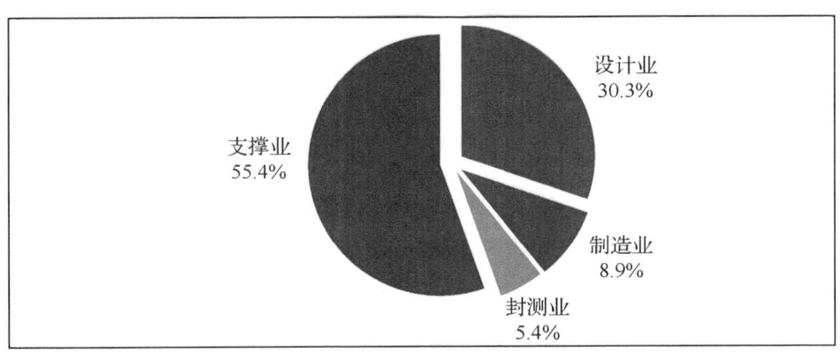

图 8-9　2022 年浙江集成电路产业链核心环节占比规模

数据来源：浙江省半导体行业协会，赛迪智库集成电路研究所整理，2023 年 5 月

2021—2022 年浙江集成电路产业销售额及增长率如表 8-19 所示。

表 8-19　2021—2022 年浙江集成电路产业销售额及增长率

行　业	2021 年销售额/亿元	2022 年销售额/亿元	增长率/%
设计业	405.7	620.1	52.8
制造业	128.9	182	41.2
封测业	118.4	111.3	-6
支撑业（材料业和设备业）	749.8	1131.4	50.9
合计	1402.8	2044.8	45.8

数据来源：浙江省半导体行业协会，赛迪智库集成电路研究所整理，2023 年 5 月

（一）设计业

2022 年，浙江集成电路设计业销售规模突破 600 亿元大关，达到 620.1 亿元，同比增长 52.8%。设计业属于浙江集成电路产业链中最具特色的产业之一。

2015—2022 年浙江集成电路设计业销售额及增长率如表 8-20 所示。

表 8-20　2015—2022 年浙江集成电路设计业销售额及增长率

类　别	2015 年	2016 年	2017 年	2018 年	2019 年	2020 年	2021 年	2022 年
销售额/亿元	77.7	87.7	112.5	138	202	305.5	405.7	620.1
增长率/%	11	12.9	28.3	22.7	46.4	51.2	32.8	52.8

数据来源：浙江省半导体行业协会，赛迪智库集成电路研究所整理，2023 年 5 月

（二）制造业（含封测）

2022 年，浙江省集成电路制造业和封测业共实现销售额 293.3 亿元，同比增长 18.6%。浙江晶圆生产线目前主要分布于杭州、绍兴、宁波等环杭州湾城市。

2015—2022 年浙江集成电路制造业（含封测）销售额及增长率如表 8-21 所示。

表 8-21　2015—2022 年浙江集成电路制造业（含封测）销售额及增长率

类　别	2015 年	2016 年	2017 年	2018 年	2019 年	2020 年	2021 年	2022 年
销售额/亿元	88.6	103.9	105.5	108	112	169.5	247.3	293.3
增长率/%	16.6	17.3	1.5	2.4	3.7	51.3	45.9	18.6

数据来源：浙江省半导体行业协会，赛迪智库集成电路研究所整理，2023 年 5 月

（三）材料业

2021 年，浙江集成电路材料业实现销售额 566.9 亿元，同比增长 43%。集成电路材料业是浙江的传统优势产业，宁波、衢州、杭州、嘉兴等地都建有集成电路材料生产基地。其中，浙江最有竞争力的集成电路材料产品包括硅片材料、硅基光伏材料、封装材料、溅射靶材等。

2015—2021 年浙江集成电路材料业销售额及增长率如表 8-22 所示。

表 8-22　2015—2021 年浙江集成电路材料业销售额及增长率

类　别	2015 年	2016 年	2017 年	2018 年	2019 年	2020 年	2021 年
销售额/亿元	150.4	157.2	169.8	271.5	266.6	396.4	566.9
增长率/%	−3.8	4.5	8	59.9	−1.8	48.74	43

数据来源：浙江省半导体行业协会，赛迪智库集成电路研究所整理，2022 年 5 月

（四）设备业

2021 年，浙江省全年集成电路设备实现销售额 182.9 亿元，同比增长 76.5%。杭州、绍兴、嘉兴和温州等地聚集了浙江主要的集成电路设备企业，覆盖晶体硅生长与切磨抛光、半导体分立器件测试、集成电路检测等几个领域的设备。其中，晶盛机电、长川科技等重点企业在国产设备细分领域处于领先地位。

2015—2021 年浙江集成电路设备业销售额及增长率如表 8-23 所示。

表 8-23　2015—2021 年浙江集成电路设备业销售额及增长率

类　别	2015 年	2016 年	2017 年	2018 年	2019 年	2020 年	2021 年
销售额/亿元	48.9	56.2	65.8	71.4	68.3	103.67	182.9
增长率/%	27.4	14.9	17.1	8.5	−4.3	51.8	76.5

数据来源：浙江省半导体行业协会，赛迪智库集成电路研究所整理，2022 年 5 月

第六节　陕西集成电路产业发展状况

一、产业规模

据陕西省半导体行业协会统计，2022 年陕西半导体产业销售额为 1228.3 亿元，同比下降 18.8%，其中集成电路产业销售额为 920.9 亿元，同比下降

29.9%。目前，陕西共有半导体企业、科研院所及相关机构 270 余家，从业人员约 6 万人，已形成较为完整的半导体产业链，国内半导体产业规模排名也由 2011 年的第八位上升至第四位，仅次于江苏、上海和广东。

2012—2022 年陕西半导体产业销售额及增长率如图 8-10 所示。

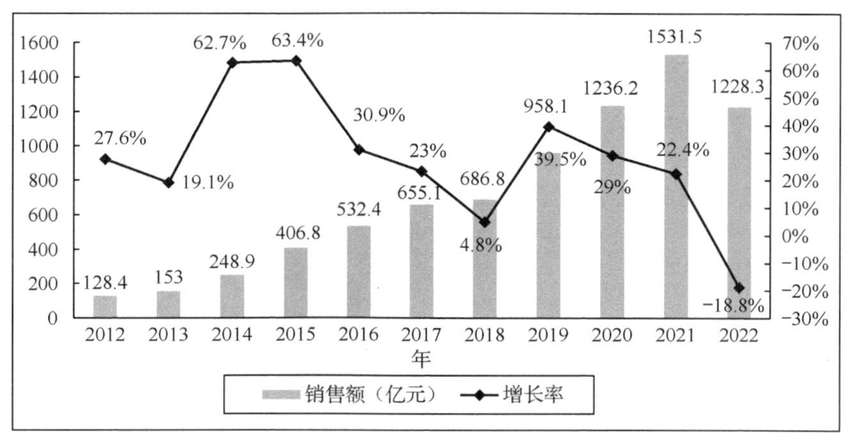

图 8-10　2012—2022 年陕西半导体产业销售额及增长率

数据来源：陕西省半导体行业协会，赛迪智库集成电路研究所整理，2023 年 5 月

二、产业结构

从整个产业链的发展状况看，陕西已经形成包括半导体设备和材料研制与生产、集成电路与新型分立器件设计、加工制造与封测，以及系统应用的较为完整的产业链。2020 年，陕西集成电路设计业销售额为 209.6 亿元，同比增长 20.5%；制造业销售额为 568.5 亿元，同比下降 41.3%；封测业销售额为 142.8 亿元，同比增长 6.4%；支撑业销售额为 213.3 亿元，同比增长 30.7%；分立器件销售额为 94.1 亿元，同比增长 28%。

2021—2022 年陕西半导体产业销售额及增长率如表 8-24 所示。

表 8-24　2021—2022 年陕西半导体产业销售额及增长率

行　　业	2021 年销售额/亿元	2022 年销售额/亿元	增长率/%
设计业	174	209.6	20.5
制造业	968.5	568.5	-41.3
封测业	134.3	142.8	6.4
分立器件	73.5	94.1	28

续表

行　　业	2021 年销售额/亿元	2022 年销售额/亿元	增长率/%
支撑业	163.2	213.3	30.7
合计	1513.5	1228.3	-18.8

数据来源：陕西省半导体行业协会，赛迪智库集成电路研究所整理，2023 年 5 月

2022 年陕西半导体产业结构如图 8-11 所示。

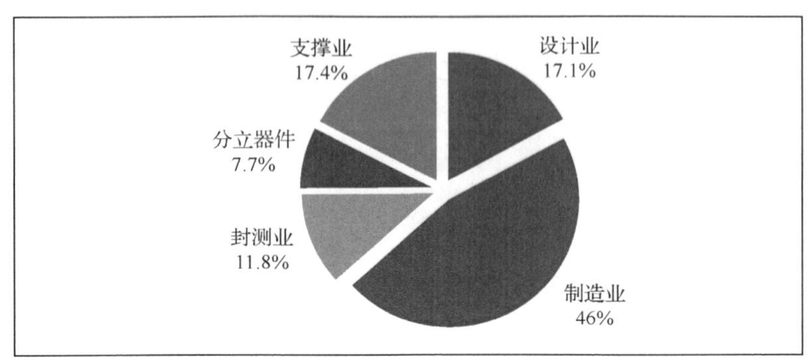

图 8-11　2022 年陕西半导体产业结构

数据来源：陕西省半导体行业协会，赛迪智库集成电路研究所整理，2023 年 5 月

（一）设计业

陕西拥有 130 余家集成电路设计企业。2022 年，陕西集成电路设计业增长 20.5%，销售额达到 209.6 亿元。

2014—2022 年陕西集成电路设计业销售额及增长率如表 8-25 所示。

表 8-25　2014—2022 年陕西集成电路设计业销售额及增长率

类　　别	2014 年	2015 年	2016 年	2017 年	2018 年	2019 年	2020 年	2021 年	2022 年
销售额/亿元	22.8	30.2	36.6	77.2	77.9	100.9	140.7	174	209.6
增长率/%	32.6	32.5	21.2	110.9	0.9	29.5	39.4	23.7	20.5

数据来源：陕西省半导体行业协会，赛迪智库集成电路研究所整理，2023 年 5 月

（二）制造业

陕西拥有 8 家集成电路制造企业。2022 年，陕西集成电路制造业销售额达到 568.5 亿元，同比下降 41.3%。其中，三星西安工厂已占全世界闪存产能的 15%，形成了全球规模最大的闪存芯片生产基地。

2014—2022 年陕西集成电路制造业销售额及增长率如表 8-26 所示。

表 8-26　2014—2022 年陕西集成电路制造业销售额及增长率

类　别	2014 年	2015 年	2016 年	2017 年	2018 年	2019 年	2020 年	2021 年	2022 年
销售额/亿元	70.4	175	241.1	275.7	283.3	524	750	968.5	568.5
增长率/%	236.7	148.6	37.8	14.4	2.8	85.0	43.1	29.1	-41.3

数据来源：陕西省半导体行业协会，赛迪智库集成电路研究所整理，2023 年 5 月

2020 年陕西芯片制造企业晶圆生产线分布情况如表 8-27 所示。

表 8-27　2020 年陕西芯片制造企业晶圆生产线分布情况

企　业	投资规模/亿美元	生产线名称	月产能/万片	技术水平	状　态
三星	100	FAB1	10	20～10 nm NAND	运行
三星二期	150	FAB2	10	20～10 nm NAND	部分量产
西岳电子		FAB1	2	0.5～0.35 μm 数模混合	运行
西安卫光		FAB3	3	0.5～0.35 μm 功率器件	运行
西安派瑞		FAB3	0.05	CMOS	运行

数据来源：陕西省半导体行业协会，赛迪智库集成电路研究所整理，2021 年 5 月

（三）封测业

陕西拥有 20 余家集成电路封测企业。2022 年，陕西集成电路封测业销售额达到 142.8 亿元，同比增长 6.4%。

2014—2022 年陕西集成电路封测业销售额及增长率如表 8-28 所示。

表 8-28　2014—2022 年陕西集成电路封测业销售额及增长率

类　别	2014 年	2015 年	2016 年	2017 年	2018 年	2019 年	2020 年	2021 年	2022 年
销售额/亿元	54	74.2	73.9	92.1	105.8	115.6	121	134.3	142.8
增长率/%	34	37.4	-0.4	24.6	14.9	9.3	4.7	11	6.4

数据来源：陕西省半导体行业协会，赛迪智库集成电路研究所整理，2023 年 5 月

（四）支撑业

陕西拥有 70 余家集成电路支撑业企业。2022 年，陕西集成电路支撑业

销售额达到213.3亿元，同比增长30.7%。

2014—2022年陕西集成电路支撑业销售额及增长率如表8-29所示。

表8-29　2014—2022年陕西集成电路支撑业销售额及增长率

类　　别	2014年	2015年	2016年	2017年	2018年	2019年	2020年	2021年	2022年
销售额/亿元	101.8	127.5	125.3	150.6	164.5	153.7	156	163.2	213.3
增长率/%	36.4	25.2	−1.7	20.2	9.2	−6.6	1.5	4.6	30.7

数据来源：陕西省半导体行业协会，赛迪智库集成电路研究所整理，2023年5月

集成电路企业篇

第九章

集成电路产业重点园区发展状况

一、张江科学城

张江科学城的前身是创立于 1992 年 7 月的张江高科技园区，设计总面积约 95 平方千米，位于上海市中心城东南部浦东新区中心位置。目前，张江初步形成了以信息技术、生物医药为重点的主导产业，旨在聚焦重大战略项目，打造世界级的高科技产业集群，引领产业发展。在集成电路领域，张江科学城已聚集设计、制造、封测、设备材料等企业约 500 家，成为目前国内集成电路产业较集中、综合技术水平较高、产业链较齐全的园区。据张江高科技园区开发股份有限公司统计，2022 年，全球芯片设计十强企业中的 7 家在张江设立了区域总部、研发中心，全球晶圆代工排名前 5 位的企业有 2 家总部设在张江，全国芯片设计十强企业有 6 家在张江设立了区域总部、研发中心。根据上海推进科技创新中心建设办公室统计，张江科学城 2022 年的集成电路产业销售额为 2011 亿元，同比增长 18.1%，约占全市的 2/3。据浦东新区统计，浦东新区 2022 年集成电路制造业销售规模为 723.39 亿元，同比增长 36.9%，已聚集了 2 家全球排名在前十位的晶圆代工企业、2 家中国半导体设备五强总部，培育了 13 家集成电路企业在科创板上市。《张江科学城扩区提质三年行动方案（2022—2024 年）》正式印发后，张江科学城扩区提质效应已经初步体现。2022 年 12 月，张江科学城重点项目签约开工仪式举行，63 个项目签约开工，总投资为 575 亿元。

二、西安高新区

西安高新区是 1991 年 3 月国务院首批批准成立的国家级高新区之一，

位于西安市西南部。西安高新区着力培育以光电子信息、智能制造、生物医药、汽车、新材料、新能源等为主导的现代产业体系。2022 年，西安高新区培育出汽车产业、电子信息两个千亿元级以上的产业集群，新增两家千亿元级企业，生产总值实现 3104.3 亿元，成为全球规模最大的闪存芯片生产基地及全球规模最大的新能源整车生产基地，五大主导产业产值同比增长 46.7%；集中竣工产业项目 40 个，总投资 1054 亿元；新增 10 家上市企业，累计达 74 家上市企业，总市值超过 4000 亿元；全年新增市场主体 2.3 万户，累计市场主体存量超过 19.1 万户。2021 年，西安半导体产业规模达到 1513.5 亿元，同比增长 22.4%，产业规模仅次于无锡、上海、深圳，居全国第四位，产业规模位于全国第一梯队。2003 年，西安引进第一家集成电路外资企业英飞凌；2021 年，西安高新区已聚集了三星、美光、力成、奕斯伟、紫光国芯等龙头企业，带动产业链上下游企业 100 余家发展；集成电路设计产业居全国第五位，半导体闪存芯片占全球闪存芯片产能 10%以上。作为西安半导体产业的核心，西安高新区集成电路产业集中分布在软件新城、综合保税区和长安通信产业园等专业化园区。

三、无锡高新区

1992 年 11 月，无锡高新区经国务院批准成立。2015 年 12 月，经国务院、省政府批复，新吴区成立，实行“区政合一”的管理体制。无锡高新区（新吴区）地处无锡东南部、长江三角洲中心，区域面积 220 平方千米。作为全国为数不多的拥有集成电路全产业链的地级市，无锡全市 2022 年集成电路产业规模近 2100 亿元，同比增长 15.2%，芯片设计、晶圆制造、封测“核心三业”规模居全国第二位，产业链上的企业超过 400 家，产业能级不断跃升。无锡高新区是无锡集成电路产业的前沿和主阵地，集中了全市接近 80%的集成电路企业和 70%的产出。无锡高新区发布的集成电路产业知识产权导航报告显示，无锡高新区 2022 年集成电路产业规模达 1352 亿元，同比增长 16%，其中设计、制造、封测产业规模为 982 亿元，占全省产业规模的 30.9%，占全国产业规模的 8.2%，聚集企业近 500 家。在人才储备方面，无锡集成电路产业人才储备充分，不仅有国家级专家、省“双创”人才、集萃研究员，还有来自英特尔等企业的专家。2022 年，无锡集成电路企业创新活跃度较高，产业专利申请量为 25225 件，居国内第一梯队。

四、深圳高新区

深圳高新区设立于1996年12月，位于深圳湾畔。2019年，深圳高新区实施扩区，总规划面积扩大到159.48平方千米，形成“一区两核五园”的发展布局。2021年，深圳高新区实现营业收入22837.84亿元，PCT国际专利申请量达12420件，拥有国家高新技术企业5450家、年产值超亿元企业970家、境内外上市企业185家。在科学技术部火炬中心开展的国家高新区综合评价工作中，深圳高新区连续多年名列前茅，2021年度位列全国第二，综合质效和持续创新能力位列第一。2022年1—11月，深圳高新区累计实现工业总产值16232.73亿元，同比增长11.08%。深圳高新区拥有国家级集成电路设计产业化基地、国家第三代半导体技术创新中心、国家示范性微电子学院等重大创新平台，产业生态不断完善，产业聚集初具规模。在设计业方面，由于华为海思受美国制裁影响较大，营业收入出现下降；半导体制造、封测、设备和材料等环节均处于快速增长阶段。从深圳的集成电路产业规划布局看，《深圳市培育发展半导体与集成电路产业集群行动计划（2022—2025年）》提出以南山、福田、宝安、龙华、龙岗、坪山6个区为重点发展对象，形成“东部硅基、西部化合物、中部设计”全市一盘棋的空间布局，计划到2025年，深圳半导体产业营业收入突破2500亿元。

五、苏州工业园区

苏州工业园区隶属江苏省苏州市，位于苏州市城东，1994年2月经国务院批准设立，同年5月实施启动，行政区划面积278平方千米（其中中新合作区为80平方千米），是中国和新加坡两国政府间的重要合作项目，被誉为“中国改革开放的重要窗口”和“国际合作的成功范例”。2022年，苏州工业园区集成电路产业规模达804亿元，同比增长14%。其中，核心三业（设计、制造、封测）产值规模为481亿元。至今，园区已形成涵盖“设计—制造—封测”、专用设备和材料的完整集成电路产业链，聚集了以创耀、晶方半导体、京隆等为代表的重点企业115家。目前，园区已编制完成《苏州工业园区集成电路产业发展工作机制》，设立领导小组、专家咨询和企业座谈三项会议机制，形成集成电路企业、科技企业、纳米企业、投促企业统筹协作的招商引资机制。2022年5月，园区出台全面推进集成电路产业创新集群发展的三年行动计划和若干举措，并新设集成电路专项资金，明确实施产业发展

导航、创新主体培育等集群创新十大工程，计划到 2025 年集成电路产业规模突破 1000 亿元。

六、南京江北新区

南京江北新区是 2015 年 6 月由国务院批复设立的第 13 个国家级新区，也是江苏省唯一的国家级新区。江北新区位于南京长江以北，包括浦口区、六合区部分区域和栖霞区八卦洲街道，规划面积为 788 平方千米，战略定位是逐步建设成为自主创新先导区、新型城镇化示范区、长江三角洲地区现代产业聚集区、长江经济带对外开放合作重要平台。南京江北新区在短短数年间聚集集成电路产业上下游企业 900 家，规模以上企业有 106 家，产品覆盖 EDA 产业全链条的 70%，形成涵盖芯片设计、晶圆制造、封测、设备材料等环节的集成电路产业链格局。南京江北新区自成立以来，聚力培育集成电路高端产业，以产城融合、产教融合的理念，加强引人、育人、留人，实现产业链与创新链的深度融合。近年来，新区围绕集成电路产业链布局人才链，招引新思科技、紫光展锐、龙芯中科、华为鲲鹏等龙头企业打造集成电路产业集群，并在此基础上，把芯片设计作为发展的重中之重。目前，南京江北新区已聚集了超过 3 万名集成电路产业人才，2021 年产业收入规模超过 750 亿元，同比增长超过 55%。

七、成都高新区

1991 年，成都高新区获批为全国首批国家级高新区。2020 年，四川省人民政府正式同意设立成都东部新区。成都高新区与成都东部新区合作共建未来科技城，规划总面积为 60.4 平方千米。2022 年，成都高新区实现地区生产总值 3015.8 亿元，正围绕集成电路、新型显示、智能终端三大重点产业链，发挥链主企业“强链”效应，促进产业集群发展，推动主导产业建圈强链，助力区域加快建设具有世界影响力的一流科技园区。成都高新区作为成都集成电路产业重要承载地，已聚集英特尔、德州仪器、奕斯伟等国际知名企业。2021 年，成都高新区取得产值突破 1000 亿元的好成绩。2022 年，成都高新区集成电路产业规模以上企业市场规模达到 410.4 亿元，已形成包括集成电路设计、晶圆制造、封测、设备材料等环节的完整产业链，芯片设计营业收入突破百亿元，营业收入过亿元企业达 26 家，营业收入、增速、过亿元企业数量等指标均列全国前十位。近年来，为促进四川省集成电路产业

高质量发展的战略部署，成都相继出台了《成都市加快集成电路产业高质量发展的若干政策》《成都高新区功率半导体产业三年行动计划（2023—2025）（征求意见稿）》等一些有力度的政策，最高可提供高达 5 亿元的综合支持。

八、中关村集成电路设计园

中关村集成电路设计园（IC PARK）位于北京市海淀区北清路前沿科创发展轴核心地带，是国家级集成电路设计产业专业特色园区，占地面积 6 万平方米，总建筑规模 22 万平方米，是北京落实国家集成电路产业发展战略，构建“北设计、南制造”产业空间布局的重点工程，由中关村发展集团和首创集团合作建设运营。截至 2022 年底，园区已汇聚泛集成电路企业 110 余家，从业人员 6000 余人，已形成涵盖区块链、人工智能、无人驾驶、存算一体化、物联网、工业芯片等泛集成电路设计领域六大方向的产业集群。2021 年，中关村集成电路设计园实现产值 400 余亿元，占据北京集成电路设计行业总产值的半壁江山，是国家芯片自主创新的重要阵地。中关村集成电路设计园积极构建线上与线下相结合的“一平台、三节点”产业服务体系。“一平台”是指打造线上与线下相结合的一站式企业服务中心，构建面向企业全生命周期的服务价值链。“三节点”分别是人才节点、孵化节点和投融资节点。园区建起了“中关村芯学院”，与清华大学、北京大学、中国科学院等高校共建人才实训基地，开展校企对接活动，帮助企业定制培养人才；成立“芯创空间”孵化器，帮助高校院所科技成果转化；发起设立芯创基金，“科技金融+认股权池+基金投资”覆盖企业全生命周期的资本需求，形成产投联动的科技园区新发展模式。

九、合肥高新区

合肥高新区是 1991 年经国务院批准的全国首批，也是安徽省唯一的国家级高新技术产业开发区。1997 年，合肥高新区被国家批准成为对亚太经济合作组织成员特别开放的工业园区，并以其先进的科技创新和卓越的投资环境成为合肥市乃至安徽省最具活力的经济增长区域和对外开放的窗口。合肥先后被国家发展改革委、工业和信息化部列为集成电路产业全国重点发展城市，获批全国首个“海峡两岸集成电路产业合作试验区”和国家首批集成电路战略性新兴产业集群。2021 年，合肥高新区已经形成集成电路产业从设计制造到封测全环节，涵盖 EDA 工具、IP 核、设备、人才培养等领域的完整

产业链。截至2021年底，合肥高新区已拥有集成电路企业超350家，2021年实现全产业链产值近400亿元，同比增长30%。合肥高新区始终把集成电路产业发展共性问题的解决放在首位，通过构建产业生态圈，实现产业和企业的良性发展。由合肥高新区投资建设的合肥市集成电路验证分析服务平台，已为企业提供EDA工具、硬件测试、人才培训、知识产权及多项目晶圆（MPW）等服务。在载体建设上，合肥高新区规划建设了面积达1970亩的半导体配套产业园，实现产业聚集发展，各项公共服务供给齐全。

十、厦门火炬高新区

1991年，厦门火炬高新区被国务院批准为全国首批国家级高新区，是全国三个以“火炬”冠名的国家高新区之一。经过30多年发展，厦门火炬高新区聚集各类企业17000多家，其中国家级高新技术企业1200多家，占厦门近五成，已经成为厦门创新驱动发展主引擎、创新创业主平台、“三高”（高技术、高成长、高附加值）企业聚集地及厦门千亿产业链（群）主要载体。2022年，厦门火炬高新区获评“2022年第三代半导体最具竞争力产业园区”。作为全国首批国家高新区、国家对台湾地区科技合作与交流基地、国家双创示范基地，厦门火炬高新区是厦门集成电路产业发展的主要承载地。目前，厦门火炬高新区已汇聚集成电路企业200多家，覆盖芯片设计、材料与设备、晶圆制造、封测等主要产业链环节。2021年，厦门火炬高新区集成电路产业产值为269亿元，同比增长21%。下一步，厦门火炬高新区将不断完善第三代半导体产业服务体系，打造特色鲜明的第三代半导体产业集群，成为我国重要的集成电路产业发展新高地。

十一、泉州芯谷

泉州半导体高新技术产业园区（简称“泉州芯谷”）是2017年11月由福建省政府批复设立的省级高新技术产业园区，是全国重要集成电路产业聚集区之一。2019年5月，国务院台湾事务办公室、工业和信息化部批复园区设立海峡两岸集成电路产业合作试验区。2021年9月，泉州半导体产业集群被列入福建省首批战略性新兴产业集群名单。泉州芯谷规划面积约60平方千米，吸引设计、封测、制造设备、关键原材料等上下游配套项目，推动全产业链聚集。其中，晋江分园区主要打造存储器及集成电路产业基地，全力打造全球重要的内存生产基地和两岸集成电路产业合作示范区；南安分园区主要打造化合物半导体产业基地，发展化合物半导体制造生产线、光通信器件、微波射频及功率型器件和新型材料等项目；安溪分园区主要打造发光二极管（LED）全产业基地，基本形成涵盖“衬底—芯片—封装—应用”的光电产业集群。2022 年，泉州半导体规模以上企业产值为 270.02 亿元，同比增长 29.2%；已累计落地半导体产业项目 76 个，总投资规模 1401 亿元，其中投资额超 10 亿元的项目有 11 个，形成了存储器和集成电路、光芯片、射频芯片、LED 制造、特种材料等产业链条。到 2025 年，泉州芯谷力争实现集成电路产业产值超千亿元，致力建成我国最具有市场竞争力、产业辐射力和创新活力的半导体产业基地，打造中国芯谷。

第十章

集成电路产业重点企业发展状况

第一节　集成电路设计行业重点企业

一、紫光国芯微电子股份有限公司

紫光国芯微电子股份有限公司简称“紫光国微”。2022 年，紫光国微营业收入为 71.2 亿元，同比增长 33.28%，净利润为 26.32 亿元，同比增长 34.71%，扣非归母净利润为 24.62 亿元，同比增长 37.09%。紫光国微 2022 年第四季度实现营业收入 21.84 亿元，同比增长 40.65%，环比增长 7.49%；归母净利润为 5.91 亿元，同比增长 19.08%，环比下降 29.87%；扣非归母净利润为 5.07 亿元，同比增长 15.95%，环比下降 36.76%。紫光国微全年研发投入 12.49 亿元，较 2021 年同期增长 44.32%，占营业收入比例为 17.55%；全年共授权各类专利 107 项，较 2021 年增长 35.4%。

二、海光信息技术股份有限公司

海光信息技术股份有限公司简称“海光信息”，2022 年营业总收入为 51.25 亿元，同比增长 121.83%，归母净利润为 8.04 亿元，同比增长 145.65%。从单季度数据看，海光信息第四季度营业总收入为 13.05 亿元，同比增长 37.35%，第四季度归母净利润为 1.51 亿元，同比下降 25.29%，全年毛利率为 52.42%，同比下降 6.32%，净利率为 21.95%，同比增长 15.86%。2022 年，公司研发投入 20.67 元，较 2021 年同期增长 30.42%；公司研发技术人员有 1283 人，占员工总人数的 90.42%，75.84%以上研发技术人员拥有硕士及以上学历。2022 年，公司成功推出 CPU 产品海光三号，海光三号与在售的海光二号广泛应用于电信、金融、互联网、教育、交通等重要行业或领域，得到国内用户的广泛认可。海光DCU系列产品兼容国际主流商业计算软件和人工智能软件，软件、硬件生态丰富，DCU产品深算一号在2022年实现了在大数据处理、人工智能、商业计算等领域的商业化应用。

三、上海韦尔半导体股份有限公司

上海韦尔半导体股份有限公司简称“韦尔股份”，2022年营业收入为200.78亿元，同比下降16.7%；归属上市公司股东的净利润为9.9亿元，同比下降77.88%。公司半导体设计营业收入为164.07亿元，占主营业务收入的比例为82.15%，较2021年下降19.49%；公司半导体分销业务营业收入为35.65亿元，占公司主营业务收入的17.85%，较2021年下降2.6%。在半导体设计业务中，图像传感器解决方案业务实现营业收入136.75亿元，较2021年下降19.64%；触控与显示解决方案业务实现营业收入14.71亿元，较2021年下降25.08%；模拟解决方案实现营业收入12.62亿元，较2021年下降9.78%。至于业绩下降的原因，韦尔股份在公司年报中提及2022年全球智能手机销量同比下降12%，消费电子市场受到冲击对公司业务带来影响，特别是公司的图像传感器业务主要源自智能手机市场，收入从2021年的97.08亿元下滑至53.97亿元，减少44.4%。

四、兆易创新科技集团股份有限公司

兆易创新科技集团股份有限公司简称“兆易创新”，2022年营业收入为81.30亿元，较2021年同期下降4.47%；归属上市公司股东的净利润为20.53亿元，较2021年同期下降12.16%。在业务方面，存储器业务收入减少约6.25亿元，较2021年下降11.46%；传感器业务收入减少约1.11亿元，较2021年下降20.35%；微控制器业务增加约3.73亿元，较2021年增加约15.19%。至于业绩下滑的原因，兆易创新在公司年报中提及，存储器业务、传感器业务收入减少主要是受消费市场需求疲软影响，而微控制器业务收入增加得益于公司多元化产品布局，其来自工业、网通领域的收入增加弥补了消费领域的收入下滑，并带动微控制器业务收入增长。

第二节　集成电路制造行业重点企业

一、中芯国际集成电路制造有限公司

中芯国际集成电路制造有限公司简称“中芯国际”，2022年生产7510811

片晶圆，销售 7098458 片，销售额达到 72.7 亿美元，同比增长 33.6%，毛利率达到 38%，同比增加 7.2%。从市场领域看，中芯国际在智能手机方面的收入占比达到 27%，在智能家居方面的收入占比为 14.1%，在消费电子方面的收入占比为 23%，在其他方面的收入占比为 35.9%。从晶圆尺寸看，中芯国际 2022 年生产 8 英寸晶圆占比为 33%，12 英寸晶圆占比为 67%。从客户来源看，中芯国际 2022 年国内客户贡献的营业收入占比达到 74.2%，美国客户占比为 20.8%，欧亚客户占比为 5%。在未来发展方面，中芯国际在 2022 年的公司年报中提及，近年来，半导体产业的国际环境正在经历新一轮变化，全球化的专业分工体系受到冲击。面对新的外部形势和挑战，中芯国际需要更科学地构建可持续、高质量发展的能力。

二、华虹半导体有限公司

华虹半导体有限公司简称“华虹半导体”。2022 年，华虹半导体营业收入较 2021 年增长 51.8%，达到 24.755 亿美元，创历史新高；毛利率为 34.1%，较 2021 年的 27.7%上升 6.4 个百分点。华虹半导体表示，毛利率的上升主要由于公司产品平均销售价格上涨及产品组合优化。2022 年，华虹半导体净利润为 4.066 亿美元，较 2021 年增长 76%。2022 年，华虹半导体月产能由 31.3 万片增至 32.4 万片（8 英寸等值晶圆），付运晶圆（8 英寸等值晶圆）由 332.8 万片增至 408.7 万片。截至 2022 年底，华虹半导体拥有三座 8 英寸晶圆厂和一座 12 英寸晶圆厂，近三年折合 8 英寸年产能分别为 248.52 万片、326.04 万片、386.27 万片，年均复合增长率为 24.67%。2022 年，华虹半导体 12 英寸工厂以 6.5 万片的月产能高位运营。华虹半导体计划在 2023 年陆续释放其月产能至 9.5 万片，同时适时启动 12 英寸新生产线的建设，持续提升制造产能，进行技术升级。

三、华润微电子有限公司

华润微电子有限公司简称“华润微电子”，2022 年营业收入为 100.6 亿元，较 2021 年同期增长 8.77%，归属上市公司股东的净利润为 26.17 亿元。华润微电子在公司年报中称，2022 年公司产品与方案业务实现收入 49.47 亿元，同比增长 13.54%，营业收入占比升至 49.18%；制造与服务业务实现收入 49.49 亿元，同比增长 3.08%，营业收入占比降至 49.19%。华润微电子第三代宽禁带半导体产品销售规模同比增长 324%，IGBT 产品销售规模同比增长 154%；应用领域不断升级，新能源及汽车电子占比达到 35%。华润微电子坚持“两江三地”战略布局，在持续做优做大功率器件的同时，稳步推进多个重大项目：重庆 12 英寸晶圆制造生产线和先进功率封测基地双双通线，南方总部暨全球创新中心落成，深圳 12 英寸先进集成电路晶圆制造生产线启动建设，以及迪思高端掩膜项目按期建设。

第三节　集成电路封测行业重点企业

一、江苏长电科技股份有限公司

江苏长电科技股份有限公司简称“长电科技”，2022 年实现营业收入 337.6 亿元，同比增长 10.7%；归属上市公司股东的净利润达 32.3 亿元，同比增长 9.2%。其中，长电科技第四季度实现收入 89.8 亿元，季度净利润为 7.8 亿元。2022 年，长电科技先进封装、传统封装业务销售量均有所下滑。其中，先进封装销售量为 213.46 亿只，同比下降 1.48%；传统封装销售量为 393.94 亿只，同比下降 24.61%。长电科技在公司年报中表示，我国集成电路封测行业快速发展，吸引了众多企业进入，同时智能手机、个人计算机等消费类电子市场需求疲软，市场处于去库存阶段，公司未来的业务发展将面临一定的市场竞争加剧的风险。市场竞争加剧可能导致行业平均利润率下降，进而对公司销售额及利润率造成一定的影响。

二、通富微电子股份有限公司

通富微电子股份有限公司简称“通富微电”，2022 年实现营业收入 214.29 亿元，同比增长 35.5%；实现归母净利润 5.02 亿元，同比下降 47.5%。营业成本为 184.49 亿元，同比增长 40.9%，高于营业收入 35.5%的增速，导致毛利率下降 3.3%。期间费用率为 12%，同 2021 年相比变化不大。通富微电近三年营业收入年均复合增长率为 37.37%，净利润年均复合增长率为 197.11%。集成电路封测收入为 209.98 亿元，同比增长 34.99%，占营业收入的 97.99%；材料销售额为 2.03 亿元，同比增长 238.15%，占营业收入的 0.95%；模具费收入为 0.8 亿元，同比下降 33.99%，占营业收入的 0.38%。至于业绩降低的原因，通富微电在公司年报中称：一方面，集成电路行业景气度下行，部分终端产品需求疲软，导致公司产能利用率及毛利率下降；另一方面，公司加大对芯粒等先进封装技术的投入，研发费用增加，导致利润下降。

三、天水华天科技股份有限公司

天水华天科技股份有限公司简称“华天科技”。2022 年，华天科技实现营业收入119.06亿元，同比下降1.58%；净利润为7.54亿元，同比下降46.74%。2022 年，公司投入研发费用 7.08 亿元，同比增长 8.96%，研发人员数量占比提升至 15.33%，取得多个项目研发成果，共获得授权专利 69 项，其中发明专利 7 项。在市场拓展方面，2022 年，华天科技共导入客户 237 家，通过 6 家国内外汽车终端及汽车零部件企业审核，引入 42 家汽车电子客户，涉及 202 个汽车电子项目。在新生产基地建设方面，韶华科技已经完成一期厂房及配套设施建设，并于 2022 年 8 月投产；华天江苏积极开展项目建设的各项准备工作；Unisem Gopeng 项目正在进行厂房建设。此外，华天科技还新设子公司上海华天集成电路有限公司、天水华天芯胜科技有限公司，为进一步扩大产业规模提供发展空间。至于业绩下降的原因，华天科技在公司年报中将其归于 2022 年终端市场产品需求下降，集成电路行业景气度下滑。

第四节　集成电路设备行业重点企业

一、北方华创科技集团股份有限公司

北方华创科技集团股份有限公司简称“北方华创”。2022 年，北方华创营业收入为 146.88 亿元，同比增长 51.68%；归母净利润为 23.53 亿元，同比增长 118.37%；扣非净利润为 21.06 亿元，同比增长 161.07%；经营活动产生的现金流量净额为-7.28 亿元，2021 年同期为-7.77 亿元。2022 年，北方华创研发投入为 35.66 亿元，同比增长 23.28%；研发投入占营业收入比例为 24.28%，比 2021 年同期下降 5.59 个百分点，全年研发投入资本化率为 55.47%。2022 年，在北方华创主营业务中，电子工艺设备收入为 120.84 亿元，同比增长 52.03%，占营业收入的 82.27%；电子元器件收入为 25.74 亿元，同比增长 50.1%，占营业收入的 17.53%。电子工艺设备、电子元器件 2022 年的毛利率分别为 37.7%、72.53%。其中，电子元器件毛利率连续 3 年上升。北方华创排名前五位的客户合计销售额为 37.70 亿元，占总销售额比例为 25.67%，北方华创排名前五位的供应商合计采购额为 33.62 亿元，占年度采购总额比例为 15.52%。

二、中微半导体设备（上海）有限公司

中微半导体设备（上海）有限公司简称“中微半导体”，2022 年实现营业收入 47.40 亿元，同比增长 52.5%；归母净利润为 11.7 亿元，同比增长 15.66%；扣非归母净利润为 9.19 亿元，同比增长 183.44%。公司 2022 年新签订单金额约 63.2 亿元，较 2021 年增长约 21.9 亿元，同比增长约 53%，订单销售比达到 1.33。在具体产品进展方面，中微半导体的电容耦合等离子体（CCP）刻蚀设备持续得到众多客户的批量订单，累计已有 2320 个反映腔在生产线合格运转。在国际最先进的 5 nm 芯片生产线及下一代更先进的生产线上，中微半导体的 CCP 刻蚀设备实现了多次批量销售，已有超过 200 台在生产线合格运转。电感耦合等离子体（ICP）刻蚀机目前已在超过 20 家客户的逻辑、DRAM 和 3D NAND 等各类芯片生产线上运行。

三、浙江晶盛机电股份有限公司

浙江晶盛机电股份有限公司简称“晶盛机电”，是国内领先的从事半导体材料设备及化合物半导体衬底材料制造的高新技术企业。2022 年，晶盛机电实现营业收入 106.38 亿元，同比增长 78.45%；实现归属上市公司股东的净利润 29.24 亿元，同比增长 70.8%。在业务分类上，2022 年晶盛机电制造业收入为 100.95 亿元，同比增长 80.74%，其他业务收入为 5.44 亿元，同比增长 44.53%。公司未完成设备合同达到 254 亿元（含税），同比增长 26.4%，其中未完成半导体设备合同 34 亿元（含税），同比增长 209%，设备订单饱满，有望支撑公司持续高速发展。面对光伏及半导体行业快速发展的重大机遇，晶盛机电加强研发投入和技术创新，持续提升设备业务的核心竞争优势，不断推动材料业务快速发展，加大市场开发力度，开拓国际市场，促进企业经营规模和效益持续提升。

第五节　集成电路材料行业重点企业

一、深南电路股份有限公司

深南电路股份有限公司简称“深南电路”。2022 年，深南电路实现营业收入 139.92 亿元，同比增长 0.36%；归属上市公司股东的净利润为 16.4 亿元，同比增长 10.74%。近三年，深南电路营业收入年均复合增长率为 9.96%，净利润年均复合增长率为 9.98%。深南电路印制电路板业务实现收入 88.25 亿

元，同比增长1.01%，占公司营业收入的63.06%；封装基板业务实现收入25.2亿元，同比增长4.35%，占公司营业收入的18.01%；电子装联业务实现收入17.44亿元，同比下降10.08%，占公司营业收入的12.47%。印制电路板、封装基板、电子装联2022年毛利率分别为28.12%、26.98%、13.15%。

二、江阴江化微电子材料股份有限公司

江阴江化微电子材料股份有限公司简称“江化微”。2022年，江化微实现营业收入9.39亿元，同比增长18.56%；归属上市公司股东的净利润为1.06亿元，同比增长87.19%；归属上市公司股东的扣非净利润为9976.77万元，同比增长87.62%。在业务方面，超净高纯试剂产品实现收入62.75亿元，较2021年同期增长27.36%，毛利率为28.52%，同比增长5.76个百分点；光刻胶配套试剂业务实现收入29.28亿元，同比增长5.11%，毛利率为26.57%，同比增长4.1个百分点。江化微在公司年报中表示，2022年，随着下游半导体芯片及封装客户产能持续拉升，公司销售额取得较大增长。在报告期内，公司按照年初制定的战略部署，以市场开拓为重点，抓住下游产业发展机遇，通过技术研发提升产品等级，主动加强在半导体芯片及平板显示领域的客户开发与销售。

三、彤程新材料集团股份有限公司

彤程新材料集团股份有限公司简称“彤程新材料”，2022年实现营业收入25亿元，同比增长7.74%；归母净利润为2.98亿元，同比下降8.71%；扣非净利润为2.12亿元，同比下降14.15%。2022年，彤程新材料半导体光刻胶业务实现营业收入17.65亿元（全公司口径），同比增长53.48%；半导体用G/I线光刻胶产品较2021年同期增长45.45%；KrF光刻胶产品较2021年同期增长321.85%。在报告期内，彤程新材料新增中芯京城、格科半导体、重庆万国等8家12英寸客户和4家8英寸客户。截至2022年底，彤程新材料共有22家12英寸客户和20家8英寸客户，8英寸与12英寸客户是彤程新材料半导体光刻胶业务营业收入贡献的主力。彤程新材料在公司年报中称，从国内光刻胶产品市场变化看，随着我国半导体产业的发展和制造工艺技术节点的不断缩小，G/I线光刻胶市场增速放缓，KrF光刻胶和ArF光刻胶市场需求量和增速加快。

集成电路政策篇

第十一章

2022 年中国集成电路产业重点政策解析

第一节 国家政策

2023 年 4 月 20 日，财政部、税务总局发布《财政部 税务总局关于集成电路企业增值税加计抵减政策的通知》。下面是该通知的主要内容。

（1）自 2023 年 1 月 1 日至 2027 年 12 月 31 日，允许集成电路设计、生产、封测、装备、材料企业（以下简称“集成电路企业”），按照当期可抵扣进项税额加计 15%抵减应纳增值税税额（以下简称“加计抵减政策”）。

对适用加计抵减政策的集成电路企业采取清单管理，具体适用条件、管理方式和企业清单由工业和信息化部会同国家发展改革委、财政部、税务总局等部门制定。

（2）集成电路企业按照当期可抵扣进项税额的 15%计提当期加计抵减额。企业外购芯片对应的进项税额，以及按照现行规定不得从销项税额中抵扣的进项税额，不得计提加计抵减额；已计提加计抵减额的进项税额，按规定做进项税额转出的，应在进项税额转出当期，相应调减加计抵减额。

（3）集成电路企业按照现行规定计算一般计税方法下的应纳税额（以下简称“抵减前的应纳税额”）后，区分以下情形加计抵减。

① 抵减前的应纳税额等于零的，当期可抵减加计抵减额全部结转下期抵减。

② 抵减前的应纳税额大于零，且大于当期可抵减加计抵减额的，当期可抵减加计抵减额全额从抵减前的应纳税额中抵减。

③ 抵减前的应纳税额大于零，且小于或等于当期可抵减加计抵减额的，以当期可抵减加计抵减额抵减应纳税额至零。未抵减完的当期可抵减加计抵

减额，结转下期继续抵减。

（4）集成电路企业可计提但未计提的加计抵减额，可在确定适用加计抵减政策当期一并计提。

（5）集成电路企业出口货物劳务、发生跨境应税行为不适用加计抵减政策，其对应的进项税额不得计提加计抵减额。

集成电路企业兼营出口货物劳务、发生跨境应税行为且无法划分不得计提加计抵减额的进项税额，按照以下公式计算：

不得计提加计抵减额的进项税额=当期无法划分的全部进项税额×当期出口货物劳务和发生跨境应税行为的销售额÷当期全部销售额

（6）集成电路企业应单独核算加计抵减额的计提、抵减、调减、结余等变动情况。骗取适用加计抵减政策或虚增加计抵减额的，按照《中华人民共和国税收征收管理法》等有关规定处理。

（7）集成电路企业同时符合多项增值税加计抵减政策的，可以择优选择适用，但在同一期间不得叠加适用。

第二节　地方政策

一、《深圳市培育发展半导体与集成电路产业集群行动计划（2022—2025 年）》

2022 年 6 月，深圳市发展和改革委员会发布《深圳市培育发展半导体与集成电路产业集群行动计划（2022—2025 年）》，以加快培育半导体与集成电路战略性新兴产业集群，抢占新一轮产业发展制高点，增强产业核心竞争力。

（一）行动计划部署五项重点任务

1. 全力提升核心技术攻关能力

围绕关键材料、核心装备及零部件等领域开展技术攻关，支持 EDA 全流程设计工具系统开发，探索新型架构芯片研发。

2. 着力构建安全稳定产业链条

重点布局 12 英寸硅基和 6 英寸及以上化合物半导体芯片生产线，大力引进先进封测生产线和技术研发中心。

3. 聚力增强产业协作优势

建成一批产业共性技术研发平台，完善投融资环境，加大金融支持力度，

发挥国有资本产业引领带动作用，设立市级集成电路产业投资基金。

4. 构建高质量人才保障体系

引进一批高水平专业人才，“政、产、学、研”联动培养各层次专业人才，规划建设半导体领域专业院所和培训机构，强化人才队伍支撑，打造集成电路人才聚集高地。

5. 打造高水平特色产业园区

加大产业土地整备力度，提高土地出让审批效率，提供专业化产业空间，在重点片区着力打造一批要素聚集、配套完善、创新活跃的集成电路特色产业园区。

（二）行动计划部署九项重点工程

1. EDA 工具软件培育工程

加强 EDA 工具软件核心技术攻关，支持开展先进工艺制程、新一代智能、超低功耗等 EDA 技术的研发，鼓励企业和科研机构购买或租用国产 EDA 工具软件。

2. 材料装备配套工程

开展聚酰亚胺、环氧树脂等先进封装材料的研发与产业化，加快光掩膜、电子气体等半导体材料的研发生产，推进检测设备、清洗设备等高端设备部件和系统集成开展持续研发和技术攻关。

3. 高端芯片突破工程

重点突破 CPU、GPU、DSP、FPGA 等高端通用芯片的设计，布局人工智能芯片、边缘计算芯片等专用芯片的开发，全面突破射频前端芯片、基带芯片、光电子芯片等核心芯片技术，推动超低功耗专用芯片、NB-IoT 芯片的快速产业化。

4. 先进制造补链工程

规划建设 28 nm 及以上工艺制程晶圆代工厂，规划建设 BCD、半导体激光器等高端特色工艺生产线。支持建设高端片式电容器、电感器、电阻器等电子元器件生产线。

5. 先进封测提升工程

加快大功率 MOSFET 器件和高密度存储器件封装技术的研发和产业化。大力发展晶圆级、系统级等先进封装核心技术，以及脉冲序列测试、集成电路集成探针卡等先进晶圆级测试技术。

6. 化合物半导体赶超工程

提升氮化镓和碳化硅等化合物半导体材料与设备研发生产水平，加速器件制造技术开发、转化和首批次应用。加速产品验证应用，鼓励企业推广使用化合物半导体产品，提升系统和整机产品的竞争力。

7. 产业平台强基工程

建设集成电路产业创新中心、集成电路设计平台、检测认证中心等公共服务平台，聚焦集成电路领域应用基础研究，强化创新平台建设。

8. 人才引育聚力工程

构建市场主导的人才认定体系和分级分类的人才专项扶持计划。大力发挥企业在人才培养中的作用，政产学研联动合力打造覆盖高、中、低各层级的集成电路产业人才梯队。

9. 产业园区固基工程

加强集成电路产业用地供给，支持符合条件的企业建设示范集成电路产业园，为重大项目和重大平台落地提供空间基础，为聚集高端人才和企业创造良好条件。

二、《广州市半导体与集成电路产业发展行动计划（2022—2024年）》

2022年3月，广州市工业和信息化局印发《广州市半导体与集成电路产业发展行动计划（2022—2024年）》，进一步推动半导体与集成电路产业高质量发展，勇当粤港澳大湾区先行先试排头兵，发挥产业应用需求大、经济实力雄厚、人才聚集丰富的优势，助力全省打造国家集成电路产业发展“第三极”。

该行动计划提出十项重点任务。

（一）推动产业特色聚集发展

优化产业发展布局，打造“一核两极多点”的产业格局。建设综合性半导体与集成电路产业聚集区，围绕集成电路制造，引入和培育一批高端芯片设计、关键材料设备、先进封测企业和重点创新平台。

（二）提升高端芯片设计能力

在FPGA、GPU、CPU、存储、视频流加密、服务器密码算法等高端数

字芯片，电源管理、驱动、通信等高端模拟芯片，导航、蓝牙等射频芯片领域培育和引进一批具有自主知识产权和行业影响力的“单项冠军”和“专精特新”企业。

（三）做强做大芯片制造业

推动粤芯半导体二期、三期项目加快建设，支持加快建设高端模拟、数模混合芯片制造生产线，加大模拟产品定制化工艺开发能力，快速扩充产能。建设先进绝缘体上硅（SOI）工艺生产线，力争引进张江国家实验室，重点开展 12 英寸先进 SOI 工艺研发，推动与现有制造生产线整合，建设全耗尽绝缘体上硅（FD-SOI）工艺研发线、射频绝缘体上硅（RF-SOI）工艺生产线。

（四）布局发展宽禁带半导体

支持碳化硅、氮化镓等宽禁带半导体衬底、外延、设计及制造全产业链发展，支持龙头企业发展 IDM 模式。布局 4～6 英寸碳化硅衬底片、外延片生产线，加速 8 英寸项目研发及产业化，建设 6～8 英寸及以上碳化硅芯片生产线，支持建设硅基或碳化硅基氮化镓功率与射频器件生产线。

（五）推动封测业向高端化发展

建设系统级封装、晶圆级封装等高端封装技术生产线，引进国内外封测龙头企业建设先进封装生产线，积极拓展 MEMS 传感器、CMOS 图像传感器及模块封装能力。支持开发 2.5D/3D 异质集成、芯粒等先进封装技术。

（六）引进培育高端材料重点装备企业

引进刻蚀机、离子注入机、清洗设备、沉积设备等半导体设备制造龙头企业，补齐产业链空缺，构建完整产业生态。

（七）支持公共服务平台建设

建设 12 英寸集成电路研发中试线，推动广东省大湾区集成电路与系统应用研究院建设 FD-SOI 产业创新生态体系。加快建设集成电路设计公共服务平台，争创国家“芯火”双创基地。

（八）完善产业投融资环境

参与国家集成电路产业基金二期、组建广东省半导体及集成电路产业投资基金风险子资金，积极争取国家、广东省集成电路产业基金加大对广州集成电路产业的资金支持，最大化发挥基金的战略引导和投资促进作用。

（九）强化应用需求牵引作用

鼓励骨干应用企业与芯片设计企业通力合作，开展芯片应用验证示范，建立“芯片—整机”联动发展平台，加速国产集成电路产品批量应用和迭代升级，推动自主可控芯片的规模化普及。

（十）深化行业交流合作

加强境内外企业、科研院所之间的合作交流，联合建设高水平的研发中心、生产中心、运营中心。通过联合行业协会举办中国集成电路设计和制造年会等各类行业会议，鼓励和支持龙头企业举办各类高端学术会议、论坛等行业活动，积极拓宽与国内外先进技术及产业链对接合作渠道，吸引优质项目资源落户。

三、《合肥市加快推进集成电路产业发展若干政策》

2022 年 5 月，合肥市人民政府办公室印发《合肥市加快推进集成电路产业发展若干政策》，以进一步加快推进集成电路产业发展，建设具有重要影响力的国家集成电路战略性新兴产业集群。

（一）支持企业研发创新

1. 支持企业流片

对工艺制程大于 28 nm 的，年度补助总额最高 300 万元；对工艺制程小于等于 28 nm 的，年度补助总额最高 800 万元。每家企业年度补助总额最高 1000 万元。

2. 支持企业购买和研发 IP

对工艺制程大于 28 nm 的，年度补助总额最高 300 万元；对工艺制程小于等于 28 nm 的，年度补助总额最高 500 万元。

3. 支持企业购买、租用和研发 EDA 工具软件

对购买 EDA 工具软件（含软件升级费用）的企业在合肥开展研发活动，

每家企业年度补助总额最高 200 万元。对租用集成电路公共服务平台 EDA 工具软件的企业，每家企业年度补助总额最高 100 万元。对在合肥从事集成电路 EDA 工具研发的企业，年度补助总额最高 2000 万元。

4. 支持半导体 IDM 企业开发新产品

对 IDM 企业依托自身核心技术，开发经省市主管部门认定的新产品，每开发一种新产品奖励 50 万元。每家企业年度奖励总额最高 300 万元。

（二）支持企业规模发展

1. 支持企业加大投资

总投资 3 亿元以上的集成电路制造、封测类项目，总投资 5000 万元以上的集成电路装备、材料类项目，设备总投资 1000 万元以上的集成电路设计企业项目，每家企业补助总额最高 2000 万元。

2. 支持企业成长壮大

对年度销售额首次突破不同等级的集成电路企业，分档给予不同力度的奖励。

3. 支持兼并引进企业

鼓励集成电路企业通过兼并、收购、参股等多种形式开展并购重组。对市场前景好、产业带动强、发展潜力大的重大项目，按照“一事一议”政策给予支持。

4. 支持企业上市

对集成电路企业上市申请获证监会或交易所受理的，给予最高 300 万元奖励，获受理当年在科创板上市的企业再奖励 300 万元，在其他板上市的企业再奖励 100 万元。

（三）支持产业生态营造

1. 支持链动发展

对集成电路、系统（整机）、终端等企业采购非关联集成电路企业自主研发的芯片、关键核心设备和材料，集成电路生产线（中试线）为省市主管部门认定的首台套装备、首批次新材料、新产品提供验证服务，给予一定补贴。

2. 支持公共服务平台建设

获批建设国家“芯火”双创平台等国家级集成电路公共服务平台的给予

一定补助。支持第三方技术服务或检测平台运营，对开展样片功能、性能、可靠性、兼容性、失效分析等方面的测试验证及相关认证的给予一定奖励。

3. 支持设立投资基金

依托市政府母基金设立相关集成电路产业子基金，集中支持集成电路重点企业发展、重大项目建设。支持基金参股国家产业基金、社会机构专业投资基金，发挥政府基金杠杆效应。

4. 支持产业人才培育和引进

支持行业组织、公共服务机构、高校院所、重点企业等单位牵头建设合肥市集成电路产教融合基地，开展集成电路人才技能培训、岗前实训等，按“一事一议”政策给予支持。

5. 支持产业要素对接

鼓励集成电路产业领域行业协会、产业（技术）联盟、龙头企业及其他企（事）业单位，组织举办项目路演、技术论坛、芯机对接、创新创业大赛等要素对接活动（平台），采取政府购买服务方式给予支持。

四、《济南市人民政府办公厅关于促进集成电路产业发展的意见》

2022年6月，济南市人民政府办公厅印发《济南市人民政府办公厅关于促进集成电路产业发展的意见》，深入贯彻落实《新时期促进集成电路产业和软件产业高质量发展的若干政策》（国发〔2020〕8号）精神，优化产业发展环境，提升产业创新能力和质量效益，推进集成电路产业高质量发展。

（一）部署五项重点任务

1. 实施设计固链工程

加快发展加密与解密芯片、国产EDA工具、国产FPGA芯片、多媒体芯片、人工智能芯片、物联网芯片等相关产品。

2. 实施制造补链工程

支持符合国家产业政策的集成电路制造重大项目建设，支持功率半导体生产线建设。

3. 实施封测强链工程

积极布局第三代半导体器件级封装技术研发和创新，引进国内外龙头封测企业，在细分领域培育具有行业影响力的集成电路封测企业。

4. 实施材料延链工程

支持企业加大第三代半导体材料、光电子材料等研发力度和产能投入，持续扩大碳化硅、铌酸锂等材料产业规模；支持加大高性能集成电路、功率器件、智能传感器等应用领域新型材料研发投入。

5. 实施产业发展支撑服务工程

支持骨干企业和高校、科研院所联合成立集成电路产业促进机构，提升集成电路产业投融资服务水平，引导和支持投资机构、应用企业、集成电路企业共同出资设立集成电路产业投资基金。

（二）提出十项政策措施

1. 支持企业聚集发展

对在聚集区内租赁生产和研发类办公场所的重点集成电路企业给予房租补贴。

2. 支持公共服务平台建设升级

对于新建集成电路公共技术服务平台及原有平台维护升级提供一定资金支持。

3. 支持重点项目建设

对列入市重点项目库且符合国家产业政策的集成电路重点项目发生的融资费用给予贴息补助。

4. 支持购买研发工具

对集成电路设计企业购买 EDA 设计工具软件、硬件仿真加速器及研发仪器设备等研发工具给予一定资助。

5. 支持企业流片

对使用 MPW 开展研发或首次完成全掩膜工程产品流片的设计企业给予一定资助。

6. 支持企业开展封装和测试

对完成流片后在本地开展可靠性、兼容性测试封装验证的设计企业给予补贴。

7. 鼓励企业实施应用推广和延伸产业链条

支持制造业企业与集成电路企业合作开发智能化产品，鼓励济南市具有自主知识产权的芯片产品上市应用。

8. 强化人才支撑

鼓励集成电路企业与驻济南重点高校、科研院所、职业院校等机构联合开展集成电路人才定向培养业务。深化产教融合，支持集成电路企业与高校联合建设现代产业学院。

9. 深化产业链配套招商

大力推进集成电路全产业链发展，鼓励以商招商，激发本地企业延链、补链、强链内生动力。

10. 完善投融资环境

支持各类私募股权、创业投资基金投资济南市优质集成电路企业，股权投资基金以股权投资方式投资济南市非关联集成电路企业。

五、《杭州市人民政府办公厅关于促进集成电路产业高质量发展的实施意见》

2022年7月，杭州市人民政府办公厅印发《杭州市人民政府办公厅关于促进集成电路产业高质量发展的实施意见》，抢抓发展机遇，发挥特色优势，优化空间布局，完善决策机制，推动集成电路产业规模倍增和能级提升。

该意见提出以下五项重点任务。

（一）实施高端设计引领行动

提升发展射频传感器、基带、交换、光通信、显示驱动、电源管理、RISC-V、物联网智能硬件、车规级、FBAR滤波器、存算一体等新型专用芯片；创新发展嵌入式系统、存储器、处理器、服务器等高端通用芯片；培育发展类脑计算、边缘计算、量子计算、柔性电子、化合物半导体等前沿技术产品。

（二）实施特色制造提升行动

支持采取CMOS、MOSFET等工艺技术，发展IGBT、智能传感器、MEMS、FinFET、半导体激光器、光电器件等产品。支持氮化镓、碳化硅、砷化镓、磷化铟、氮化铝等化合物半导体项目建设。

（三）实施关键材料设备攻关行动

支持大尺寸硅片等关键材料的研发攻关；提升光刻胶、高纯化学试剂、电子气体、功能高分子材料等的自给率和本地化配套率；提高电路测试、分

选、超洁净流控系统、半导体外延、化学机械平坦化抛光等设备的研制能力。

（四）实施平台能级跃升行动

促进创新基地、研发平台和产业基地的联动发展，依托骨干企业、科研院所构建中小企业孵化平台。

（五）实施长江三角洲协同攻关行动

推动长江三角洲区域芯片、软件和终端企业多方联动，围绕终端系统需求部署开展协同攻关，构建自主可控 IP 核布局。打造长江三角洲“芯机联动”对接平台，支撑重大应用场景的开发。

该意见还提出支持集成电路生产线项目建设，培育壮大链主企业，组织集成电路领域重大科技攻关，加大对首次流片、关键材料、核心设备和 EDA 工具的支持，鼓励终端应用，加强集成电路中小设计企业产能保障，畅通产业链、供应链，加强高校人才培养，完善人才分类认定，推动落实人才待遇，发挥产业基金作用，支持企业融资担保服务，支持公共平台建设，加强知识产权保护等政策措施。

六、《武汉市人民政府办公厅关于促进半导体产业创新发展的意见》

2022 年 1 月，武汉市人民政府办公厅印发《武汉市人民政府办公厅关于促进半导体产业创新发展的意见》，促进半导体产业创新发展，加快“光芯屏端网”产业集群建设，提升产业链现代化水平，加快补短板、锻长板、强生态，打造“创新引领、要素协同、链条完整、竞争力强”的现代半导体产业体系。

（一）提出四项重点任务

一是瞄准薄弱环节补链，增强集成电路设备、材料和封测配套能力，加快半导体显示设备和材料国产化替代，布局第三代半导体衬底及外延制备。

二是立足现有基础强链，打造存储、光电芯片产业高地，建设国内重要的半导体显示产业基地。

三是聚焦热点领域延链，大力发展通信射频芯片、通用逻辑芯片、北斗导航芯片、车规级芯片。

四是围绕前沿领域建联，重点发展第三代半导体器件、量子芯片。

（二）进行产业布局

1. 打造相对完整的集成电路产业链聚集区

重点发展三维集成工艺、先进逻辑工艺，加快推进先进存储器等重点制造项目建设；重点发展中高端芯片设计、IP 核设计、EDA 软件等产业，加快推进精简指令集（RISC-V）产学研基地建设；培育装备、材料、零部件、封测等产业，加快推进硅基 SOI 半导体材料、光刻材料及电子溶剂、筑芯产业园等配套项目建设。

2. 构建差异化半导体显示产业核心区

重点发展中小尺寸显示面板、大尺寸显示面板等产业，加快半导体显示产业链向上游和下游延伸发展，培育核心设备、关键材料、模组、元器件、显示终端等产业，推进 TCL 华星 t4、TCL 华星 t5、天马 G6 二期、京东方 10.5 代生产线扩产、创维 MiniLED 显示产业园等项目建设。

3. 创建半导体特色产业区

重点发展光电芯片、第三代化合物半导体等产业，推进红外传感芯片制造、MEMS 与传感工业技术研究院等项目建设；培育车规级芯片、工控芯片等产业，推进国家新能源和智能网联汽车基地建设；培育显示芯片、信息安全芯片等产业，推进国家网络安全人才与创新基地建设；培育人工智能芯片、通用逻辑芯片等产业，推进国家新一代人工智能创新发展试验区建设。

该意见还提出强化政策落实、搭建创新服务平台、优化产业空间保障、实施产业链精准招商、完善投融资环境、健全产业人才体系、加强知识产权保护七项保障措施。

集成电路热点篇

第十二章

集成电路产业热点事件

本章对 2022—2023 年集成电路产业的九大热点事件进行盘点。其中，周期反转类热点事件包括“存储芯片价格暴跌，全球厂商亏损”和“半导体大厂裁员降本”，逆全球化类热点事件包括“俄乌冲突扰乱供应链”“美国发布《芯片与科学法案》”“美国对中国半导体产业限制幅度持续扩大”和“台积电赴美建厂”，技术突破热点事件包括“三星和台积电 3 nm 芯片先后量产”“ChatGPT 发布”和“英伟达推出计算光刻软件库 cuLitho”。

一、存储芯片价格暴跌，全球厂商亏损

随着需求出现历史性下滑，存储芯片的价格在 2022 年最后两个季度均出现暴跌。存储芯片价格下跌主要集中于 NAND、DRAM 环节。市场研究机构 TrendForce 的最新数据显示，继 2022 年第三季度暴跌 31.4%之后，DRAM 的平均价格在第四季度的跌幅扩大到了 34.4%，这是自 2008 年以来的最大跌幅；NAND 的平均价格在第三季度也下跌了 32%，这同样是自 2008 年以来的最大跌幅，第四季度则下跌了 27.7%。根据各存储芯片厂商最新公布的财报，截至 2022 年 12 月第四季度，三星芯片业务利润为 2700 亿韩元，同比暴跌 97%；SK 海力士亏损 1.9 万亿韩元，创下有史以来最大的季度亏损；美光 2023 财年第一财季（9—11 月）净亏损约 2 亿美元，上年同期净利润为 23 亿美元。从存储芯片需求的关键指标看，其库存已攀升至 3～4 个月供应量的创纪录水平。美光、SK 海力士和铠侠等企业都选择减产并延缓原先的投资计划，避免供应过剩现象加剧。三星则坚持资本支出计划，2023 年计划斥资逾 300 亿美元进一步扩大产能，押注在储存需求强劲的云端服务、车联网及人工智能系统的成长上。

二、半导体大厂裁员降本

2022 年第三季度，全球芯片市场的收入为 1470 亿元，环比下跌 7%。半导体行业正走向自 2000 年互联网泡沫以来最大的衰退，也是芯片制造历史上最大的衰退之一。半导体厂商为熬过漫长寒冬，开始裁员降本。美光计划通过自愿减员和裁员相结合的方式，在 2023 年将员工人数减少约 10%。晶圆代工厂格芯计划减少企业和制造管理成本，在 2022 年 11 月宣布停止招聘，并计划选择性地在全球范围内解雇不到 800 名员工，以降低成本 2 亿美元（约为其当时成本的 12%）。泛林集团中国区裁员已经进行了一段时间，首批裁员比例将超过 10%，后续裁员比例可能进一步扩大。英特尔将在美国加利福尼亚州福尔瑟姆裁员 111 人，在加利福尼亚州圣克拉拉裁员 90 人，并向俄勒冈州和其他地方工厂的工人提供三个月的无薪假。半导体芯片设计公司美满调整全球范围内的业务及组织架构：裁撤迈威迩上海和迈威迩成都的存储产品部门；裁撤迈威迩上海的端口物理层（PHY）部门；裁撤迈威迩上海的专用集成电路（ASIC）部门的设计验证 Verification 团队；裁撤迈威迩上海的信息技术部门的工程团队，部分裁撤基础设施团队，保留部分信息技术支持人员；裁撤迈威迩成都 GREWS 部门，裁撤迈威迩上海 GREWS 部门部分人员。ARM 全球裁员约 18%，其中英国有 700 名员工被裁，全球其他地方裁员人数为 550 人。

三、俄乌冲突扰乱供应链

2022 年 2 月 24 日，俄乌冲突拉开序幕，全球半导体供应链受到影响。俄罗斯和乌克兰是生产半导体芯片不可缺少的金属钯和特种气体的关键来源国，俄罗斯生产全球 40%左右的钯，乌克兰供应全球将近 70%的高纯氖气、40%的氪气和 30%的氙气，美国半导体芯片制造业所用的氖气和钯几乎完全从俄罗斯和乌克兰进口。俄乌冲突爆发前，全球 45%～54%的半导体级氖气来自位于马里乌波尔的 Ingas 公司和位于敖德萨的 Cryoin 公司。俄乌战争严重扰乱了芯片材料供应链，上述两家公司停产，氖、氪、氙等特种气体和钯供应临时中断，全球氖气、钯价格大幅上涨。各芯片大厂纷纷寻求替代方案。2022 年 10 月 6 日，俄罗斯卫星通信社宣称马里乌波尔氖气工厂计划恢复生产。2022 年 10 月，SK 海力士、半导体专业气体公司 TEMC 和浦项制铁（POSCO）紧密合作，联合开发了一种利用现有设施以低成本生产氖气的方法，正式宣布实现了氖气生产的本地化。2022 年 11 月，台积电信息技术、材料管理和风险管理高级副总裁 JK Lin 表示，台积电正在与多家气体供应商合作，在 3～5 年内探索在中国台湾生产氖气。

四、美国发布《芯片与科学法案》

2022 年 8 月 9 日，美国总统拜登正式签署《芯片与科学法案》。该法案分为三大部分：第一部分是“2022 年芯片法案”，主要为半导体行业的相关专项拨款与税收抵免政策，第二部分是“研究与创新”，主要为美国其他关键技术领域（如航空航天）和基础理工学科研发相关拨款，第三部分是“补充拨款以应对对美国最高法院的威胁”，为美国最高法院应对该法案拨款。该法案对美本土芯片产业提供巨额补贴，并要求任何接受美国政府补贴的公司必须在美国本土制造芯片。法案规定将为美国半导体的研究和生产提供约 527 亿美元政府补贴，并为芯片工厂提供投资税抵免。其中，390 亿美元用于扩建和新建半导体工厂，132 亿美元用于研发和劳动力培养，5 亿美元与增强全球产业链有关。为了完成这一使命，美国政府需要与私营部门共同投资，利用 527 亿美元的公共投资，为制造业和研发机构提供至少 5000 亿美元的额外资金。美国商务部监管该补贴计划的实施，该补贴计划主要目的是在每个阶段刺激私人资本投资，创造上百万个高薪工作岗位，投资美国的制造业劳动力，培训和激励一代对制造业感兴趣的工程师、科学家和技术人员。为推动《芯片与科学法案》实施，美国政府通过美国商务部国家标准与技术研究院启动了首个芯片补贴计划，发布了《成功愿景：商业制造设施——芯片激励计划》《芯片项目办公室发布资助机会通知》《促进私人投资》《保护纳税人利益》《建立一支技能娴熟且多元化的员工队伍》《与美国合作伙伴和盟友合作》《推动经济机会和包容性经济增长》《劳动力发展》《研发计划》等一系列文件。

五、美国对中国半导体产业限制幅度持续扩大

2022 年 8 月 14 日，美国商务部工业和安全局宣布，从 8 月 15 日起将金刚石、氧化镓两种超宽带隙基板半导体衬底材料、设计全栅场效应晶体管（GAAFET 架构）的先进芯片 EDA 软件工具，以及用于燃气涡轮发动机的压力增益燃烧技术，列入商业管制清单，对这些技术出口进行管控。2022 年 8 月 31 日，图形处理芯片巨头英伟达和 AMD 收到美国政府新的许可要求，对

中国（包含中国香港）及俄罗斯断供高端 GPU 芯片，涉及被用于加速人工智能的英伟达 A100、H100 及 AMD 的 MI250 等旗舰芯片。2022 年 10 月 7 日，美国商务部产业安全局宣布了一系列在美国《出口管制条例》下针对中国的出口管制新规。新政规定美国芯片制造商必须获得美国商务部批准才能对华出口半导体和芯片制造设备，还规定美国供应商在向生产 18 nm 或以下的 DRAM 芯片、128 层或以上的 NAND 闪存芯片、14 nm 或以下的逻辑芯片的中国企业出口设备时，必须逐案审查，还在“未经核实清单”中新增 31 家中国实体。被纳入这份名单的多数是生产、研发半导体、光电子、化工锂电等相关产品的公司和大学，此前已有 138 家中国企业被列入“黑名单”。美国还试图禁止美国个人在没有许可证的情况下支持中国的先进芯片开发或生产，美国商务部对美国人的定义包括“美国公民、永久居民、居住在美国的人员”。2022 年 12 月 19 日，美国商务部正式将存储芯片制造商长江存储、上海微电子及人工智能芯片行业主要公司，共 36 家中国企业列入“实体清单”，又一次扩大对中国芯片企业的限制。2023 年 1 月，美国、荷兰和日本达成建立先进半导体设备出口管制的协议。2023 年 3 月，荷兰宣布对半导体技术的新出口管制措施，通知议会对深紫外 （DUV）光刻系统实施额外控制。同月，日本宣布自 2023 年 7 月起，对 23 种先进半导体制造设备实施管制，包括先进晶体外延生长设备、光掩膜镀膜设备、沉积设备、刻蚀设备、热处理设备、清洗设备、光掩膜检测设备、光刻步进器和满足 ArF 深紫外性能要求或更好的扫描仪设备等。

六、台积电赴美建厂

2022 年 12 月 6 日，台积电美国亚利桑那州凤凰城晶圆厂举行首批机台设备到厂典礼，美国总统拜登、台积电创始人张忠谋、苹果公司执行长库克等人参加了典礼。台积电最初是在 2022 年宣布在美国亚利桑那州兴建且营运一座 5 nm 12 英寸晶圆厂，目前计划花费 400 亿美元在美国进行两期设厂，这是美国亚利桑那州历史上最大规模的境外直接投资，也是美国历史上规模最大的境外直接投资之一。第一期预计 2024 年量产 5 nm、4 nm 晶圆；第二期则是将部分 3 nm 技术产能移往美国，预计 2026 年开始量产。两期工程完工后，合计将年产超过 60 万片晶圆，终端产品市场价值预估超过 400 亿美元。台积电除雇用建设厂房的 1 万多名建筑工人外，美国亚利桑那州的两座晶圆厂预计将额外创造 1 万个高薪高科技工作岗位，其中包括 4500 个直接受雇于台积电的工作岗位。

七、三星和台积电 3 nm 芯片先后量产

2022 年 6 月 30 日，三星在官方声明中表示，公司已经开始在其位于韩国的华城工厂大规模生产 3 nm 半导体芯片。与前几代使用 FinFET 架构的芯片不同，3 nm 芯片采用了新的 GAA 晶体管架构，该架构大大改善了功率效率。与传统的 5 nm 芯片相比，第一代 3 nm 芯片工艺可以使芯片降低 45%的功耗，提高 23%的性能，并减少 16%的面积。而第二代 3 nm 芯片工艺则可以使芯片降低 50%的功耗，提高 30%的性能，面积减少 35%。

2022 年 12 月 29 日，台积电在中国台湾南部科学园区 Fab18 厂新建基地，举行了 3 nm 芯片的大规模量产及产能扩充典礼。台积电董事长刘德音出席活动，表示 3 nm 工艺的良品率没有任何问题，与 5 nm 工艺相当，预计在五年内创造 1.5 万亿美元产品和 1.13 万个直接高科技工作机会。

八、ChatGPT 发布

2022 年 11 月 30 日，OpenAI 公布了由 GPT-3.5 系列大型语音模型微调而成的全新对话式人工智能模型 ChatGPT，该程序使用基于 GPT-3.5、GPT-4 架构的大型语言模型，并加以强化学习训练。ChatGPT 目前仍然以文字方式交互，除了可以用人类自然对话方式与人交互，还可以将其用于更为复杂的语言工作，包括自动生成文本、自动问答、自动摘要等多种任务。在自动文本生成方面，ChatGPT 可以根据输入的文本自动生成类似的文本（剧本、歌曲、企划等）；在自动问答方面，ChatGPT 可以根据用户输入的问题自动生成答案。ChatGPT 还有编写和调试计算机程序的能力。在推广期间，所有人可以免费注册，使用 ChatGPT 与人工智能机器人对话。ChatGPT 在 2022 年 11 月发布后，OpenAI 估值已涨至 290 亿美元。ChatGPT 上线 5 天后已有 100 万个用户，上线 2 个月后已有上亿个用户。目前，GPT-3.5 为免费版本，GPT-4 仅供 ChatGPT Plus 会员使用，且每三小时只能发送 25 条消息。

九、英伟达推出计算光刻软件库 cuLitho

2023 年 3 月，英伟达在 2023 年 GTC 开发者大会上推出了专为计算光刻开发的软件库 cuLitho。根据英伟达提供的信息，使用计算光刻软件库 cuLitho，计算光刻速度将提升 40 倍，GPU 加速后生产掩膜板的计算光刻工

作用时可以从几周减少到 8 小时；与此同时，功耗降低 90%。计算光刻使 2 nm 及更先进芯片的生产成为可能。cuLitho 是英伟达与台积电、ASML、新思科技合作研发的结果。具体而言，英伟达 H100 GPU 需要 89 块掩膜版，以前在 CPU 上运行时，处理单个掩膜版需要两周时间，而在 GPU 上运行 cuLitho 只需 8 小时。此外，台积电可以通过在 500 个 DGX H100 系统上使用 cuLitho 加速，将功率从 35 MW 降至 5 MW，替代此前用于计算光刻的 4 万台服务器。台积电和新思科技正将 cuLitho 整合到最新一代英伟达 Hopper 架构 GPU 的软件、制造工艺和系统中，ASML 计划让所有计算光刻软件产品支持 GPU。

集成电路展望篇

第十三章

主要研究机构对集成电路产业预测性观点综述

第一节　全球半导体市场规模预测

2022 年，下游需求降低导致全球半导体市场低迷。Gartner、WSTS 和 IDC 的统计数据显示，2022 年全球半导体市场增速大幅下滑，市场规模未突破 6000 亿美元。对于 2023 年全球半导体市场，三家研究机构均预测市场规模降低，其中 WSTS 和 IDC 相对乐观，预测减少 5%左右，而 Gartner 预计减少 10%以上。

2020—2023 年全球主要研究机构统计的半导体销售情况及预测如表 13-1 所示。

表 13-1　2020—2023 年全球主要研究机构统计的半导体销售情况及预测

杌　　柠	2020 底		2021 底		2022 底		2023 底	
	镜喊鉚/仮搬亘	壶闔珣/%	镜喊鉚/仮搬亘	壶闔珣/%	镜喊鉚/仮搬亘	壶闔珣/%	镜喊鉚/仮搬亘	壶闔珣/%
Gartner	4662	10.4	5950	27.6	5996	0.8	5322	−11.2
WSTS	4400	6.8	5558.92	26.3	5801.27	4.4	5565.69	−4.1
IDC	4640	10.8	5820	25.4	5920	1.7	5610	−5.2

数据来源：Gartner、WSTS、IDC，2023 年 5 月

第二节 主要研究机构观点

一、Gartner

（一）2023 年全球半导体销售额将降低 11.2%

根据 Gartner 的数据，2023 年全球半导体销售额将降低 11.2%，总额达到 5322 亿美元，半导体市场的短期前景进一步恶化。随着经济逆风持续，电子产品终端市场需求的疲软正从消费者蔓延到企业。此外，芯片供过于求正在推高库存并降低芯片价格，加速了 2023 年半导体市场的下滑。

（二）存储器销售额将在 2023 年下降 35.5%，在 2024 年恢复

存储器行业正在应对产能过剩和库存过剩的问题，这将在 2023 年继续对存储器平均销售价格构成重大压力。2023 年，存储器市场将下降 35.5%，预计总额为 923 亿美元，但有望在 2024 年反弹，增幅为 70%。DRAM 的产量与 2022 年持平，但由于终端设备需求疲软和库存水平高，DRAM 市场将在 2023 年的大部分时间里严重供过于求。Gartner 预计，2023 年 DRAM 销售额将下降 39.4%，至 476 亿美元。2024 年，DRAM 市场将转向供应不足，随着价格反弹，DRAM 销售额将增长 86.8%。Gartner 预计，NAND 市场的动态将与 DRAM 市场类似，需求疲软和库存积压将造成供过于求，导致价格大幅下跌。2023 年，预计 NAND 销售额将下降 32.9%，至 389 亿美元。2024 年，由于供应严重短缺，NAND 销售额预计将增长 60.7%。

（三）半导体需求逐渐碎片化

计算机和智能手机半导体市场正在停滞不前。2023 年，这两个市场预计合计占半导体市场销售额的 31%，总额达到 1676 亿美元。这些大容量市场已经饱和，成为缺乏重大技术创新的替代市场。与此同时，汽车和工业、军事/民用航空航天半导体市场都将实现增长。2023 年，汽车半导体市场预计增长 13.8%，将达到 769 亿美元。未来将会有更多但规模更小的终端市场。终端市场将更加分散，其增长将来自汽车、工业、物联网和军事/民用航空航天等多个不同领域。终端市场需求将更少受到消费者可自由支配支出的影响，而更多受到企业资本支出的影响。终端市场供应链将更加复杂，涉及更多的中间商，进入市场的渠道也将多样化。半导体行业为了满足不同的终端市场

需求，将需要不同类型的产能。半导体行业过去几十年高产量、高美元的内容市场驱动因素即将结束，尤其在缺乏技术创新的个人计算机、平板电脑和智能手机市场。另外，半导体如今被提到国家安全层面，世界各国政府争先恐后地在半导体和电子产品供应链上实现自给自足。这正在激励全球各地的半导体生产在岸计划。

二、WSTS

WSTS 认为，全球半导体市场在 2022 年放缓至 4.4%的增长率，随后在 2023 年下降 4.1%。继 2021 年强劲增长 26.3%之后，WSTS 将 2022 年全球半导体市场的预测下调至个位数增长，总规模为 5801.27 亿美元，增长 4.4%。

随着通货膨胀上升和终端市场需求疲软，尤其那些受消费者支出影响的市场，增长预期将下调。一些半导体产品主要类别 2022 年仍然实现两位数的同比增长，模拟产品的增长率为 20.8%，传感器的增长率为 16.3%，逻辑产品的增长率为 14.5%。存储器出现负增长，比 2021 年同期下降 12.6%。

2022 年，除亚太地区外，所有地理区域半导体市场出现两位数的增长。最大的地区亚太地区下降 2%。美洲增长 17%，欧洲增长 12.6%，日本增长 10%。全球半导体市场预计在 2023 年略有下降。

2023 年，全球半导体市场预计下降 4.1%，至 5565.69 亿美元，主要受内存市场的推动。在最新的预测中，2023 年，这一类别预计降至 1120 亿美元，比 2022 年下降 17%。其他一些主要类别出现个位数增长，如传感器、分立器件和模拟器件。所有地区半导体市场在 2023 年预计将保持平稳，只有亚太地区同比下降 7.5%。

2021—2023 年全球半导体销售情况及预测如表 13-2 所示。

表 13-2　2021—2023 年全球半导体销售情况及预测

庬　　湕	镜喊鉀/伛搬亘			壶闀珣/%		
	2021 廐	2022 廐	2023 廐	2021 廐	2022 廐	2023 廐（E）
搬涎	1214.81	1421.38	1432.78	27.4	17	0.8
殃涎	477.57	537.74	540.06	27.3	12.6	0.4
晁柒	436.87	480.64	482.8	19.8	10	0.4
件妆	3429.67	3361.51	3110.05	26.5	−2	−7.5
吟诽	5558.92	5801.27	5565.69	26.3	4.4	−4.1

数据来源：WSTS，2023 年 5 月

三、IDC

受俄乌冲突、新冠疫情、全球通货膨胀、终端需求波动的影响，2022 年亚太地区半导体设计市场失去增长势头，并结束了芯片价格上涨的趋势。IDC 的数据显示，2022 年，亚太地区的集成电路设计市场规模为 785 亿美元，与 2021 年相比下降 6.5%，这标志着自新冠疫情暴发以来首次出现同比负增长。同时，IDC 预计 2023 年亚太地区集成电路设计市场规模将同比下降 19.1%。全球半导体行业在经历 2020 年和 2021 年的增长后，在 2022 年经历了急剧下滑。智能手机、笔记本电脑、平板电脑、电视和显示器等消费电子产品的需求暴跌，而供应链库存水平上升。短期供应开始超过需求，迫使企业放慢扩张步伐。

2022 年，亚太地区排名前十位的集成电路设计公司营业收入整体同比下降 5.1%，好于全球集成电路设计市场（下降 6.5%）的表现。从地区势头看，中国台湾以 73%的市场份额领先，而中国大陆和韩国分别占有 22%和 5%的市场份额。中国台湾拥有最高的市场份额，被认为对该地区的集成电路设计市场有着广泛而深刻的影响。联发科在排名前十位的集成电路设计公司中占有近 50%的市场份额，发挥着重要的作用。联发科的增长发挥了主导作用，弥补了其他中国台湾集成电路设计公司的不足，使中国台湾在亚太地区的集成电路设计市场份额比 2021 年整体增加 2%。中国大陆集成电路设计公司受到国内整体不利环境的影响，整体市场份额下降 2%，而韩国的市场份额没有发生任何重大变化。

对于 2023 年半导体市场的前景，显示驱动集成电路、触摸和显示驱动集成电路等产品最先进入下降周期，但这些产品部分已开始出现紧急订单和库存补充需求。大多数半导体市场需求仍然低迷，导致市场前景仍然低迷。在 2022 年上半年高基数的影响下，2023 年上半年亚太地区的集成电路设计市场规模同比下降 20%以上，企业将继续积极控制库存，Fabless 企业将保持在晶圆代工厂的低投片量。2023 年下半年，半导体市场库存将恢复到健康水平，需求缓慢恢复。IDC 预测，2023 年亚太地区的 Fabless 市场规模将同比下降 19.1%。此外，随着企业逐渐将产品转向包括人工智能、高性能计算、服务器、数据中心、汽车电子和工业电子在内的应用，以分散运营风险，半导体市场 2024 年将逐步显示出稳定增长的态势。

四、TechInsights

（一）半导体行业资本支出将在连续三年两位数增长后下降 16%

根据 TechInsights 的报告，半导体销售在 2022 年显著降温，但半导体资本设备支出仍然强劲，飙升 19%，达到创纪录的 1817 亿美元。继 2021 年和 2020 年半导体行业资本支出分别增长 35%和 10%之后，19%的增长标志着自 1993—1995 年以来半导体行业首次连续三年实现两位数的年度资本支出增长。从 2020 年到 2022 年，半导体行业的总资本支出达到了惊人的 4479 亿美元。在过去三年中，为了支持全球数字化经济的转型和复苏，半导体行业需要在新晶圆厂和设备上投入大量资金。在新冠疫情反弹期间，市场对芯片的需求飙升，这使得晶圆厂的利用率在此期间远高于 90%。许多半导体代工厂以 100%的利用率运作。经过三年的强劲增长，2023 年半导体行业资本支出将下降 16%，至 1522 亿美元，因为供应商和市场正在适应产能激增和全球经济迅速降温。2023 年，在削减资本支出预算方面，内存供应商将是最积极的。

（二）半导体代工业务增长将在三年强劲增长后放缓

根据 TechInsights 的报告，2020 年半导体代工业务销售额增长 22%，2021 年和 2022 年增长 27%，这是自 2002—2004 年以来代工业务增长最强劲的三年。在经历过去三年的强劲增长后，半导体代工业务的销售增长预计在 2023 年大幅放缓，增长 9%，达到创纪录的 1546 亿美元。未来两年，半导体代工业务销售总量将逐渐恢复强劲，2024 年增长 11%，2025 年增长 19%，然后在 2026 年回落至 13%。2027 年，预计将出现下一次全球经济放缓，半导体代工业务届时仅增长 4%。2022—2027 年，全球晶圆代工销售额预计将以 11.1%的年均复合增长率增长，在预测的最后一年达到 2409 亿美元。2023 年第一季度更新报告称，在过去五年（2017—2022 年），代工销售额的年均复合增长率为 15.1%。纯晶圆代工厂目前约占半导体晶圆代工厂总销售额的 82%，这一比例在过去五年增长了 4 个百分点。2022 年，纯晶圆代工厂的总销售额增长 29%，达到 1163 亿美元，而 IDM 晶圆代工厂的收入增长 20%，达到 258 亿美元。2023 年，纯晶圆代工厂的销售额预计增长 9%，达到 1267 亿美元，而 IDM 晶圆代工厂的收入预计增长 8%，达到 279 亿美元。

（三）系统中的半导体含量将从历史高位回落

报告称，在2022年达到34.3%的峰值后，终端设备中的半导体总价值预计将在2023年下滑至全球系统收入的32.4%，这主要是由于内存销售疲软。从历史上看，与电子系统市场相比，半导体行业平均年增长率较高的驱动力是为新的终端产品设计的集成电路和其他固态器件的含量不断增加。根据TechInsights的报告，尽管全球经济疲软，但半导体销售额在2022年增长4%，而电子系统总收入与2021年持平，没有增长。随着手机、汽车、个人计算机和其他设备的全球单位出货量在年底放缓，这些最终用途系统中的半导体含量价值在2022年达到了34.3%的历史新高。2023年，电子系统中的半导体含量预计将回落至32.4%，原因是全球半导体销售额预计下降5%（从2022年的6370亿美元降至约6070亿美元），而终端系统总收入将小幅上升1%（从2022年的1.86万亿美元增至1.88万亿美元）。2023年的弱存储集成电路产品市场将是2023年电子系统半导体含量下降的关键因素。2024年，预计出货的所有系统中的半导体含量价值将上升至34%，随后在2025年以略高于两个百分点的增长，达到36.1%的年度新高，这是由于集成电路和其他设备产品类别的复苏，以及5G蜂窝连接等高速无线传输的普及，以及具有更多嵌入式处理性能和传感器的人工智能应用的增加。随着手机、汽车和个人计算机的全球单位出货量增长在过去10年中显示出成熟和放缓的迹象，2012—2022年电子系统销售的估计年均复合增长率与同期半导体收入7.2%的年均复合增长率之间的差距直接导致新的最终用途系统产品中半导体含量（价值）的增加。2026年，电子系统中的半导体含量（价值）将达到37.6%的历史新高，然后在2027年回落至37%。

（四）代工厂将占半导体行业资本支出的42%

根据TechInsights的《麦克林报告》第一季度发布的更新数据，在经历了过去三年的强劲扩张后，2023年半导体行业资本支出将下降16%，至1522亿美元。2023年，晶圆代工支出将达到646亿美元，在半导体行业资本支出中所占的比例达到除2014年和2015年外的最高水平。2017年和2018年，DRAM和闪存领域的支出超过了半导体行业的代工支出。随着行业对使用先进工艺技术节点制造的集成电路的需求持续增长，半导体代工产能的资本支出份额持续攀升。因此，在过去五年中，用于代工目的的半导体行业资本支

出的百分比迅速增长。2018 年，代工部分占半导体行业资本支出的 21%，到 2020 年，这一比例已跃升至 33%。2023 年，晶圆代工业务预计占到半导体行业资本支出的 42%，这是晶圆代工业务首次占行业总支出超过 40%。全球最大的晶圆代工企业台积电预计将占 2023 年晶圆代工总支出 646 亿美元的 53%。三星也对其代工业务进行了大量投资，继续努力从其纯代工竞争对手台积电那里吸引更多领先的 Fabless 逻辑器件供应商。我国政府一直期望中芯国际在我国半导体市场的供应份额增加，但中芯国际被列入美国制裁“黑名单”，严重削弱了其实施这些计划的能力。2023 年，中芯国际预计将占全球晶圆代工总支出的 6%。

（五）微处理器成为第二大资本支出部分

2023 年，微处理器（或微控制器）将占行业总资本支出的 15%。这笔支出的很大一部分将来自英特尔，因为它开始在美国亚利桑那州、俄亥俄州和德国建造新的晶圆厂，用于未来的微处理器生产，并增加产能，以寻求成为代工市场的主要参与者。

（六）闪存和 DRAM 的资本支出预计遭受重创

闪存生产的资本支出在 2022 年达到创纪录的 326 亿美元后，预计 2023 年将下降 33%。同样，经过三年的积极支出，DRAM 的资本支出预计 2023 年将下降 28%。

五、SEMI

全球 300 mm 半导体晶圆厂产能将在 2026 年创下历史新高。SEMI 预计，全球半导体制造商在 2026 年将 300 mm 晶圆厂产能增加到每月 960 万片的历史最高水平。在经历 2021 年和 2022 年的强劲增长之后，由于内存和逻辑器件的需求疲软，预计 2023 年的 300 mm 晶圆产能扩张将放缓。

从区域看，由于美国的出口管制，我国将继续把政府投资重点放在成熟技术上，以引领 300 mm 前端晶圆厂产能，全球份额将从 2022 年的 22%增加到 2026 年的 25%，达到每月 240 万片晶圆。由于内存市场的需求疲软，2022—2026 年，韩国 300 mm 晶圆厂的全球产能份额预计将从 25%下降到 23%。尽管同期中国台湾的市场份额从 22%略微下降到 21%，但中国台湾仍然有望保持第三位，而随着与其他地区的竞争加剧，日本在全球 300 毫米晶圆厂产能中的份额将从2022年的13%下降到2026年的12%。在汽车领域的强劲需求和政府投资推动下，从2022年到2026年，美洲、欧洲和中东的300 mm晶圆厂产能份额预计将增长。2026年，美洲的全球产能份额预计将增长0.2%，至近9%，而欧洲和中东的产能份额预计从6%增加到7%，东南亚将在同一时期保持其300 mm前端晶圆厂4%的产能份额。

从行业看，从2022年到2026年，模拟和电源行业的产能增长将以30%的年均复合增长率领先于其他行业，其次是晶圆代工厂，增长率为12%，光电增长率为6%，存储器增长率为4%。2023年3月14日，SEMI发布最新一期300 mm晶圆厂展望，列出了366家工厂和生产线，其中258家工厂正在运营，108家工厂计划未来建设。

第十四章

2023年中国半导体产业发展形势展望

2023年，半导体产业因俄乌冲突、通货膨胀攀升和央行货币政策紧缩等引发世界性的全面经济衰退，或长期陷入缺乏宏观经济基本面支撑的困局。同时，叠加前期“芯片荒”形成的库存问题，市场低迷可能延续较长时间，或最早于2023年下半年出现回暖迹象。我国有望受益于新冠疫情影响力度大幅减弱、消费信心阶段性恢复及去库存完成等影响，在2023年底迎来小规模反弹。因为美国对华集成电路产业的打压还将持续，以及各国持续推出促进本国集成电路产业发展的政策，所以我国集成电路产业将面临高端化升级阻碍更加严重、行业下行周期进一步探底、人才争夺激烈及新兴地区带来竞争压力等问题。

一、2023年形势基本判断

（一）全球经济衰退拖累半导体产业，不同终端市场需求出现分化

2022年，受行业下行周期、消费电子等终端需求放缓等因素影响，在全球经济增速放缓、电子产品消费低迷的背景下，全球半导体市场增速从2021的26%下降到2022年的4%。我国半导体产值增速同样出现下滑。一方面，半导体市场发展具有明显的周期性特征，全球半导体市场在经历了两年的供不应求、缺货涨价后，市场增速放缓或下降是正常现象。全球半导体市场增速在2021年第二季度达到顶峰后，从最高的30%下滑到13%。另一方面，自2022年以来，受俄乌局势、通货膨胀、新冠疫情等因素影响，手机、个人计算机、电视等消费电子产品出货量都显著下滑，进而影响芯片市场。值得注意的是，汽车、数据中心和工业领域仍然需求旺盛。车规及工业用MCU、电源管理芯片供应仍然趋紧，各大车企仍然因高端芯片供应短缺而使供应链承压。

考虑到俄乌冲突、通货膨胀攀升和央行货币政策紧缩等引发世界性的全面经济衰退，预计 2023 年及未来一段时间全球经济将处于中低速增长阶段，半导体市场可能长期陷入缺乏宏观经济基本面支撑的困局。同时，由于此轮下调叠加前期“芯片荒”形成的库存问题，市场低迷可能延续较长时间，或最早在 2023 年下半年出现回暖迹象。高性能计算、汽车等未来将成为半导体市场增长的主要驱动力。

（二）我国产业保持平稳发展态势，呈现较强发展韧性和潜力

2022 年，全球半导体产业上游的景气度经历反转，进入周期底部，产业增速开始阶段性放缓。随着我国新冠疫情得到控制，部分受抑制的原有需求得到释放，带动市场需求增加，加之国内制造、封测生产线陆续建成投产，拉动产业链上下游产业扩张，我国集成电路产业保持稳步增长。

展望 2023 年，外部形势复杂严峻，保持产业健康安全发展仍然是我国半导体产业发展的主线，我国有望受益于新冠疫情影响力度大幅减弱、消费信心阶段性恢复，以及去库存完成等影响，在 2023 年底迎来小规模反弹。在国家宏观政策支持下，新型工业化需求持续释放，5G 通信、物联网、人工智能等新兴应用场景持续深化，半导体市场行情有望逐步恢复向好，带动半导体产业增长。

（三）先进制程技术持续演进，人工智能等前沿领域角力升级

2022 年，技术持续演进，但进入后摩尔时代，半导体产业发展面临尺寸缩小瓶颈、能耗瓶颈与算力瓶颈等挑战。面对算力需求持续攀升，异构与芯粒技术正在成为解决算力瓶颈的关键技术方向。在制造方面，三星和台积电 3 nm 芯片大规模量产，继续推动先进工艺向前发展。然而，全球晶圆代工竞争加剧，晶圆代工利用率下降，或将引发成熟制程价格战。我国受美国“出口管制”的影响，在先进工艺代工、先进存储方面进展放缓，与国际领先水平有进一步被拉大之势。然而，在设备、材料方面，国产验证速度加快，部分细分产品取得重大突破。

展望 2023 年，随着新应用新业态的进一步涌现，集成电路技术领域将加速变革和优化。台积电宣布将推出 3 nm 增强版工艺，三星计划引入第二代 3 nm 工艺，英特尔也计划推出采用 FinFET 方案的 3 nm 工艺。随着人工智能、大数据、云计算等新兴产业的发展，以及大模型的兴起、云网融合模

式的变化，将带动芯片技术变化，存算一体架构、芯粒、新型存储、RISC-V 计算架构、氧化镓等前沿创新和基础领域的受关注度将大幅增加。

（四）世界各国加快扶持本土产业，我国产业布局进一步优化

2022 年，半导体产业被进一步泛政治化，各国开始警惕产业链与供应链的安全问题，全球产业链和供应链体系面临重塑。美国、欧洲、日本、韩国等优势国家和地区发布政策，进一步强化政府对半导体产业的扶持力度，巩固其先发优势和竞争地位。2022 年 2 月，欧盟委员会正式开始审议《欧洲芯片法案》，其中包括向欧洲半导体行业提供高达 430 亿美元的定向支持。这包括旨在支持欧盟“一流”技术前端制造业的激励措施，以及对尖端研发的新投资。2022 年 9 月，墨西哥联邦政府开始起草一项新的激励方案，以吸引半导体产业投资，特别是在组装、测试和封装方面。墨西哥几个州也开始在地方一级制定类似的激励措施。2022 年 10 月，中国台湾考虑为半导体行业提供额外的税收优惠。新的激励措施可能包括吸引海外半导体人才，以及半导体材料和设备供应商的建议。

展望 2023 年，全球对半导体供应链的争夺日趋激烈，我国产业高端化升级面临的困境更加严重。半导体设备、材料及零部件等供应链环节及存储器等高端通用芯片受到美国“管制新规”影响，国内供应链发展进入动态调整期，制造、设备企业对国内基础材料和零部件企业的支持力度将明显提升。新基建、新能源、数字经济、信息消费场景的整机系统厂商将加速推进国产芯片的验证和采购，我国产业布局进一步优化。与此同时，各地产业政策相继落地，新增晶圆产能可能面临更为激烈的竞争局面。

（五）半导体产业并购逆全球化趋势明显，我国半导体产业并购逐渐开始活跃

2022 年，各国政府对半导体产业重视程度升高，各国反垄断部门对跨国收购的审查力度也在加强，半导体产业链呈现明显的逆全球化趋势，国际并购愈发困难。根据 IC Insights 发布的数据，2021 年 1—8 月，全球半导体产业并购交易总金额达到 206 亿美元，略低于 2021 年的 220 亿美元与 2020 年的 234 亿美元，表明全球半导体行业并购正进一步降温。2022 年，我国半导体投融资环境整体向好，国内半导体一级市场投融资降温。根据公开信息，2022 年 1—12 月，我国半导体一级市场融资事件达 676 起，总金额达 1141.8

亿元；投资数量和金额较 2021 年分别下降 11%和 22%。二级市场持续增长。根据公开数据，2022 年 1—12 月，在国内首次公开募股的半导体企业共计 42 家，大部分在科创板上市，总市值超过 6000 亿元。

展望 2023 年，美国对华半导体产业的打压还将持续，各国持续推出促进本国半导体产业发展的政策，我国半导体企业进行海外收购将更加困难。但是，值得注意的是，中国证监会、财政部与美国公众公司会计监督委员会（PCAOB）在 2022 年 8 月 26 日签署中美审计监管合作协议，表明中美审计监管合作取得积极成效，或将对我国半导体企业在美国上市释放出积极信号。2023 年，受到国际贸易形势变化和半导体行业进入下行周期对企业盈利能力的负面影响，国内半导体一级、二级市场投融资在投资金额、投资事件数量、首次公开募股数量和金额上将较 2022 年小幅降低。

（六）集成电路产品贸易增速放缓，我国进出口受影响

2021—2022 年，全球经济衰退、整机需求下滑影响集成电路产品贸易。由于市场整体延续 2021 年涨价趋势，从全年看，除我国出现较明显下降外，其他多数国家和地区进出口仍然保持上涨趋势。我国仍然是最大的进口区域，进口额预计达到 4157 亿美元，同比下降 4%。受消费电子产品需求疲软及部分地区新冠疫情暴发影响，国内集成电路产值增速放缓，芯片产量出现下滑。据国家统计局的数据，2022 年 1—11 月，我国集成电路产品产量累计达到 2958 亿块，同比减少 12%。受此影响，2022 年我国集成电路产品出口达到 1530 亿美元，同比小幅下降 1%，出口额下降 1%。

展望 2023 年，需求下滑导致的“砍单”效应将持续扩大，库存调整持续至 2023 年上半年，2023 年市场规模将出现个位数下跌。2023 年上半年，主要国家和地区集成电路产品贸易将持续下降，下半年有望逐步回升，全年贸易额保持小幅下跌。从国内看，我国出口将持续下跌，下半年可能恢复增长；从长期看，由于全球供应链格局变化，加上部分整机组装环节外移，我国进口增速可能放缓。

二、需要关注的几个问题

（一）美对华产业制裁或进一步升级，降低我国产业运行效率

近年来，美国泛化“国家安全”概念，滥用出口管制等一系列措施对我

国半导体产业持续打压，系统、全面、精准打压我国半导体先进制程产能、设备生产能力和超级计算机算力提升。人类社会未来将更加依赖芯片，如处理器运行人工智能算法、大内存芯片处理数据、模拟芯片感应等。《芯片战争》一书指出，如果继续按照 21 世纪初的趋势向前推演，到 2030 年，我国芯片行业的影响力可能与美国硅谷的影响力媲美。这不仅会“扰乱”科技企业的生产和贸易流动，还会重置世界军事力量的平衡。2023 年，半导体产业将成为大国博弈的重要筹码，中美半导体领域的竞争未来将呈现持续加剧态势。美国将推动建立“芯片四方联盟”（CHIP4），联合其盟友以国家安全为理由对我国半导体产业进行压制与围堵。目前，美国正试图迫使日本限制高技术水平半导体制造设备等出口，从而延缓我国尖端半导体的开发进度。美国或将我国更多的人工智能、超级计算机等半导体前沿应用领域重点企业纳入制裁范围，阻断我国先进芯片采购和境外流片渠道。

（二）下行周期进一步探底，行业持续低迷

2022 年，全球经济衰退、整机需求下滑影响半导体贸易。从 2022 年第二季度起，我国半导体进出口量价齐跌。在消费电子产品需求下滑导致半导体出货量与价格双双下跌的情况下，半导体贸易由盛转衰趋势明显。以存储行业为例，2022 年，在俄乌冲突、新冠疫情、高通货膨胀等因素冲击下，消费电子市场萎靡不振，叠加前一年的较高库存，引发存储器市场供过于求，DRAM 及 NAND 闪存价格大幅下跌。存储制造企业普遍减产、裁员，削减资本支出。2022 年底，DRAM 价格下跌约 33%，NAND 闪存价格下跌超过 35%。全球存储制造企业利润率受到显著影响，三星存储利润率从年初超过 50%下跌至 38%。2023 年，在全球市场需求增长乏力情况下，我国产业增速预计也将有所放缓，存储器等主要产品市场低迷仍将持续，进出口情况并不乐观。

（三）行业进入下行周期或将影响民间资本投资热情

周期性波动贯穿整个集成电路行业历史，集成电路行业至今已经历多轮从缺货涨价、投资扩产到供给过剩和产能调整的周期性变化。自 2022 年下半年开始，随着全球物流困难、新冠疫情导致的芯片短缺逐渐缓解，出现部分芯片价格降低的趋势，众多行业研究机构和龙头企业纷纷预测全球集成电路行业正在进入新一轮的下行周期。这将对我国民间资本投资集成电路行业

造成较大的负面影响，因为这将拉长集成电路行业本就较长的资金回流周期。对于中小型企业来说，情况尤为严重。我国初创型集成电路企业多选择技术门槛低、需求大的消费领域切入，2022年下半年消费类芯片降价致使中小型集成电路企业遭遇“砍单”且业绩普遍降低，中小型集成电路企业仍然面临市场信心不足导致的融资困难。2023年，随着行业进入下行周期，我国民间资本投资集成电路产业的动力和热情将显著降低。

（四）全球人才“隔离墙”逐步形成，我国半导体产业人才结构亟待重构

2022年，美国、欧盟、韩国、日本、印度等主要国家和地区密集地出台集成电路相关法案和措施，通过支持本土人才培养、吸引国际人才并限制本土人才外流等方式满足其人才需求，人才已经成为各国争夺的关键资源。同时，全球半导体企业探索通过持续加薪、发行员工股权激励、补贴员工买股等多元化薪资策略吸引及留住关键人才。2023年，全球主要经济体将采取措施稳定本土人才队伍，我国企业引进人才难度陡增。经过多年的发展，我国虽然培养、造就了一大批集成电路人才，但仍然面临“各国密集布局，行业持续发力带来的海外引智压力”“产教融合不足，交叉汇聚不深延滞人才培养步伐”“资本争相入局，人才频繁流动消耗行业智力资源”等问题。

第十五章

2023年中国集成电路人才发展形势展望

当前，美国、欧盟、韩国、日本、印度等主要国家和地区正“集中地、密集地”出台多项集成电路相关法案和措施，加大对集成电路制造业等的支持力度，通过支持本土人才培养、吸引国际人才并限制本土人才外流等方式满足其人才需求，人才已经成为各国争夺的关键资源。经过多年的发展，我国虽然培养、造就了一大批集成电路人才队伍，但仍然面临“各国密集布局，行业持续发力带来海外引智压力”“产教融合不足，交叉汇聚不深延滞人才培养步伐”“资本争相入局，人才频繁流动消耗行业智力资源”等问题，建议构建产教深度融合育人格局，跑好“人才马拉松”，做好海外引智与人才服务，构建国际合作网，促进人才流动规范化和合理化，提升企业向心力。

一、2023年我国集成电路产业人才趋势

（一）人才需“量”，更需“质”

我国集成电路产业高质量发展，在从业人才数量保持扩张势头的同时，对人才质量的高要求也日益凸显。在良好的政策环境和金融环境下，我国集成电路产业发展迅速，培养和沉淀了一批集成电路从业队伍。从人才数量看，我国集成电路产业从业人员从2017年的40万人增加到2022年的58万人左右，行业人才队伍不断发展壮大。从人才数量增速看，从2017开始，人才数量同比增长率逐年下降，2017年人才同比增长率为21.21%，2022年人才同比增长率为1.8%左右。在从业人员结构方面，设计业和制造业“前端与中端重”、封测业“后端轻”的趋势基本形成。从人才质量看，集成电路产业是技术密集型产业，通常要求从业人员具备一定的学习能力和知识结构，从业人员整体学历层次较高。2022年5月，我国集成电路产业从业人员学历为

本科及以上学历的占比为78.42%，与2021年同期基本保持一致。从年龄结构看，40岁以下的从业人员为产业发展的主要力量，占现有从业人员总量的82.13%，从业人员的年龄结构呈现年轻化特点。

2023年，随着集成电路产业规模不断扩大，产业需求人才数量增加，但增速放缓。如果集成电路产业保持现有的速度高速增长，按照2014—2023年年均复合增长率20%计算，2023年我国集成电路产业规模将达到15252亿元左右。按照人均产值216万元测算，到2023年底，全行业人才需求将达到70万人左右。此外，随着后摩尔时代的到来，我国集成电路产业向高质量发展迈进，对高学历、高经验和高技术的“三高”人才需求量增加。同时，近年来，随着互联网、手机、汽车、家电等其他行业的厂商进军半导体领域，进一步加剧了集成电路产业对高端人才的需求。

（二）行业薪资上涨回归理性

随着产业发展，我国集成电路行业薪资持续上涨，但涨幅会出现回落。随着经济发展和国家政策不断加持，我国集成电路行业高速发展，芯片企业如雨后春笋般不断涌现，行业薪资近年来不断攀升。从平均薪资看，2022年我国集成电路行业月平均基本薪资为14948元，较2021年提高8.46%左右。从薪资增长率看，2022年集成电路行业月平均薪资同比增长率高于2021年1.45%，但与2020年同比减少0.61%。从季度薪资情况看，2022年第一季度，我国集成电路行业平均薪资增幅依旧强劲，同比增长8.39%，研发类岗位依然保持14.68%的增速，高管薪资同比增长19.41%左右。从2022年第二季度到第四季度，集成电路行业月平均基本薪资同比持续下降。从产业链涨薪增长率看，制造代工和芯片设计领域薪资涨幅靠前，制造代工2022年比2021年薪资增长14.32%，芯片设计2022年比2021年薪资增长11.6%，而封测业和设备材料业涨薪幅度相对较低。整体看，虽然我国集成电路行业薪资不断提高，但增幅会出现一定程度的放缓。

近年来，集成电路行业薪资连续增长主要是行业人才市场供需不平衡的表现，随着全球芯片供应链产能的逐步复苏，国际大厂芯片供货及价格逐渐回归正轨，加之科创板新上市国内集成电路企业接连破发、二级市场估值下滑等因素，未来资本红利和市场红利都在减少，2023年集成电路行业薪资预计将进一步上涨，但涨幅会出现回落，薪资开始回归理性。

（三）高校供给持续增长有所保障

高校毕业生是国家宝贵的人才资源。2020 年 12 月，国务院学位委员会批准建设“集成电路科学与工程”一级学科。2021 年 11 月，教育部官网发布《国务院学位委员会关于下达 2020 年审核增列的集成电路科学与工程一级学科学位授权点名单的通知》，有 18 所高校新增“集成电路科学与工程”一级学科博士学位授权点。截至 2023 年 6 月，国内有 17 所院校宣布建立集成电路学院，其中包括 8 所示范性微电子学院。据不完全统计，2022 年，我国集成电路相关毕业生规模在 21 万人左右，其中有 15.5%的集成电路相关专业毕业生选择进入本行业从业，这一比例与 2021 年同期基本保持一致。从示范性微电子学院毕业生输出情况看，有 4000 多名毕业生进入集成电路行业从业，为行业输送了大批量高层次人才。

2023 年，随着“集成电路科学与工程”一级学科的持续建设和完善，我国集成电路教育事业迈入新阶段，高校人才供给数量和质量持续提升。同时，随着我国产业环境的不断发展和完善，行业薪资不断提升，预计将会吸引更多的集成电路相关专业毕业生进入本行业从业。

二、我国集成电路产业人才面临的问题

（一）各国密集布局，行业持续发力带来海外引智压力

行业的外部竞争压力日趋加大，内部生态环境的局限性同样不可忽视。

1. 各国纷纷加大战略布局力度

美国《创新与竞争法案》《芯片与科学法案》、韩国《K-半导体战略》《半导体超级强国战略》、欧盟《欧洲芯片法案》等密集发布，各主要经济体投入大量资金加快对本土半导体产业的培育，加剧了集成电路领域的全球人才竞争。同时，美国及其盟国进一步渲染“中国威胁论”，依靠政治手段限制高端人才流动和先进技术交流。

2. 行业企业持续发力争夺人才

全球半导体企业探索通过持续加薪、发行员工股权激励、补贴员工买股等多元化薪资策略吸引及留住关键人才。台积电、三星和英特尔等集成电路行业巨头在全球多地开展生产线布局建设，对全球集成电路人才产生虹吸效应，不利于我国持续引进海外高端人才。

3. 整体产业创新生态亟待优化

除外部形势充满不确定性外，国内的集成电路产业发展环境、人才服务环境与相关配套政策，以及股权激励机制、薪资待遇水平等均是领军人才和高端人才关注的要素。相较成熟的集成电路产业国家和地区，我国在引才、留才方面的竞争力不足，在一定程度上降低了集成电路领域人士归国的意愿。

（二）产教融合不足，交叉汇聚不深延滞人才培养步伐

如何推动“集成电路科学与工程”一级学科建设，如何汇聚学科力量、协同行业产业构建本土化的人才培养体系，教育界仍然在“摸着石头过河”。

1. 交叉学科建设亟待推进

目前，各高校围绕“集成电路科学与工程”这一交叉学科的建设工作刚起步，人才培养体系沿用原有模式、课程体系照搬拼凑等现象依旧存在，面向交叉学科的资源配置模式、教师晋升渠道、学位论文评审方式等尚未形成，延滞了学科发展迈进的步伐。

2. 产业需求旺盛，但供给缺乏

高校对产业界的技术、信息更新准备不足，对产业前沿的需求传达不及时、产业参与不深入的问题长期存在，使得培养出的学生缺乏解决集成电路生产线工程化问题的思维，与产业需求存在一定的距离。同时，高校面临调整师资结构的难题，具备产业经验的教师亟须扩充，校企“双师制”中的企业师资往往因自身工作强度较大、需要时刻跟进机台及工艺进程等原因，在培养学生过程中发挥的作用有限。

3. 工程实训条件有待提升

高校作为人才培养的主阵地，缺乏高水平的实训平台、科研验证平台，以及培训师资，院校相关软硬件设备相对落后且数量不足，企业能够提供用于教学的设备较少，在读学生无法获得充足的和先进的工程实践机会，对集成电路的认识和理解不足，造成毕业生的实操能力与实际工程经验匮乏，和企业的实际需求仍然有一定的差距。

（三）资本争相入局，人才频繁流动消耗行业智力资源

作为知识密集型行业，集成电路行业的人才培养周期长，人才供给在短期内难以满足产业发展的需求，导致企业之间从“招人才”变成“抢人才”，相互之间挖角的情况频发，行业人才流动率居高不下。一方面，资本过热，

导致人才流动过于频繁。我国集成电路企业正经历资本黄金时代，企业市值和初创企业的融资规模节节攀升，新产业主体往往以高薪资在短期内招聘业内成熟的技术人才，这使先行企业培养人才的风险较大，往往导致人才培养完成就跳槽的窘境。同时，企业不断以高薪招揽新员工，甚至展现出“不惜血本”的架势，造成企业内部薪资倒挂的情况，不仅增加了自身运营的成本，还不利于已入职员工的稳定，给企业健康发展带来了严峻的挑战。另一方面，企业自身竞争力不足，加快了人才的流动。当前，我国集成电路产业正处于高速发展期，为从业人员提供了较多的可供选择的就业机会。而部分企业人才管理机制不完善，人才晋升渠道不畅通，培训与岗位需求脱节，缺乏体系化的岗位能力评判标准，不足以帮助员工更好地了解自身发展路径和发展潜力，成为员工离职的诱因。同时，人才资源在恶性竞争中被不断地消耗。

三、对策建议

（一）构建产教深度融合育人格局，跑好“人才马拉松”

1. 加快推动“集成电路科学与工程”学科建设

围绕国家集成电路产业结构升级的需求，高校应该基于已有的优势学科，加快“集成电路科学与工程”学科的建设。同时，加强学校和企业的深入对接融合，促进校企技术快速转化，高校帮助企业突破技术发展瓶颈。

2. 提升人才培养的工程实践条件

区域牵头打造集成电路产学研协同育人实践基地与项目实训平台，模拟真实的环境，提供企业化的氛围和企业化的员工培训。

3. 拓宽集成电路产业人才获取通道

支持和强化拥有微电子专业培养能力的专业化教育培训力量，开展面向其他专业学生、其他行业人才向集成电路专业转化的教育培训工作，在较短时间内大幅促进集成电路产业人才的市场增量。同时，加大对集成电路产业的宣传普及力度，鼓励更多的青少年关注本行业。此外，鼓励举办集成电路产业人才方面的交流活动，为各地引进集成电路人才创新、创业提供良好条件。

（二）做好海外引智与人才服务，构建国际合作网

1. 优化国内“留人”环境

搭建海外人才服务平台，为海外高端技术人才提供就业、创业、择业等

多元化服务。政府应加大对归国人才及其家属的保障力度，在居留和出入境、医疗、保险、住房、税收、配偶安置、子女就学等方面给予专项政策。

2. 加大对集成电路产业人才的激励措施

政府应出台有利于集成电路产业人才队伍建设的相关激励措施，有条件的地区给予集成电路产业高级管理人才、技术人才更大力度的优惠政策。

3. 差异化推进多国科技合作

我国应保持和深化与欧洲国家在半导体领域的交流，向欧洲开放更多的市场，以部分经济利益换取我国融入科技空间；着重与日本、韩国、越南、马来西亚、泰国等周边芯片供应链主要国家加深友好外交往来，借助《区域全面经济伙伴关系协定》（RCEP）组建东亚芯片技术联盟，在关键技术领域深度合作。

（三）促进人才流动规范化和合理化，提升企业向心力

1. 提升企业发展竞争力与人才吸引力

鼓励企业完善和优化管理，做好企业核心竞争力解读工作与企业文化嵌入工作。建设合理的涨薪机制，建立标准、清晰、通畅的人才晋升通道，通过福利待遇、期权激励等方式提高企业对员工的吸引力，增加员工归属感。

2. 持续完善和规范人才流动的手段

强化人才流动的法治保障，发挥行业协会的作用，落实人才流动在服务期、竞业限制、保密等方面的规定。鼓励企业完善用人制度，引导企业通过合规、理性方式招揽紧缺人才，避免企业之间恶性的人才竞争。

3. 推动企业建立更贴近岗位需求的人才培训体系

鼓励企业进行全方位、动态化的人才盘点工作，针对人才能力与岗位要求之间的差距开展个性化、有针对性的培训。引导企业深度挖掘内部员工的师资潜力，建立分层分类的师资梯队，通过内部挖掘与外部聘请并行的方式缓解培训师资的不足。

光 伏 篇

第十六章

太阳能光伏产业发展概况

一、产业规模

尽管受到供应链价格波动、外部环境等不利因素影响，在国内外双重市场拉动下，2022 年我国光伏制造端规模依然保持快速扩大态势。2022 年，我国多晶硅产量达 85.7 万吨，同比增长 69.4%，硅片产量为 371.3 GW，同比增长 63.9%。电池片产量为 330.6 GW，同比增长 67.1%，组件产量为 294.7 GW，同比增长 62.1%。

2022 年我国光伏产品产量及增长情况如表 16-1 所示。

表 16-1　2022 年我国光伏产品产量及增长情况

飔　　眀	奶　嗷　礡	礡　　犪	疑　沼　犪	缠　　佒
伃　鈫	85.7 乣咄	371.3 GW	330.6 GW	294.7 GW
壷闂珣	69.4%	63.9%	67.1%	62.1%

数据来源：中国光伏行业协会（CPIA），赛迪智库集成电路研究所整理，2023 年 4 月

二、进出口情况

2022 年，我国光伏产品出口总额约 512.5 亿美元，同比增长 80.3%。其中硅片出口额为 50.74 亿美元，出口量约 36.3 GW；电池片出口额为 38.15 亿美元，出口量约 23.8 GW。在全球能源转型、绿色低碳转型大势所趋，海外光伏市场需求不断增长的大背景下，我国光伏组件出口额为 423.61 亿美元，同比增长 72.1%，出口量约 153.6 GW，同比增长 55.8%。光伏组件出口额和出口量均创历史新高。在多晶硅进口方面，2022 年，我国太阳能级多晶硅进口额约 25.8 亿美元，同比增长 38%，进口量约 8.7 万吨，同比下降 20.9%。

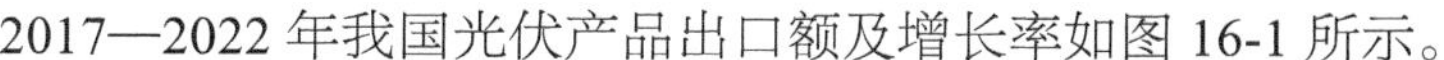

2017—2022 年我国光伏产品出口额及增长率如图 16-1 所示。

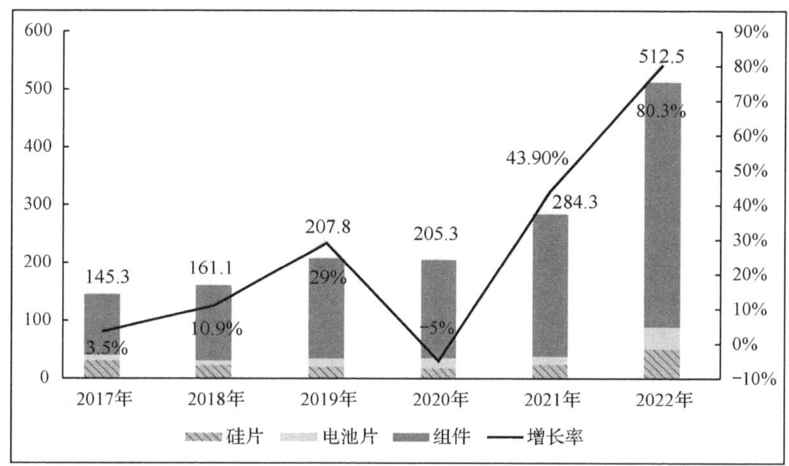

图 16-1　2017—2022 年我国光伏产品出口额（单位：亿美元）及增长率

数据来源：CPIA，赛迪智库集成电路研究所整理，2023 年 4 月

2022 年，我国光伏产品出口到各大洲市场均有不同程度的增长。欧洲市场增幅最大，同比增长 114.9%。2022 年，欧洲依然是我国光伏产品最主要的出口市场，约占出口总额的 46%，占比继续提高。硅片、电池片主要出口至亚洲地区。

2022 年我国光伏产品出口各大洲情况如图 16-2 所示。

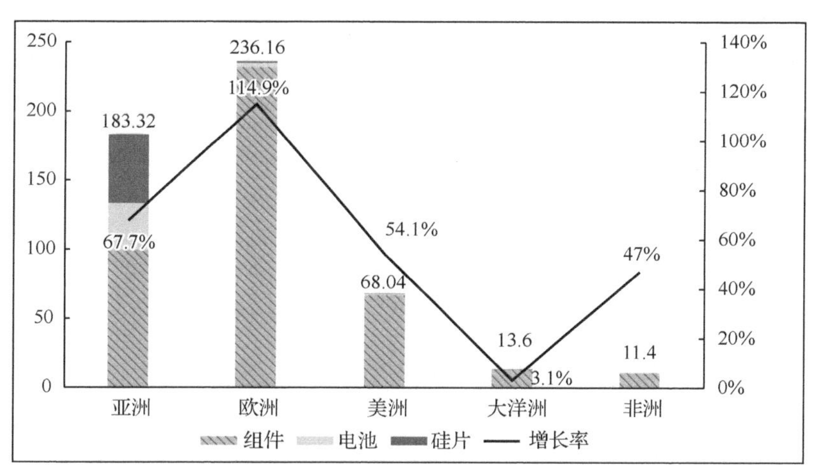

图 16-2　2022 年我国光伏产品出口各大洲情况（单位：亿美元）

数据来源：CPIA，赛迪智库集成电路研究所整理，2023 年 4 月

三、技术创新

2022 年，我国在光伏核心技术研发和产业化方面持续进步。

（一）多晶硅

在多晶硅方面，生产能耗显著降低，行业平均综合电耗已降至 60 kWh/kg-Si，同比下降 4.7%，平均还原电耗为 44.5 kWh/kg-Si，同比下降 3.26%。颗粒硅产业化规模有所扩大，由于生产工艺的改进和下游应用的拓展，2022 年颗粒硅市场占有率达到 7.5%，同比提升 3.4 个百分点。

（二）硅片

在硅片方面，大尺寸和薄片化发展趋势明显。182 mm 和 210 mm 尺寸的硅片合计占比增长至 82.8%；P 型单晶硅片平均厚度达 155 μm；N 型 TOPCon 单晶硅片平均厚度达 140 μm，异质结（HJT）单晶硅片平均厚度达 130 μm。此外，由于热场尺寸及所拉棒数的增加，2022 年拉棒单炉投料量达到 3100 kg，同比增长 10.7%。

（三）电池

在电池方面，N 型电池推进速度加快，无锡尚德、晶科能源、昱辉光能、钧达股份、中来股份、安徽大恒等厂商在 2022 年规划或投产规模化 TOPCon 电池生产线；华晟、金刚玻璃、爱康、海源复材、腾晖在 2022 年宣布建设或扩大异质结电池产能。除此之外，规模化生产的 P 型 PERC 电池平均转换效率已达到 23.2%，同比提升 0.1 个百分点。2022 年，N 型电池技术在产业化领域不断提速，N 型电池效率均超过 24.5%。其中 TOPCon 电池片效率约 24.5%，异质结电池片效率达到 24.6%，XBC 电池片效率约 24.5%，与 2021 年相比均有提升。

（四）组件

在组件方面，最高功率进一步提升。行业龙头企业通过布局大尺寸电池、高功率组件进一步降低系统的度电成本，大尺寸、高功率组件市场占比快速提高，采用 166 mm、182 mm 尺寸 72 片 PERC 单晶电池的组件功率已经分别达到 455 W、550 W；采用 210 mm 尺寸 66 片 PERC 单晶电池的组件功率达到 660 W。2022 年，双面组件渗透率提升，达到约 40.4%，同比提升 3 个

百分点。

（五）实验室研发

在实验室研发方面，2022 年我国企业和研究机构晶硅电池实验室效率打破纪录 14 次（其中 10 次为 N 型电池技术）。目前，我国 N 型 TOPCon、异质结、P 型单晶 TOPCon 的实验室最高转换效率已经分别达到 26.4%、26.81%、25.19%。

四、价格

自 2022 年初开始，受供需矛盾影响，多晶硅价格不断攀升，涨幅超过 40%。2022 年 8 月 17 日，《工业和信息化部办公厅 市场监管总局办公厅 国家能源局综合司关于促进光伏产业链供应链协同发展的通知》发布，该通知提出光伏行业出现阶段性供需错配、部分供应链价格剧烈震荡。2022 年 9 月 13 日，《国家发展改革委办公厅 国家能源局综合司关于促进光伏产业链健康发展有关事项的通知》发布，该通知指出纾解光伏产业链上下游产能、价格堵点，提升光伏发电产业链、供应链配套供应保障能力，支撑我国清洁能源快速发展。2022 年 11 月底，光伏产业供需矛盾逐渐缓解，叠加需求淡季，光伏产业链各环节价格出现大幅回落。

2022 年我国多晶硅价格变化情况如图 16-3 所示。

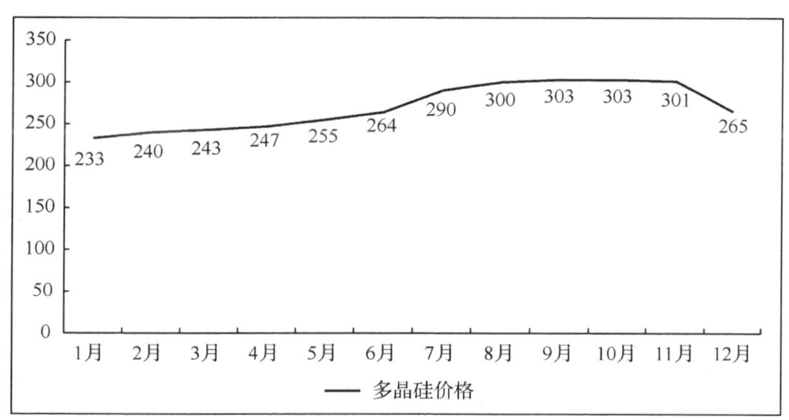

图 16-3　2022 年我国多晶硅价格变化情况（单位：元/kg）

数据来源：PV InfoLink，2023 年 2 月

2022 年我国光伏组件价格变化情况如图 16-4 所示。

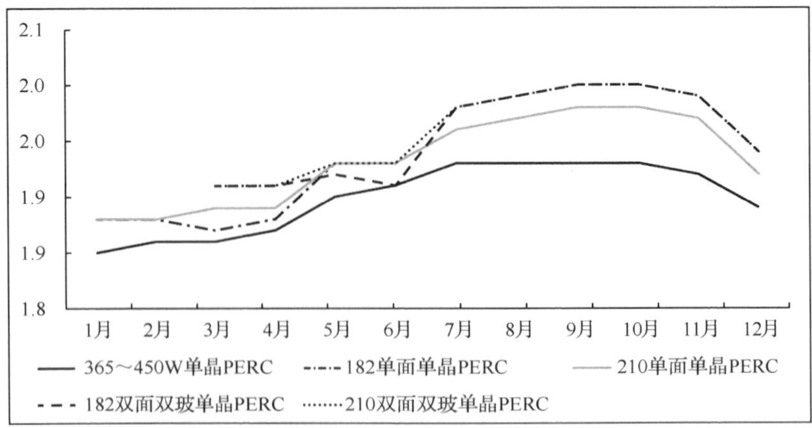

图 16-4 2022 年我国光伏组件价格变化情况（单位：元/kg）

数据来源：PV InfoLink，2023 年 2 月

五、应用市场

2022 年，我国光伏新增装机量、分布式装机量、户用装机量在总装机量中的占比均创历史新高。我国光伏新增装机 87.41 GW，同比增长 59.3%，其中，分布式装机约 51.11 GW，占全部新增装机的 58.5%。2022 年，户用装机达 25.25 GW，同比增长 16.9%，占 2022 年我国新增光伏装机的 28.9%。光伏发电量为 4276 亿 kWh，同比增长 30.8%，光伏发电平均利用率为 98.34%，与 2021 年基本持平。

2016—2022 年我国光伏新增装机情况如图 16-5 所示。

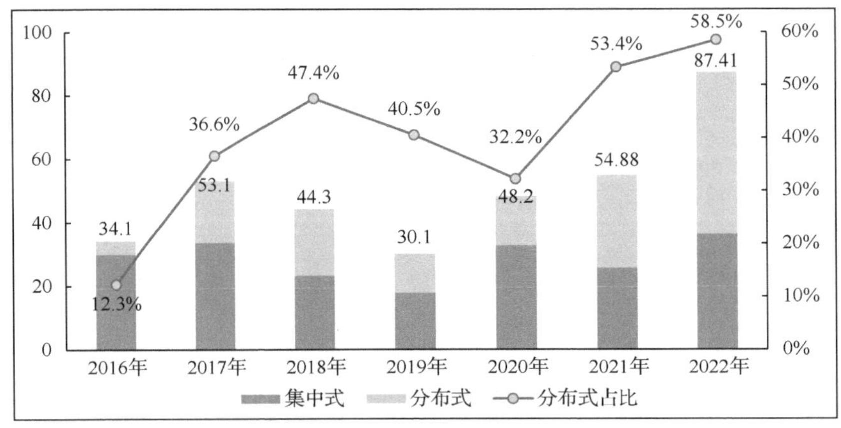

图 16-5 2016—2022 年我国光伏新增装机情况（单位：GW）

数据来源：国家能源局，CPIA，赛迪智库集成电路研究所整理，2023 年 3 月

第十七章

太阳能光伏产业各环节发展状况

一、多晶硅

2022 年，我国在产多晶硅企业有 14 家，只有一家新进入企业；全国多晶硅有效产能为 116.6 万吨/年，同比增加 87.2%；全国多晶硅产量约 85.7 万吨，同比增加 69.4%；多晶硅产能增加主要来自通威、保利协鑫、新特能源、青海丽豪、亚洲硅业等新建生产线投产，以及宜昌南玻、聚光硅业等企业复产。受市场供不应求、价格处在高位等因素驱动，在产多晶硅企业都设法提高产能利用率，所以有几家企业的产量超过名义产能。中国有色金属工业协会硅业分会统计数据显示，2022 年，全国多晶硅第一季度产量为 15.9 万吨，第二季度产量为 18.18 万吨，第三季度产量为 19.67 万吨，第四季度产量为 27.32 万吨（由于统计口径不同，与 CPIA 的统计数据稍有差别）。

2008—2022 年我国多晶硅产能与产量如图 17-1 所示。

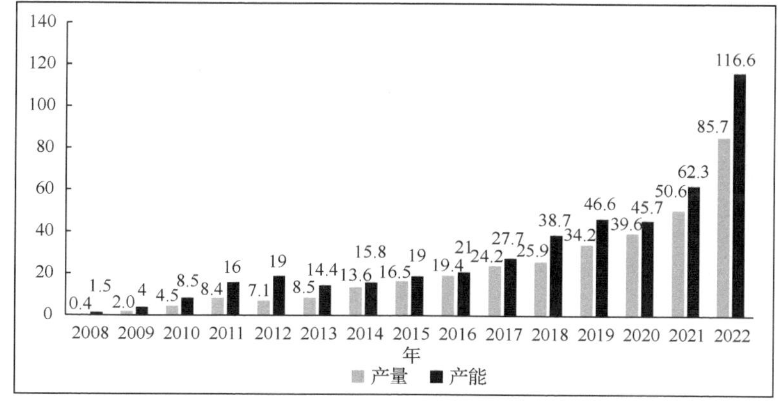

图 17-1　2008—2022 年我国多晶硅产能与产量（单位：万吨）

数据来源：CPIA，赛迪智库集成电路研究所整理，2023 年 3 月

2022 年，我国多晶硅企业排名前十位的企业产能占比为 88.1%，产量占比高达 98.95%。多晶硅企业产量居前六位的依次为四川永祥、江苏中能、新疆大全、新特能源、亚洲硅业和东方希望，其产能合计为 97.5 万吨，占全国总产能的 83.6%；其产量合计为 80.0 万吨，占全国总产量的 93.3%。六家企业之外的企业全部产量之和不足全国产量的 10%，产业高度集中。2023 年，全球多晶硅产量预计为 159 万～171 万吨，其中我国多晶硅产量为 146 万～156 万吨，海外多晶硅产量为 13 万～15 万吨。

二、硅片

在全球能源转型加速，我国提出“双碳”目标，欧盟、美国、印度、巴西等地区均明确提出可再生能源计划或清洁能源发展目标的大背景下，光伏市场保持广阔的发展空间，作为产业链上的重要环节，硅片企业持续加速扩产，以更好地满足下游需求的增长。除主要单晶硅片龙头企业凭借先进技术及成本控制优势持续加码产能外，国内其他 IDM 企业、二三线硅片企业及新进入者也在快速布局硅片产能，抢占行业增长带来的红利空间。2022 年，我国硅片产能为 650.3 GW，同比增长 59.7%；产量为 371.3 GW，同比增长 63.9%，占全球硅片产量的 97.4%，在全球硅片领域占据绝对的主导地位。

2010—2022 年我国硅片产能与产量如图 17-2 所示。

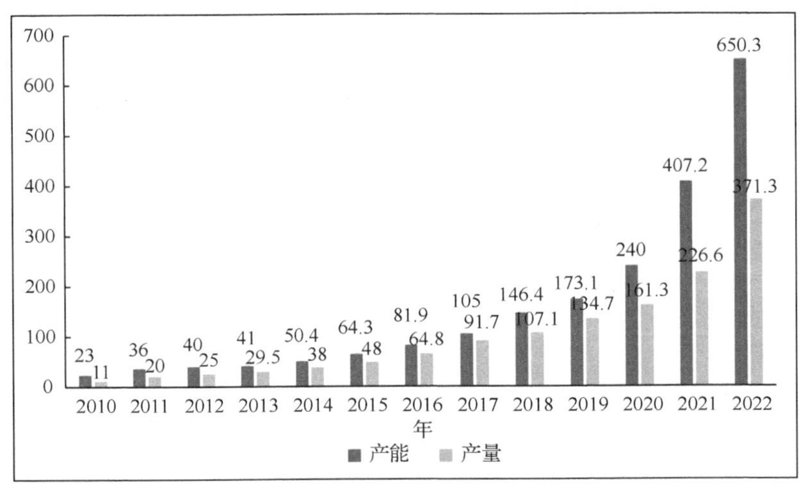

图 17-2　2010—2022 年我国硅片产能与产量（单位：GW）

数据来源：CPIA，赛迪智库集成电路研究所整理，2023 年 4 月

2022 年，我国单晶硅棒产能较 2021 年底增长近 220 GW，传统单晶硅片企业隆基绿能、TCL 中环拉晶产能均超过 100 GW。弘元绿能、美科股份、高景、双良等企业凭借单晶环节拉晶或切片主要设备生产企业的行业背景和技术积累，也在以较快的速度提升产能，因此硅片环节的生产集中度有所下降。能源转型需求推动光伏等清洁能源行业快速发展，而硅片生产不存在绝对的技术壁垒，在当前及中短期内仍然有一定的利润红利，这些因素继续激发光伏产业链企业的扩产热情，在硅棒、单晶硅片环节涌现出许多新的企业，如阜兴新能源、清电能源等。

增加硅片面积，可以分摊光伏产业链各环节的加工成本，降低光伏组件以外的系统成本，进而降低光伏发电的度电成本。因此，硅片大尺寸化进程加快，156.75 mm 尺寸硅片占比由 2021 年的 5%下降为 2022 年的 0.5%，2023 年或将淡出市场；166 mm 尺寸硅片占比由 2021 年的 36%下降至 2022 年的 15.5%，未来市场占比将进一步降低。2022 年，182 mm 和 210 mm 尺寸硅片合计占比由 2021 年的 45%迅速增长至 82.8%；根据《中国光伏产业发展路线图（2022—2023 年版）》预测，其占比仍然将快速扩大，2023 年占比将超过 90%。

三、电池片

2022 年，我国电池片总产能达到 505.5 GW，同比增加 40.2%。从产能看，排名前十位的企业产能合计达到 354.8 GW，在全国总产能中占比为 70.2%。2022 年，我国电池片产量为 330.6 GW，同比增加 67.1%，排名前十位的企业产量合计达到 252.1 GW，在全国总产量中占比约 76.3%，同比变化不大。

2010—2022 年我国电池片产量和增长率如图 17-3 所示。

2022 年，我国电池片企业排名前十位的企业总产能达到 351.8 GW，约占全国总产能的 68%。在产能方面，通威太阳能以 70 GW 产能遥遥领先，排名第一位；晶科以 47.8 GW 产能排名第二位；天合光能以 43.5 GW 产能排名第三位；隆基以 40 GW 产能排名第四位。前四名企业产能均超过 40 GW。爱旭、晶澳的电池片产能分别为 36 GW、35 GW。由此可以看出，目前我国电池片的生产格局已经呈现出一超多强的局面，一体化企业在 2022 年的规模化优势进一步体现。

头部光伏企业在一体化布局继续加码的同时，通过采取产业链上下游合作的方式保障供应链安全。例如，通威太阳能通过与天合光能合作增加电池片的销量，专业电池片厂商润阳悦达也通过布局硅料来带动电池片的销售。2022 年，全国产量排名前十位的电池片厂商产量合计约 252.1 GW，占全国总产量的 76.3%。全年产量排名前三位的企业分别为通威太阳能、爱旭科技与天合光能。

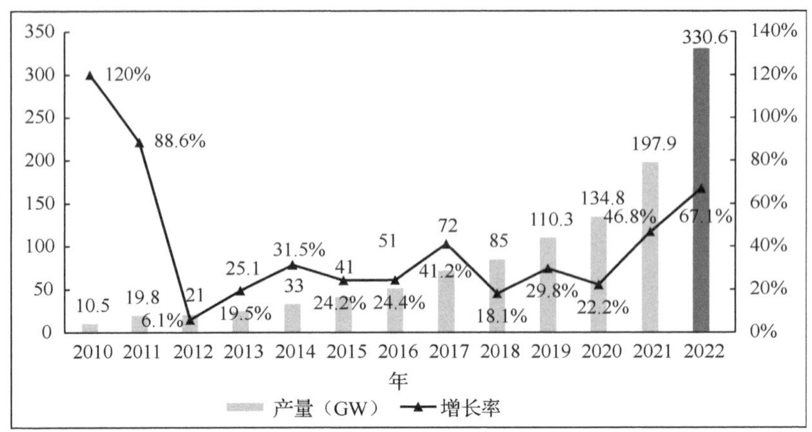

图 17-3　2010—2022 年我国电池片产量和增长率

数据来源：CPIA，赛迪智库集成电路研究所整理，2023 年 4 月

四、组件

2022 年，我国光伏组件产能、产量分别达到 551.9 GW 和 294.7 GW，同比分别增长 53.7%和 62.1%，产业整体规模进一步扩大。

2009—2022 年我国光伏组件产量及增长率如图 17-4 所示。

组件封装技术已进入高速发展期，半片、多主栅（MBB）、高密度封装技术（叠瓦、小间距技术等）部分相互兼容，叠加效果立竿见影，依然是除电池片效率提升外组件功率提升的主要手段。从目前看，最优的降本提效方案可能是“半片+SMBB+小间距”。受专利问题影响，叠瓦作为储备技术之一在稳步发展。两种技术路线预计都能使组件输出功率提高 15～35 W。但是，叠瓦技术成本高于“半片+SMBB+叠片”方案，目前存在电池差异化成本较高、叠瓦设备定制化等问题，行业尚未大规模量产。在头部组件企业中，天合光能、东方日升等企业以 600 W 级产品为主，晶科能源、隆基绿能、晶澳科技等企业以 500 W 级产品为主。以上企业均以“半片+MBB+小间距”为主，而东方环晟采用叠瓦封装。半片投资成本及组件单耗较低，降本效果突

出，每块组件成本可降低 68.12 元，单瓦降低 0.2 元，使“半片+MBB+小间距”性价比高于叠瓦。此外，随着硅片越做越大，内阻和功耗将逐渐增加，促成了当前对半片的需求。半片及“半片+MBB”的良品率控制相对成熟，设备资金投入较低，预计将逐渐成为市场主流的高效封装技术。2022 年，半片组件市场占比为 92.4%，同比增长 5.9 个百分点。后期 TOPCon 和异质结等 N 型组件电池片效率的提升，进一步提升了组件功率。据统计，与 PERC 组件相比，N 型组件的效率平均提升 1%左右，同等尺寸和版型功率提高 15～20 W。除封装技术外，行业龙头企业通过布局大尺寸电池片、高功率组件进一步降低系统的度电成本。大尺寸、高功率组件市场占比快速提高。近两年，大硅片技术已进入技术稳定期，N 型叠加大尺寸硅片技术将组件功率提升到 700 W 左右。

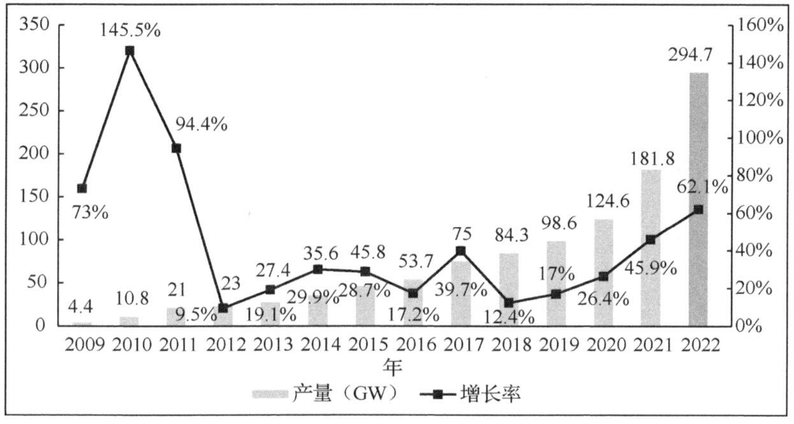

图 17-4　2009—2022 年我国光伏组件产量及增长率

数据来源：CPIA，赛迪智库集成电路研究所整理，2023 年 4 月

第十八章

光伏产业政策分析

一、发展规划

2022 年，我国出台了两项与可再生能源直接相关的系统性政策。2022 年 1 月，国家发展改革委、国家能源局发布《国家发展改革委 国家能源局关于完善能源绿色低碳转型体制机制和政策措施的意见》，从完善国家能源战略和规划实施的协同推进机制、完善引导绿色能源消费的制度和政策体系、建立以绿色低碳为导向的能源开发利用新机制等方面提出了多项举措。2002 年 5 月，国务院办公厅发布国家发展改革委、国家能源局制定的《关于促进新时代新能源高质量发展的实施方案》，从创新新能源开发利用模式、加快构建适应新能源占比逐渐提高的新型电力系统、深化新能源领域“放管服”改革、支持引导新能源产业健康有序发展、保障新能源发展合理空间需求、充分发挥新能源的生态环境保护效益、完善支持新能源发展的财政金融政策 7 个方面提出 21 项具体政策举措，针对解决风、光等可再生能源发展的消纳、土地海域使用、绿色能源消费等难点问题，有很强的操作性。此外，专门针对光伏产业发展的指导性文件是由工业和信息化部、住房和城乡建设部、交通运输部、农业农村部、国家能源局五部门在 2021 年 12 月联合印发的《智能光伏产业创新发展行动计划（2021—2025 年）》，计划到 2025 年，我国光伏行业智能化水平显著提升，产业技术创新取得突破。新型高效太阳能电池量产化转换效率显著提升，形成完善的硅料、硅片、装备、材料、器件等配套能力。智能光伏产业生态体系建设基本完成，与新一代信息技术融合水平逐步深化。智能制造、绿色制造取得明显进展，智能光伏产品供应能力增强。

上述三项政策构成了当前保障我国可再生能源发展的政策框架，也为其长远发展指明了方向。

二、消纳保障

2022 年可再生能源电力消纳保障延续 2021 年的机制，继续体现责任权重的约束性及责任共担导向。根据《国家发展改革委办公厅 国家能源局综合司关于 2022 年可再生能源电力消纳责任权重及有关事项的通知》，各省要"落实风电、光伏发电保障性并网、市场化并网等多元并网保障机制，按照非水电最低消纳责任权重合理安排本省保障性并网规模，严格落实西电东送和跨省跨区输电通道可再生能源电量占比要求，2022 年的占比原则上不低于 2021 年实际执行情况"。对于 2022 年约束性权重和 2023 年预期性权重，非水预期性指标较 2021 年均有所增长，体现了消纳可再生能源的责任共担导向，即将逐步缩小各地区的权重指标差异。

三、规范监测

针对光伏行业出现阶段性供需错配、部分供应链价格剧烈震荡等情况，《工业和信息化部办公厅 市场监管总局办公厅 国家能源局综合司关于促进光伏产业链供应链协同发展的通知》在 2022 年 8 月发布，《国家发展改革委办公厅 国家能源局综合司关于促进光伏产业链健康发展有关事项的通知》在 2022 年 9 月发布，以纾解光伏产业链上下游产能、价格堵点，提升光伏发电产业链、供应链配套供应保障能力。文件强调要加强行业监管，严格贯彻落实价格法、反垄断法，从严查处散布虚假涨价信息、囤积居奇等哄抬价格行为，以及达成垄断协议、滥用市场支配地位等垄断行为，遏制资本过度炒作，维护行业公平竞争秩序。同时，合理引导行业预期，引导企业提前谋划布局、合理安排投产扩产增产计划，推动上中下游平衡协调发展。

四、项目管理

2022 年 11 月，根据新形势和光伏电站建设的需要，国家能源局对《光伏电站项目管理暂行办法》进行修订，发布《光伏电站开发建设管理办法》，文件明确适用于集中式光伏电站的行业管理、年度开发建设方案、项目建设管理、电网接入管理、运行监测等方面（分布式光伏发电管理另行规定）。此外，2022 年 5 月，国家发展改革委等部门制定了《可再生能源效能标杆水平和基准水平（2022 年版）》，提出存量项目组件效率达到基准水平（单晶 16%，多晶 15%），限期分类推动存量项目升级改造和淘汰，新建项目组件效率全面达到标杆水平（单晶 20.5%，多晶 17%）。

在基地开发方面，2022 年重点是推动沙漠戈壁荒漠大型风、光基地项目布局和建设。2022 年，国家能源局下发了第二批“沙戈荒”基地项目清单，项目已陆续开工，2023 年第一季度第三批基地已形成项目清单。分布式光伏则是整县项目、工商业分布式项目、户用光伏项目多头并进。随着各地电力市场推进和分时电价政策的调整，将出现更多的“光伏+”融合业态和商业模式。对于大部分东中部省份来说，可再生能源不纳入“十四五”能源消费控制政策，加上可再生能源电力消纳责任权重等约束性指标要求，以及光伏产品价格下降，均有助于当地政府和企业推动分布式光伏产业发展。

五、电价补贴

2022 年，国家启动了可再生能源发电存量项目补贴核查工作，《国家发展改革委办公厅 财政部办公厅 国家能源局综合司关于可再生能源发电补贴核查认定有关政策解释的通知》发布，对部分特殊光伏发电项目上网电价、纳入补贴项目容量及备案容量的认定标准更加明晰。2022 年 10 月，第一批可再生能源发电补贴核查确认的合规项目清单进入公示阶段，后期合规项目获得了部分补贴资金，缓解了补贴拖欠问题。

六、电力市场

在“碳达峰、碳中和”被提出后，国内对绿证的需求迅速增加。2022 年，绿证交易量显著增加，对促进绿电消费和消纳起到了一定的作用。2022 年 9 月，《国家发展改革委办公厅 国家能源局综合司关于有序推进绿色电力交易有关事项的通知》发布，明确在全社会营造鼓励消费绿电的氛围，支持重点企业、城市、东部沿海等发达地区高比例消费绿电，打造绿色电力企业、绿色电力单位、绿色电力城市、绿色电力村镇。

2022 年，光伏发电等新能源以多种方式参与电力市场，范围和规模逐步扩大。2022 年 12 月，《国家发展改革委 国家能源局关于做好 2023 年电力中长期合同签订履约工作的通知》发布，坚持电力中长期合同高比例签约。该通知从确保市场主体高比例签约、强化分时段签约、优化跨省区中长期交易机制、完善市场价格形成机制、建立健全中长期合同灵活调整机制、强化中长期合同履约和监管、强化保障措施 7 个方面，对 2023 年电力中长期合同签订做了相关规定。

第十九章

2023年太阳能光伏产业发展形势展望

一、发展可再生能源发电已逐渐成为全球统一目标

根据国际可再生能源机构（IRENA）统计，截至2021年11月，177个国家（约占所有国家的90%）表示正在考虑"净零"目标。在这些国家中，9个国家已经宣布实现了零排放，16个国家将"净零"目标写入法律。

二、到2027年，光伏累计装机量将超越其他所有电源形式

根据2022年12月国际能源机构（IEA）发布的报告 *Renewables 2022 Analysis and forecast to 2027* 中的数据，2022—2027年，全球可再生能源装机增长近2400 GW，这比2021年的预测增长了近30%，这是IEA预测有史以来最大的一次上调。2025年，可再生能源年度发电量将超过煤炭，成为全球最大的电力来源。

根据IEA预测，2022—2027年，全球光伏新增装机1500 GW，其中分布式年均新增170 GW。2024年，全球光伏累计装机量将超过水电装机量；2026年，全球光伏累计装机量将超过天然气装机量；2027年，全球光伏累计装机量将超过煤炭装机量。

三、光伏发电仍然有广阔的市场空间

俄乌冲突引发的能源危机导致传统能源不再具有竞争性，多国对新能源发展的需求与日俱增，全球已有多个国家提出了"零碳"或"碳中和"的气候目标，发展以光伏为代表的可再生能源已成为全球共识，再加上光伏发电在越来越多的国家成为最有竞争力的电源形式，预计全球光伏市场将持续高速增长。2023年，在光伏发电成本下降和全球绿色能源复苏等有利因素的推

动下，全球光伏新增装机仍然将快速增长。

2023—2030年全球光伏新增装机预测如图19-1所示。

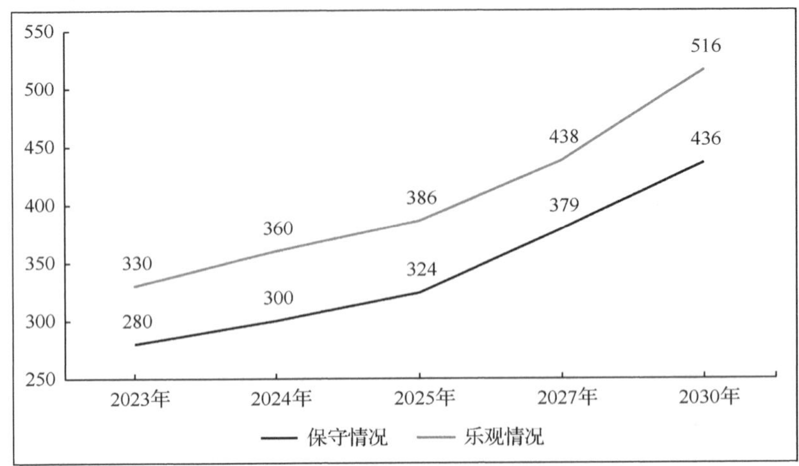

图19-1 2023—2030年全球光伏新增装机预测（单位：GW）

数据来源：CPIA，2023年3月

2022年12月30日，国家能源局在2023年能源工作会议上表示，2023年太阳能发电装机规模将达到4.9亿kW左右。截至2022年底，我国光伏装机3.9亿kW。这意味着2023年光伏新增装机目标为100 GW以上。

2023—2030年我国光伏新增装机预测如图19-2所示。

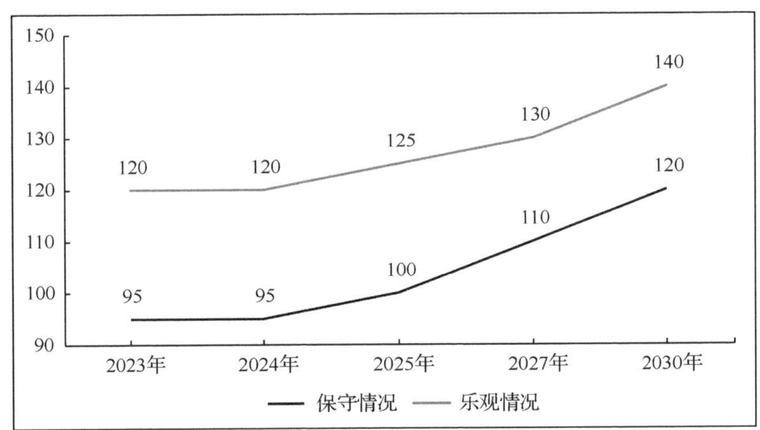

图19-2 2023—2030年我国光伏新增装机预测（单位：GW）

数据来源：CPIA，2023年3月

四、海外大力发展本土制造业可能对我国光伏制造业造成冲击

针对我国光伏产品的贸易壁垒政策，在本质上是部分国家为削弱竞争对手、发展本国制造业的手段。在实施贸易壁垒政策的同时，这些国家也在以补贴等方式大力扶持本国企业。在这其中，比较典型的包括：美国通过“反规避”调查，意图拆散我国产业链，通过所谓“强迫劳动”法案掌握进口主动权，通过《通货膨胀削减法案》吸引全球产业链转移至美国，助力“制造业回流”；欧盟通过所谓“强迫劳动”法案及后续举措，掌握进口主动权，通过成立太阳能产业联盟，助力欧盟在 2025 年的光伏年产能达到 30 GW；印度通过基本关税削弱我国光伏产品的竞争力，通过不断扩充国内组件制造商批准清单降低本国制造商准入门槛，通过生产关联激励计划补贴扶持国内制造商。在相关政策组合拳的影响下，根据不完全统计，美国、欧盟、印度等经济体 2022 年规划的制造业新增产能超过了 50 GW，覆盖多晶硅、硅片、电池片、组件、支架等环节，形成了对我国光伏产业的潜在挑战。

五、大尺寸硅片、N 型电池技术占比快速提升

2022 年，市场上硅片尺寸种类多样，包括 156.75 mm、158.75 mm、166 mm、182 mm、210 mm 等尺寸，各占有一定的市场份额。2022 年，182 mm 和 210 mm 尺寸合计占比由 2021 年的 45%迅速增长至 82.8%，预计 2023 年将达到 93.2%。

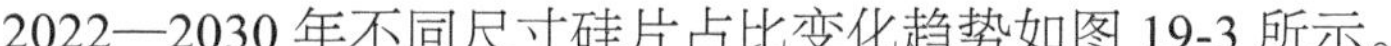

2022—2030 年不同尺寸硅片占比变化趋势如图 19-3 所示。

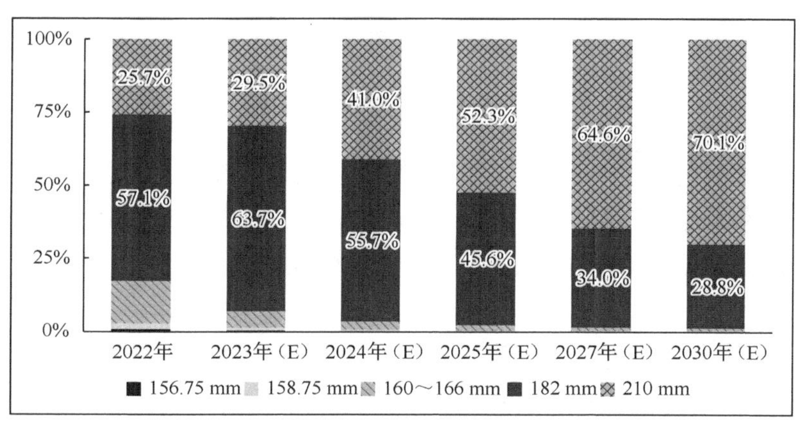

图 19-3　2022—2030 年不同尺寸硅片占比变化趋势

数据来源：CPIA，2023 年 3 月

2022 年下半年，N 型电池片产能陆续释放，PERC 电池片市场占比下降至 88%，N 型电池片占比合计达到约 9.1%，其中 N 型 TOPCon 电池片市场占比约 8.3%，异质结电池片市场占比约 0.6%，XBC 电池片市场占比约 0.2%。2023 年，N 型电池（TOPCon、异质结、XBC）市场占比预计将达到 22.5%。

2022—2030 年不同电池技术路线市场占比情况及预测如图 19-4 所示。

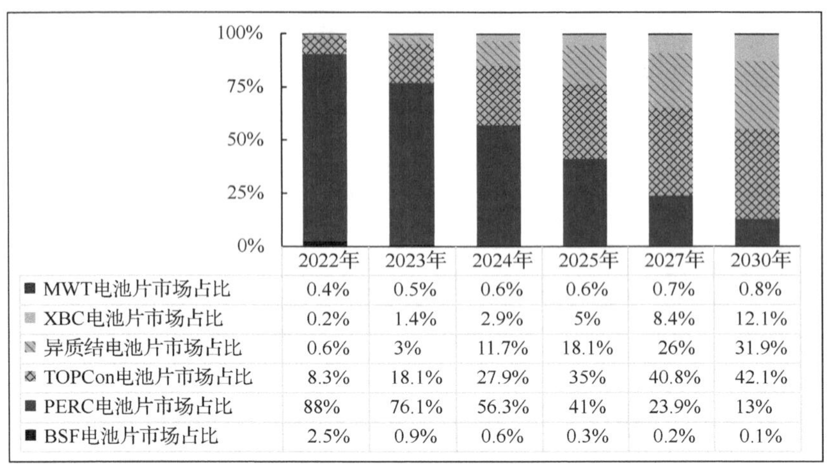

	2022年	2023年	2024年	2025年	2027年	2030年
MWT电池片市场占比	0.4%	0.5%	0.6%	0.6%	0.7%	0.8%
XBC电池片市场占比	0.2%	1.4%	2.9%	5%	8.4%	12.1%
异质结电池片市场占比	0.6%	3%	11.7%	18.1%	26%	31.9%
TOPCon电池片市场占比	8.3%	18.1%	27.9%	35%	40.8%	42.1%
PERC电池片市场占比	88%	76.1%	56.3%	41%	23.9%	13%
BSF电池片市场占比	2.5%	0.9%	0.6%	0.3%	0.2%	0.1%

图 19-4　2022—2030 年不同电池技术路线市场占比情况及预测

数据来源：CPIA，2023 年 3 月

六、贸易壁垒给我国光伏企业拓展海外市场带来困难

2022 年是光伏领域贸易纠纷频繁的一年，部分国家对我国光伏产业实施了贸易壁垒政策，涉及美国、欧盟、印度等海外市场。在这其中有一些影响较大的事件。2022 年 2 月，印度宣布从 4 月起对外国制造的太阳能组件征收 40%的基本关税。2022 年 6 月，美国海关以“强迫劳动”为由，一度扣押了 3 GW 自我国出口的光伏组件，给我国企业造成较大损失。2022 年 12 月，美国的“反规避”调查初步裁定比亚迪、阿特斯、天合光能和 Vina Solar Technology（隆基绿能子公司）四家公司存在规避行为，将被分别施加 27%、16%、254%、254%的关税，依据为这些企业使用了产地为中国的硅片，以及使用的银浆、铝边框、玻璃、背板、胶膜、接线盒 6 种辅材的其中 2 种以上产地在中国。类似举措为我国光伏企业的海外市场拓展带来了很大的不确定性。

七、电力市场交易给光伏发电收益带来不确定性

新能源参与电力现货市场交易造成电价波动，与中长期长协交易有较大的不同，电力现货交易颠覆了以往的商业模式。不同省份的电力现货交易规则不同。例如，山西省参与电力现货交易的价格较低；广东省电价包含绿电溢价，可能高于平价。因此，光伏收益难以预测，成为新的挑战。在现货市场体系下，电价未来将随时间和空间发生变化。光伏企业要打破固定电价销售电量的盈利模式，探索光伏发电参与市场化交易方式，打开第二成长曲线。

新型显示篇

第二十章 新型显示产业发展概况

第一节 发展状况

一、产业规模

2022 年，全球显示产业产值为 1998 亿美元，同比减少约 20%。其中显示面板产值约 1101 亿美元，同比减少约 27%。虽然受新冠疫情及地缘政治、复杂多变的国际局势影响，全球显示产业市场需求下降、物流受阻，但我国显示产业仍然表现出强劲韧性，实现了稳中有进的发展。2022 年，我国显示产业产值达到 5000 亿元，显示面板年产能约 2 亿平方米，同比增长约 11.1%。在政策支持下，我国企业通过兼并重组等方式扩大规模和销量，有效提高了产业规模和市场竞争力。2022 年，我国薄膜晶体管-液晶显示屏（TFT-LCD）出货面积为 15582 万平方米，同比基本持平；AMOLED 出货面积为 502 万平方米，同比减少 1%。随着显示产品应用多元化，市场开拓面临新的方向，显示应用场景正在从户内转向户外，从个人转向群体，从单向输出信息转向智能交互服务，新型显示正在家居、车载、文教、医疗等多个赛道助推数字经济发展。同时，数字经济的蓬勃发展也将进一步带动新型显示产业的稳定增长。

（一）应用市场

从应用市场看，随着数字经济的不断发展，在万物互联时代加速到来之际，系列显示应用领域也应运而生，汽车电子、智能穿戴、智能家居、AR/VR、虚拟拍摄影棚、户外拼接大屏、电子标签等创新产品大量进入我们的生活，新型显示产业的应用范围不断拓宽。由于显示赋能，汽车具有更多元化的应用模式，更加智能化、现代化。车载显示作为成长性高、可延展性强的应用市场，继续成为新的市场增长点。京东方、维信诺等龙头企业纷纷布局车载显示领域。京东方精电分别与江汽集团和小鹏汽车联合；维信诺与中国一汽开展深度合作，打造国际一流的智能座舱，并推出多尺寸、多形态的系列产品；海信集团与蔚来汽车在新能源汽车产业新型显示领域开展合作。显示产业与汽车、5G 通信、人工智能、物联网等新兴产业的深度融合将助推应用领域持续扩大。随着元宇宙等新兴领域的快速发展，作为元宇宙入口的 VR/AR 被广泛关注，VR/VR 所需显示器件包括硅基 OLED、AMOLED、TFT-LCD、Micro LED 等多种新型显示技术，将为显示产业发展带来新的市场增长点。

（二）区域布局

从区域布局看，我国正在成为全球新型显示产业重要的组成部分。我国新型显示产业各区聚集发展，各具特色，形成了以珠江三角洲地区、长江三角洲地区、环京地区、中西部地区等为代表的产业区域格局。2022 年，珠江三角洲地区产能最大，达到 10746 万平方米；中西部和长江三角洲地区排名第二位和第三位，产能分别为 7069 万平方米和 5145 万平方米；环京地区产能为 1052 万平方米。各地区发展特色鲜明，逐渐形成了“龙头企业—重大项目—产业链条—产业聚集—产业基地”的集群发展模式，全面带动我国新型显示产业持续发展。

二、产业结构

（一）产品创新

随着技术的不断迭代更新，显示产品也不断将创新延伸至诸多领域，显示器件性能不断优化，显示技术在提升终端产品附加值方面的作用进一步明显。在技术创新和产品创新的协同推动之下，显示技术渐进式创新发展的趋势愈加明显。在 2022 年世界显示大会重点企业展区，各大企业集中展示了创新产品。京东方展出三折形态 OLED、14 英寸裸眼 3D 显示等产品，发布了大尺寸折叠 OLED 笔记本产品。维信诺展出柔性 AMOLED 显示便携医疗箱、车载一体化显示终端解决方案等产品。同时，Mini/Micro LED 前沿技术

的创新推动，也在使产品结构不断丰富。商业显示、超高清、AR/VR 和车载四个应用领域的产品将拓宽市场空间。根据市场调查机构 Omedia 的数据，2022 年 Mini LED 背光液晶电视出货总量约 300 万台，2023 年预计将增至 600 万台。此外，利用 Mini LED 制作虚拟影棚也受到广泛关注，苹果、索尼、环球等公司都在好莱坞设置了 LED 虚拟影棚，不仅提高了电影拍摄效率，而且电影拍摄效果也有改进。

（二）产业链建设

显示面板行业整体产业链较长，上游关键配套材料包括玻璃基板、光学薄膜、液晶材料、偏光片等材料，其中玻璃基板和偏光片等材料国产化率不高，急需提高国产化率；中游主要为京东方、TCL 华星等国内外重点面板厂商；下游应用主要为电视、计算机、手机和车载显示器等。目前，我国新型显示产业链正在加强协同创新，优化全要素配置，持续提升产业链、供应链国际化水平。在下游面板企业的配合下，我国配套材料本地化率已达到 55%，显示装备也正在从非核心领域向核心领域不断扩展，部分核心装备实现了零的突破。我国显示产业的快速发展吸引了众多的跨国企业在我国投资。康宁、日东电工、默克等企业纷纷在我国投资建立生产基地，涉及的产品有玻璃基板、偏光片、OLED 材料等。国内企业不断加强上游建设，在偏光片、液晶材料、有机化学品等方面取得长足进步，杉金光电已成为全球最大的偏光片供应商。此外，从全产业链看，相比显示器件发展，我国新型显示核心材料和关键装备的发展水平仍然较低，加强核心材料、关键技术和关键装备的自主创新是未来发展的重点。

（三）技术方向

目前，TFT-LCD 和 AMOLED 是市场上最主要的两种显示技术，占据 95% 以上的市场份额，其他显示技术各具发展特色，在细分领域展现出比较优势。未来的新型显示产业将是多种技术互补的竞争格局。作为主流技术，TFT-LCD 最成熟，产业链最完整，全球市场占有率超过 70%。由于技术成熟，具有成本和产能优势，LCD 液晶面板在短期内仍然是主流，5G 通信技术的应用也将为液晶面板行业的发展提供新的动力。随着技术的持续创新，AMOLED 也已成为显示产业的主流技术，在高端智能手机领域占据绝对优势。同时，柔性显示技术在各细分领域不断实现突破，信息、车载等领域对

AMOLED的市场需求不断攀升。Micro LED显示技术近年来吸引了多方面的关注，从技术成熟度看，Micro LED显示器件的制造及量产过程存在较多问题，但优势明显，在大尺寸和小尺寸等领域拥有广阔的市场空间。展望未来，在5G通信、大数据、物联网、人工智能等新兴技术的带动下，显示技术也将发生变革，更多前沿显示技术将带来全新的市场空间。我国应加大对新型显示技术的支持力度，促使产业链国产化向上游延伸。

第二节　发展特点

一、在行业低谷中保持稳定发展

2022年，在面板生产线量产的带动下，我国显示产业产能规模继续增长，全年出货面积达到1.61亿平方米，产业规模继续保持全球第一位，全球占比约69%。2022年，我国显示面板产值达到3671亿元，同比下降19%，全球占比达到48%，与2021年持平；京东方、TCL华星、天马、维信诺、和辉光电、龙腾、彩虹7家上市公司显示面板营业收入为2903.13亿元，同比下降22.2%。从进出口规模看，我国平板显示模组进出口情况继续保持顺差，其中液晶平板显示模组出口额进一步提升，进口额进一步下降，OLED平板显示模组进口额持续提升，贸易逆差进一步扩大。2022年，我国液晶平板显示模组进口14.16亿块；进口额达到151.37亿美元，同比有所下降。我国液晶显示板出口16.46亿块，出口额达到272.12亿美元，出口额规模处于高位。OLED平板显示模组进口5.01亿块；进口额达到244.53亿美元，同比进一步提升。OLED平板显示模组出口2.38亿块，出口额达到96.91亿美元，贸易逆差进一步扩大。随着国家出台利好显示产业的多项政策，扶持新型显示材料、元器件、技术等的生产研发，我国显示产业将会加快走出低谷，持续保持良好发展势头。

二、骨干企业实力增强

2022年，我国新型显示产业骨干企业在行业低谷中努力保持良好发展态势，在全球新型显示产业中发挥了更加重要的作用。京东方在智能手机、平板（笔记本）电脑、显示器等主流领域出货量市场占有率继续蝉联全球第一位，而且在车载显示领域出货量及出货面积跃升全球第一位。2022年，京东方联合小鹏、理想等车企推出车载显示产品，为惠普、联想等企业研发高端

电竞显示产品；并与华硕和荣耀签署合作协议，为其供应手机和平板电脑的柔性屏。2022 年，天马在车载前装和车载仪表、低温多晶硅（LTPS）智能机、工业品、刚性 OLED 智能穿戴等显示领域市场出货量均居全球第一位，并在医疗、智能家居、工业手持、人机交互等多个细分市场持续保持全球领先地位。自 TCL 华星接手三星 LCD 业务后，其 LCD 面板龙头地位得以巩固。2022 年，TCL 华星电视面板出货量超过 3000 万块，稳居国内前二位。

三、技术创新能力不断加强

我国新型显示技术的持续创新促进了新型显示产业的快速发展。在 TFT-LCD 领域，高亮度、轻薄设计、低功耗等将成为液晶屏的发展趋势。8K、超高清已成为显示产业重要的发展趋势，有助于进一步拓展 AR/VR、视频会议、医疗影像等更多市场应用领域。在 AMOLED 领域，将触控、指纹识别、摄像头等功能集成到柔性显示面板中，可以提高柔性显示功能。维信诺在柔性显示技术开发进展、屏下摄像功能集成等方向持续发力，2022 年推出业界首款“柔性 AMOLED 口袋卷曲投幕”，向多家手机厂商供货。在 Micro LED 领域，巨量转移等技术尚需进一步攻关，提高良品率才是后期市场化的关键。目前，国内显示龙头企业均已加大研发攻关力度，多家初创企业获得社会资本关注。随着技术的成熟，我国企业在 Micro LED 关键核心技术上的积累将不断加强，有效促进新型显示产业高质量发展。

四、新兴应用层出不穷

随着数字经济与新型显示相互融合，相互赋能，以及显示技术的不断创新升级，显示产品功能逐渐丰富。显示产品正在从手机、计算机等日常消费领域向工业控制、安全防护等生产领域及教育、医疗、车载、VR 等领域持续拓展。Mini LED 和 OLED 车载屏也在加速渗透汽车市场，我国模组厂商积极布局车载屏，市场占有率迅速提升。VR 设备是元宇宙的接入口，能够构建新的互联网应用生态，带来 3D 空间感知交互方式，千亿元级市场的 VR 产业有望成为新型显示应用的重要增长空间。2023 年，VR 产业市场规模预计突破 1000 亿元。此外，超高清视频技术逐渐成熟，与 5G 通信技术叠加推动我国超高清视频应用的发展。2022 年，北京冬奥会等大型活动的顺利举办有力推动了 4K/8K 显示产品的加速渗透，伴随智慧城市的深入建设，未来将衍生出更多的新型显示应用空间。

第二十一章

新型显示产业各环节发展状况

第一节　我国新型显示产业面板制造环节

截至 2022 年，我国大陆地区已宣布投建的 6 代及以上面板生产线达到 40 条，其中已建和在建的 OLED 生产线超过 20 条。在建生产线为天马厦门 8.6 代 TFT-LCD 生产线，拟建生产线分别为福州京东方二期 6 代柔性 AMOLED 生产线、TCL 华星广州 8.5 代印刷 OLED 生产线。生产线总投资近 1.5 万亿元，年产能超 2.2 亿平方米。表 21-1 总结了截至 2022 年我国大陆地区已建成 6 代及以上面板生产线情况。

随着韩国三星、LG 等企业逐渐退出 LCD 市场，我国在 LCD 领域将掌握绝对话语权。此外，我国在 AMOLED、Micro LED 等下一代新兴显示技术领域也在加速发展，旨在占据竞争优势。随着我国 AMOLED 产能的不断释放，AMOLED 手机面板全球市场占有率有望超出 30%。我国大陆地区总投资超过 5000 亿元，其中有可生产柔性面板的 6 代生产线 6 条。

表 21-1　截至 2022 年我国大陆地区已建成 6 代及以上面板生产线情况

廖吃	织缚	佝萛	垌焕	鞴神拜枋	拱趑餰/伛亘	猷恝
1	6	伈皒昕	吟朓	LCD	175	鈫仔
2	6	伈皒昕	扬酙	栰悃 AMOLED	465	鈫仔
3	6	伈皒昕	网随	栰悃 AMOLED	465	鈫仔
4	6	伈皒昕	鈩廢	栰悃 AMOLED	465	鈫仔
5	6	伈皒昕	秫帺	栰悃 AMOLED	465	挻彖
6	8.5	伈皒昕	即伈	LCD	280	鈫仔

续表

廖吃	织缗	侚堙	垌焕	鞯抻拜枋	拱趆飾/伛亘	猷恕
7	8.5	仫嶋昕	呤朓	LCD	285	鈫伃
8	8.5	仫嶋昕	鈩廢	LCD	328	鈫伃
9	8.5	仫嶋昕	秌湡	LCD	300	鈫伃
10	10.5	仫嶋昕	呤朓	LCD	458	鈫伃
11	10.5	仫嶋昕	毂沥	LCD	460	鈫伃
12	6	仫嶋昕（CEC）	厳仫	LCD	138	鈫伃
13	8.5	仫嶋昕（CEC）	厳仫	LCD	291.5	鈫伃
14	8.6	仫嶋昕（CEC）	扬酙	LCD	280	鈫伃
15	6	TCL 厘晻	毂沥	LCD	160	鈫伃
16	6	TCL 厘晻	毂沥	OLED	350	鈫伃
17	8.5	TCL 厘晻	湍埠	LCD	245	鈫伃
18	8.5	TCL 厘晻	湍埠	LCD	244	鈫伃
19	8.5	TCL 厘晻	廛帺	栰悃 OLED	478	挺象
20	8.6	TCL 厘晻	廛帺	LCD	350	鈫伃
21	11	TCL 厘晻	湍埠	LCD	465	鈫伃
22	11	TCL 厘晻	湍埠	LCD	426.8	鈫伃
23	8.6	慎�武	鈩廢	LCD	120	鈫伃
24	8.6	慎稭	溜帺	LCD	240	鈫伃
25	8.6	慎稭	网随	LCD	240	鈫伃
26	8.6	慎稭	闍泵	LCD	320	鈫伃
27	6	奸髈	毂沥	OLED	265	鈫伃
28	6	奸髈	盲附	LCD	120	鈫伃
29	6	奸髈	盲附	栰悃 AMOLED	480	牻迮
30	8.6	奸髈	盲附	LCD	330	垄象
31	6	罐倍豖	垩寥	OLED	300	鈫伃
32	6	罐倍豖	呤朓	OLED	440	鈫伃
33	8.6	CEC 必蛸	唔随	LCD	280	鈫伃
34	6	哨迥冥疑	书涝	OLED	273	鈫伃
35	6	厘俏必	萢赱	LCD	120	牻迮
36	8.5	LGD	廛帺	LCD	280	鈫伃
37	8.5	LGD	廛帺	OLED	305	鈫伃

续表

廖吃	织缛	侚曳	垌焕	鞲神拜枋	拱趑鉚/伛亘	猷恝
38	8.5	乏晻	茫帺	LCD	210	鈫仔
39	6	吧通	晢崥	LCD	120	鈫仔
40	11	龙奇弓	廛帺	LCD	610	犏逛

数据来源：赛迪智库集成电路研究所整理，2023 年 5 月

第二节　我国新型显示产业上游材料及装备环节

一、总体概述

我国虽已迈入显示大国之列，但大而不强。纵观全产业链，我国依然与显示强国有所差距，新型显示核心材料和关键装备国产化率相对较低，而且存在企业发展不均衡、打价格战等问题。同时，我国仍然需要加强核心材料、关键技术和关键装备的创新水平，强链补链，以提高全产业链的抗风险能力。在材料领域，核心专利主要由日本、韩国、欧洲、美国掌握。当前，我国已培育了一批先进材料企业，加大研发力度，突破技术工艺瓶颈，有效提升了液晶材料、偏光片等相关材料的国产化率。在设备领域，模组检测设备国产化率也在不断提升，激光、检测设备细分领域已培育出精测电子和大族激光等企业。从产业链生态角度看，我国仍然需要打造新型显示创新平台，解决核心材料与工艺问题，持续推动产业协同融合发展。

二、核心材料

（一）液晶材料

液晶材料是 LCD 显示面板关键材料之一，应用覆盖全尺寸产品。其在面板成本中占据不到 5%的比例，但对面板性能具有决定性的影响。目前，我国的材料领先企业江苏和成、诚志永华和八亿时空，拥有自主知识产权，不断提高研发实力，致力于产业化发展。但是，在高端液晶材料方面，我国企业与德国默克，以及日本 DIC、ADK 等优势企业仍然有一定的差距。

（二）驱动集成电路

LCD 显示类主要企业为集创北方、格科微。2022 年，集创北方对京东

方、TCL 华星、惠科等面板厂商的供应份额持续增长，市场份额占比为 6.3%。OLED 驱动集成电路以韩国企业为主，中国大陆企业占比较低，不足 1%。AMOLED 驱动芯片企业主要为中国台湾的联咏，中国大陆企业以瑞鼎科技为主，其国内市场份额不足 10%。

（三）靶材

得益于国内 LCD 国产替代进程加速及 OLED 渗透率提升，我国靶材市场规模呈上升趋势，平面显示用靶材市场规模超过 150 亿元。在政策加持下，国内重点企业江丰电子、阿石创、隆华科技等发展势头良好，但市场份额仍然不足 3%，而且在高端靶材方面仍然有待突破。

（四）掩膜版

掩膜版是光刻过程中的重要部件，属于精密度较高的定制化产品，具有较高的设备门槛和技术门槛。我国生产配套 TFT 用掩膜版的企业仅深圳路维光电和清溢光电两家，主要生产 8.5 代以下掩膜版。AMOLED 等高端掩膜版市场仍然由国外厂商主导，技术封锁严重，我国企业产业化之路道阻且长，有待突破。

三、关键装备

目前，国内重点显示企业对于提高装备国产化水平日益重视，部分国内企业（如精测电子和大族激光等）装备开始出现突破，整体市场占比有所提升。但是，装备国产化配套率仍然不足 15%。Array 和 Cell 段制程设备由美国、日本、韩国企业垄断。而且，OLED 在 Cell 段的蒸镀设备，TFT-LCD 在 Cell 段的喷墨印刷设备、封装设备等，基本全部依赖进口。国内应加大在上游设备方面的投入，推动产学研协同创新，尽快满足产业所需。

第三节　新型显示产业重点企业发展状况

一、京东方科技集团股份有限公司

京东方科技集团股份有限公司简称“京东方”，成立于 1993 年，是一家为信息交互和人类健康提供智慧端口产品和专业服务的物联网企业。2022 年，京东方实现营业收入 1784.14 亿元，同比下降 19.28%，其中显示器件营业收入为 1579.49 亿元，占总营业收入的 88.53%，同比下降 22.55%，净利润为 74.51 亿元，同比下降 70.91%。受地缘政治风险频发、全球通货膨胀、新冠疫情冲击等多方面影响，全球经济增长乏力，消费持续疲软，消费电子终端品牌客户受影响尤为突出。京东方目前拥有显示面板生产线 16 条，其中 TFT-LCD 面板生产线 13 条、柔性 AMOLED 面板生产线 3 条，全球产能占比达 24%。

二、维信诺科技股份有限公司

维信诺科技股份有限公司简称“维信诺”，成立于 2001 年，是新型显示整体解决方案创新型供应商，主要产品为中小尺寸 AMOLED 显示器件。2022 年，维信诺实现营业收入 74.77 亿元，同比增长 20.31%，其中 OLED 产品实现营业收入 67.93 亿元，同比增长 12.1%。维信诺围绕“一强两新”的中长期发展战略和年度经营目标，调配各项资源，确保产品交付，实现了营业收入持续增长，头部客户份额加速提升。维信诺目前拥有 AMOLED 面板生产线 3 条。此外，维信诺打造的国内首条 Micro LED 生产线将在成都实现量产。

三、TCL 华星光电技术有限公司

TCL 华星光电技术有限公司简称“TCL 华星”，成立于 2009 年，是一家专注于半导体显示领域的创新型科技企业。2022 年，TCL 华星实现营业收入 1665.5 亿元，同比增长 1.8%，归属上市公司股东的净利润为 2.6 亿元。受全球经济下行影响，终端需求下降，半导体显示行业景气度下行，产品价格大幅下降，TCL 华星半导体显示业务营业收入为 657.2 亿元，同比下降 25.5%，全年亏损。TCL 华星目前已建成显示面板生产线 7 条，其中 TFT-LCD 面板生产线 6 条，柔性 AMOLED 面板生产线 1 条，另有 2 条生产线在建。

四、天马微电子股份有限公司

天马微电子股份有限公司简称“天马”，成立于 1983 年，主营业务包括智能手机屏幕等专业显示器件。2022 年，天马实现营业收入 314.47 亿元，同比下降 6.87%，归属上市公司股东的净利润为 1.13 亿元，同比扭亏为盈。天马持续深耕中小尺寸显示领域，在 LTPS 智能机、工业品、刚性 OLED 智能穿戴等显示市场的出货量均位于前列，继续保持 LTPS LCD 智能手机面板出货量全球第一、TFT-LCD 车载显示面板出货量全球第一、车载仪表显示出

货量全球第一的地位。天马已建成显示面板生产线 8 条，在建生产线 1 条。

五、昆山龙腾光电股份有限公司

昆山龙腾光电股份有限公司简称“龙腾”，成立于 2005 年，是全球中小尺寸显示面板主要供应商，主要从事 TFT-LCD 的研发、生产与销售。受外部宏观环境动荡、通货膨胀高企、显示行业景气度持续下行影响，龙腾 2022 年营业收入为 42 亿元，同比下降 26.62%；净利润为 2.5 亿元，同比下降 72.37%。龙腾在高端商务防窥笔记本电脑面板的市场占有率保持全球第一的地位，拥有 5 代 TFT-LCD 生产线 1 条。

六、和辉光电股份有限公司

和辉光电股份有限公司简称“和辉光电”，成立于 2012 年，专注于研发、生产和销售高解析度的中小尺寸 AMOLED 显示面板。2022 年，和辉光电累计营业收入为 41.91 亿元，同比增长 4.24%；亏损 16.02 亿元，同比扩大 69.47%。亏损原因主要是供应链供给冲击、消费电子市场需求疲软等不利因素影响，终端需求受到抑制；客户订单增长未达预期，导致产能利用率较低；面板销售价格下降、原材料涨价。和辉光电现拥有 AMOLED 生产线 2 条，将在中大尺寸领域持续耕耘，努力拓宽市场。

第二十二章

新型显示产业政策分析

一、宏观政策主导显示产业发展

党和国家高度重视新型显示产业发展，出台了多项产业发展政策，支持产业发展，形成了良好的产业发展环境。

（一）细分基础领域

2017 年 4 月，《“十三五”先进制造技术领域科技创新专项规划》提出在新型显示等领域开展关键装备与工艺研究，推动新技术研发和关键装备研发的协同发展，构建高端电子制造装备自主创新体系。2019 年 9 月，《工业和信息化部关于促进制造业产品和服务质量提升的实施意见》提出推动信息技术产业迈向中高端，支持制造业创新中心建设，加强关键共性技术攻关，积极推进创新成果的商品化、产业化，扩大和升级信息消费。2020 年 3 月，《国家发展改革委办公厅 工业和信息化部办公厅关于组织实施 2020 年新型基础设施建设工程（宽带网络和 5G 领域）的通知》提出“5G+智慧教育”应用示范。基于 5G、VR/AR、4K/8K 超高清等技术，开展“5G+高清远程互动教学”等业务。

（二）应用领域

2021 年 3 月，《中华人民共和国国民经济和社会发展第十四个五年规划和 2035 年远景目标纲要》提出培育壮大人工智能等新兴数字产业，推进电视频道高清化改造，推进沉浸式视频等应用发展。2022 年 10 月，《虚拟现实与行业应用融合发展行动计划（2022—2026 年）》指出重点推动微显示技术

升级，发展高性能器件，开展前瞻领域研发，加快近眼显示高质量发展，重点推动 Fast-LCD、硅基 OLED、Micro LED 等微显示技术升级。随着政策的出台，VR 产品需求将持续释放，带动相关产业链迅速发展，作为 VR 产品核心器件的微显示产品也将迎来高速增长。

（三）财税领域

2021 年 3 月，财政部、海关总署和税务总局三部门联合发布《关于 2021—2030 年支持新型显示产业发展进口税收政策的通知》，自 2021 年 1 月 1 日至 2030 年 12 月 31 日，对新型显示器件生产企业进口国内不能生产或性能不能满足需求的自用生产性原材料、消耗品和净化室配套系统、生产设备（包括进口设备和国产设备）零配件，对新型显示产业的关键原材料、零配件等生产企业进口国内不能生产或性能不能满足需求的自用生产性原材料、消耗品，免征进口关税。此外，薄膜晶体管液晶显示器件生产企业进口物资税收政策和新型平板显示器件重大项目进口设备增值税分期纳税有关政策也对新型显示面板生产线建设提供了普惠的财税支持，为国内新型显示产业的快速发展提供了强有力的政策支持。

二、地方政策助推显示产业发展

在政府部门的号召之下，各地方紧抓腾飞机遇，通过招商引资、资金扶持、人才引进等政策，力争打造具有竞争力的新型显示产业集群。

安徽省发布“十四五”规划，提出新型显示是数字经济重要的战略性和基础性产业，将按照“龙头企业、产业集群”等发展思路，放眼全球显示产业及技术发展动向，布局新技术，促进优质企业资源聚集。《合肥市“十四五”新一代信息技术发展规划》指出，按照“龙头企业—大项目—产业链—产业集群—产业基地”的发展思路，放眼全球显示产业及技术发展动向，着眼新技术、新产品，进一步完善产业链条，积极争创国家级新型显示先进制造业集群，巩固和发展“全球显示之都”的地位。

《成都市关于进一步促进新型显示产业高质量发展的若干政策》的核心内容包括补链强链延链、强化创新驱动、优化产业环境三个部分，进一步延伸产业链、融通供应链、提升价值链。该政策是全国唯一一个专门以“新型显示”命名的扶持政策。

《深圳市人民政府关于发展壮大战略性新兴产业集群和培育发展未来产

业的意见》的核心内容是推动新型显示器件、面板生产、终端制造和应用等领域协同发展，着力突破 4K/8K 视频采集器件与设备、显示面板工艺与技术、核心基础材料等关键共性技术，主导或参与国际标准制定，努力建设全球领先的超高清视频显示产业。

《广州市战略性新兴产业发展“十四五”规划》的核心内容是打造超高清视频显示产业链，以新一代显示技术研发与产业化为重点，推动主动矩阵有机发光二极体、柔性显示、3D 显示、激光显示、LTPS、曲面显示、透明显示、全息显示等新型显示技术研发。

《武汉市促进新型显示产业创新发展实施方案（2022—2025 年）》对产业链上下游协同发展水平、供应链自主可控能力、显示产业产值和企业数量进行了要求，同时提出积极开展技术创新和前瞻布局，加快龙头企业培育、显示终端融合应用，进一步加大对显示产业的政策支持。

第二十三章

新型显示产业发展形势展望

一、我国显示产业占比持续提升

2022 年，受复杂多变的国际局势、消费电子市场疲软、终端市场需求不振、显示行业周期下行等多重影响，显示面板价格一路下跌，全球显示产业产值遭遇严重跌幅，同比下跌 27%。但是，我国新型显示产业仍然表现出强劲韧性。2023 年，随着面板价格回暖，全球显示面板将呈现弱增长、再平衡的局面。在数字经济、远程办公、车载显示、公共显示等新兴市场的带动下，TFT-LCD 出货面积有望恢复增长，预计全球全年出货面积有望达 2.4 亿平方米，增幅继续保持在 3%左右。随着三星、LG 等企业退出 TFT-LCD 领域，我国企业凭借产能规模、量产突破和持续创新，在新型显示产业进一步掌握主导权。

二、显示技术迭代速度不断加快

2022 年，我国显示企业在 Micro LED、印刷显示、激光显示等新型显示技术领域加大投入，在技术创新和产品创新的协同推动之下，超高刷新率、裸眼 3D、屏下摄像头、无偏光片 OLED 及印刷显示等多种显示技术不断迭代升级，持续拓展行业边界。Micro LED 吸引了 LED 芯片、面板及整机上下游企业进入，成为投资新热点，相关家用市场的产品项目已经落地。电子纸凭借护眼、柔性、低碳等优势在电子书、数字价签、桌牌等领域得到拓展。2023 年，在终端需求和经济复苏的双重驱动下，主流技术将不断迭代演进，渐进式创新将成为提升消费者体验的重要手段。在性能方面，液晶显示中的 Mini LED 背光成本将进一步降低，AMOLED 折叠屏成为高端智能终端的标配，VR与人工智能、超高清视频等技术的融合创新，带动近眼显示、感知交互成为下一个热点，硅基OLED也将有力支撑元宇宙的发展。2023年，全球AR/VR硅基OLED显示面板市场规模预计将达到8.6亿美元，其中我国市场占有率将超过50%。

三、双链配套体系建设日趋完善

2022年，我国新型显示产业的配套体系建设速度进一步加快，产业链上下游紧密合作，协同机制不断健全，产业链、供应链体系实现优化升级。在上下游面板企业的配合下，我国配套材料生产能力不断增长，本地化配套率已达到55%，全球市场占有率接近30%，显示装备实现了湿法刻蚀、喷墨打印等核心设备产品的突破。2023年，我国新型显示产业供应链体系将进一步完善，京东方、TCL华星、天马等企业的新建生产线将继续为我国显示产业材料和设备的发展提供动能。国内面板企业在日趋激烈的市场竞争中逐渐认识到上游产业的重要性，尤其高端显示专用材料，对于提升制造良品率和产品性能具有关键作用，将成为下一阶段面板企业与上游材料企业共同合作的重点。此外，在金属掩膜板、光刻胶、偏光片、有机发光材料及其上游领域的投资和并购将进一步增加，相关产品的国产化率有望进一步得到提升。

四、产业聚集发展态势愈加明显

2022年，我国新型显示产业集群化国际竞争力进一步提升，目前已形成环京地区、中西部地区、珠江三角洲地区、长江三角洲地区等产业集群。其中环京地区拥有丰富的人力资源，产学研合作十分紧密；中西部地区以柔性显示面板为主，研发实力全球领先；珠江三角洲地区形成面板和终端产品协作共赢的良好发展态势；长江三角洲地区凭借在显示专有材料、设备和零组件领域的优势，培育出多个隐形冠军和“小巨人”企业。2023年，随着现代化产业体系建设的不断加快，打造产业集群成为各地推动新型显示产业高质量发展的重要手段，各地方招商引资重点将从引进面板生产线向引进上游设备、专用材料转变，同时各类创新中心和服务平台也将成为下一步的关注重点。

光电子篇

第二十四章

光电子产业发展概况

光电子产业是融合光子学、电子学与现代信息技术的高技术产业和战略性新兴产业，涵盖半导体照明、光电显示、光伏发电、现代光学（激光、光通信、光互联、精密光学等）、光电元器件、光电传感器等重要领域。近年来，光电子产业在材料、器件、工艺等方面加速迭代创新，并随着信息化、自动化、智能化水平提升在智慧家居、智慧城市、医疗健康、新能源等社会经济重点建设领域获得更加广泛的应用，呈现出持续高速增长的市场前景和发展潜力，有望成为驱动社会经济发展的新引擎。此外，伴随光计算、光存储、光通信等先进光电技术逐步迈入产业化阶段，光电子产业在机理、方法上不断取得的科技突破有望引领从消费电子时代到消费光子时代的新兴产业转型，科学、前瞻布局光电子产业化发展对抢占未来数字经济市场、高质量打造未来高技术产业和战略性新兴产业发展高地均具有重要的意义。

从细分产业领域看，光电子产业主要包括发光二极管（LED）产业（包括 LED 照明和 LED 显示）、光通信产业、光电传感器产业、激光产业、光伏产业、光电元器件产业、精密光学产业等。鉴于本书中关于光伏产业、新型显示产业和电子元器件产业的内容已涉及光电子产业的一些细分领域，光电子篇主要就 LED 产业、激光产业发展状况进行介绍。

第一节　LED 产业发展概况

从应用领域看，LED 照明产业应用可分为 LED 通用照明（主要包括道路照明、家居照明、商业照明、工业照明、农业照明，以及政府公共照明等）和 LED 特殊照明（主要包括景观照明、医疗照明、汽车照明、信号及指示照明等）；LED 显示应用可分为传统 LED 显示和小间距 LED 显示，应用场

景主要包括安防监控显示、企业教育显示、公共交通显示、零售展览显示、影院娱乐显示等。

一、全球产业发展现状

（一）LED 照明

在 LED 照明方面，TrendForce 的数据显示，受全球经济疲软和国际市场饱和影响，2022 年全球 LED 照明市场规模下降至 614 亿美元，同比降低 4.9%。其中，LED 智慧照明受节能市场、户外和工业照明市场需求刺激，市场规模为 69 亿美元，同比增长 12.9%；LED 植物照明由于发展不及预期，市场规模大幅下降至 13 亿美元，同比降低 20%。2022 年，由于俄乌冲突导致能源成本高涨，全球对 LED 节能需求日益高涨，用 LED 替换传统照明产品的速度加快，大部分厂商 LED 照明产品的渗透率已提升至 85%以上。

2021—2026 年全球 LED 照明市场规模及增长率如图 24-1 所示。

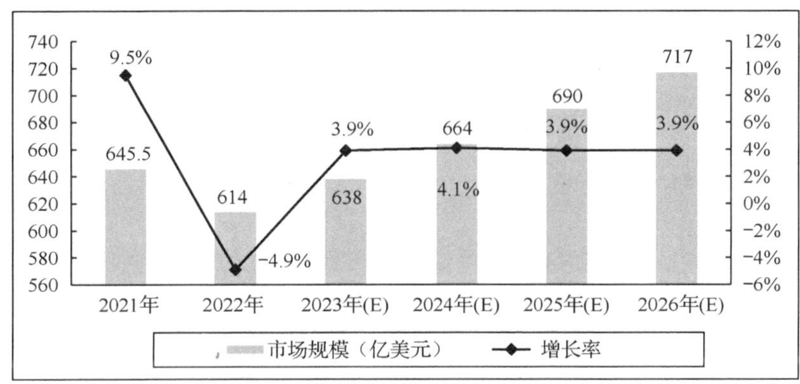

图 24-1 2021—2026 年全球 LED 照明市场规模及增长率

数据来源：TrendForce，赛迪智库集成电路研究所整理，2023 年 5 月

（二）LED 显示

在 LED 显示产业方面，受海外 LED 虚拟拍摄、一体机等 LED 显示市场需求恢复影响，2022 年全球 LED 显示市场规模增长至 70 亿美元，同比增长 10.2%。其中，LED 显示芯片受价格跌幅较大和市场竞争激烈影响，市场规模跌至 5.7 亿美元，同比下降 17%；LED 显示封装受价格下跌及订单减少影响，市场规模降低至 14.5 亿美元，同比下降 16%。

2021—2025 年全球 LED 显示市场规模及增长率如图 24-2 所示。

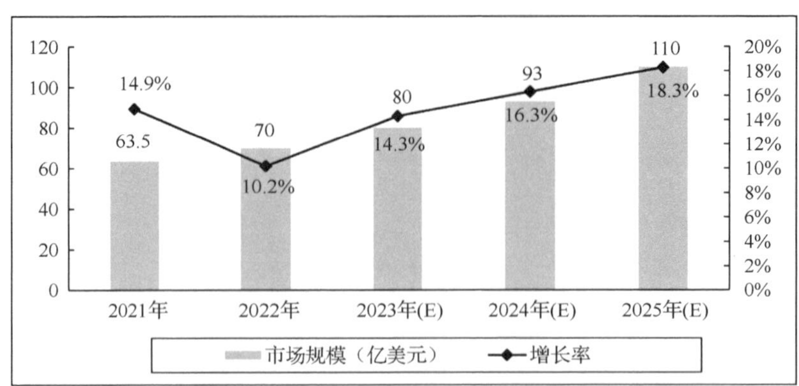

图 24-2　2021—2025 年全球 LED 显示市场规模及增长率

数据来源：TrendForce，赛迪智库集成电路研究所整理，2023 年 5 月

二、国内产业发展现状

2022 年，受全球经济疲软和国际市场饱和影响，我国 LED 照明产业增速明显回落，引发 LED 芯片和衬底制造、封装产业出现萎缩。国家半导体照明工程研发及产业联盟（CSA）的数据显示，2022 年我国 LED 行业产值达到 6750 亿元，同比下降 13.2%。其中，上游外延芯片规模为 281 亿元，中游封装规模为 778 亿元，下游应用规模为 5691 亿元。

2016—2022 年我国 LED 市场规模及增长率如图 24-3 所示。

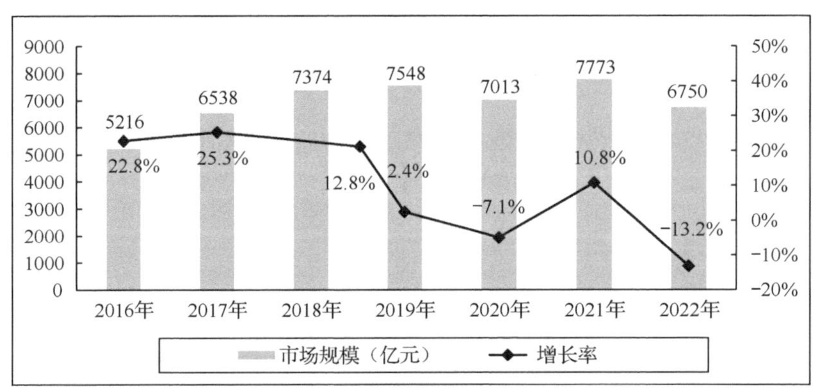

图 24-3　2016—2022 年我国 LED 市场规模及增长率

数据来源：CSA，赛迪智库集成电路研究所整理，2023 年 5 月

根据中国照明电器协会的数据，2022 年 LED 产品出口面临外需市场下滑、贸易条件恶化、新冠疫情冲击供给和外部竞争加剧等多重压力。2022 年，我国 LED 照明产品出口额为 461 亿美元，同比下降 2.8%。其中，各项传统光源产品普遍下降幅度较大，灯具产品和配件产品则相对稳定，圣诞灯、舞台灯、车灯、离网照明等产品是为数不多的增长亮点。

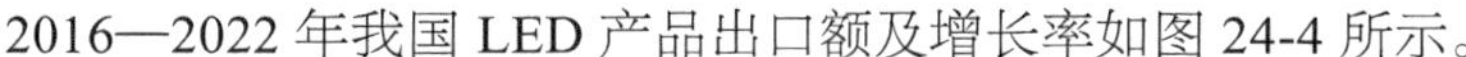
2016—2022 年我国 LED 产品出口额及增长率如图 24-4 所示。

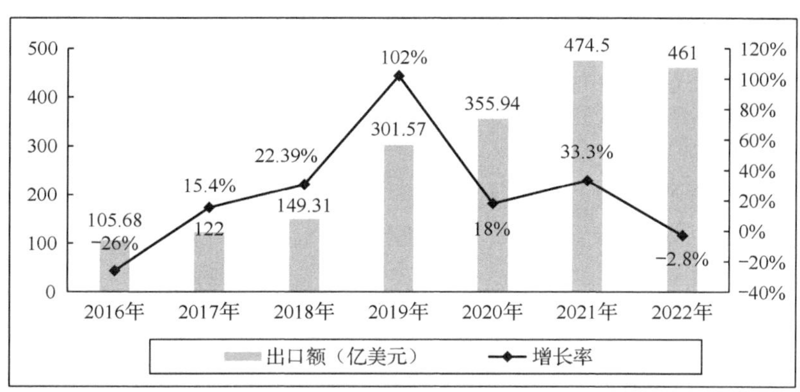

图 24-4　2016—2022 年我国 LED 产品出口额及增长率

数据来源：中国照明电器协会，赛迪智库集成电路研究所整理，2023 年 5 月

在 LED 照明领域，2023 年第一季度我国照明行业出口整体下滑，导致 LED 照明产品出口显著下降。据中国海关统计，2023 年 1—2 月我国照明产品出口总额约 81 亿美元，同比下降超过 10%。2023 年 1—2 月，我国电光源产品出口约 22 亿只，同比下降近 50%；LED 光源产品出口约 8 亿只，同比下降约 30%；其中 LED 灯泡出口约 7 亿只，同比下降 32%。灯具相关产品出口额约 61 亿美元，同比下降约 17%；仅使用 LED 光源的固定式灯具出口额约 9 亿美元，同比下降约 25%。

在 LED 显示领域，2023 年第一季度我国 LED 显示产品出口和 2022 年同期相比基本持平。2023 年 1—2 月，国内 LED 显示屏出口额为 2.14 亿美元，较 2022 年 1—2 月的 2.21 亿美元微降 3.17%。其中，2023 年 1 月国内 LED 显示屏出口额为 1.32 亿美元，同比下降 8.97%；2023 年 2 月国内 LED 显示屏出口额同比增长 7.89%，达到了 0.82 亿美元。

根据《2022 年中国半导体照明产业发展蓝皮书》，2022 年我国蓝光 LED、硅基黄光、硅基绿光 LED 器件发光效率保持国际领先，硅基无荧光粉多基色纯 LED 照明技术实现在教室照明的产业化应用。Micro/Mini LED 微显示领域采用蓝色 Mini LED 结合量子点色转换阵列的全彩化方案取得进展，巨量转移技术效率和良品率大幅提升，IMD、倒装 COB、COG 和 MIP 多条封装技术路线并行融合，大大加快了 Micro/Mini LED 的产业化进程。大功率深紫外 LED 器件技术水平有较大提升，辐射通量在 22.9 mW、53.7 mW 的器件效率分别达到了 10.1%和 8.8%。

第二节　半导体激光产业发展概况

激光器是根据受激辐射原理使光在某些受激发的物质中放大或振荡发射激光的器件，主要由光学系统（泵浦源、增益介质和谐振腔）、电源系统、控制系统和机械机构四大部分组成。根据增益介质的不同，激光器可以分为气体激光器、液体激光器、固态激光器（含固体、半导体、光纤、混合）等。半导体激光器属于固态激光器的一种，是以半导体材料作为激光介质，以电流注入二极管有源区为泵浦方式的激光二极管（以电子受激辐射产生光）。在各类激光器中，半导体激光器拥有最佳的能量转化效率，直接应用的高功率半导体激光器件的电光转换效率最高可达到 70%，可以作为光纤激光器、固体激光器等多种光泵浦激光器的核心泵浦源使用，并推动光纤激光及固体激光技术的快速发展。

一、全球产业发展现状

全球半导体激光器市场发展时间长，应用领域广泛。近年来，伴随下游市场发展、科技技术进步，半导体激光器市场发展态势较好，在科学研究及军事类应用市场规模的增长潜力较大。近年来，全球半导体激光器市场规模稳步提升。根据 *Laser Focus World* 杂志的数据，2021 年全球半导体激光器市场规模达到 79.5 亿美元，同比增长 18.3%；2022 年市场规模约 87 亿美元，占全球激光器销售额的 47.3%。

2017—2022 年全球半导体激光器市场规模及增长率如图 24-5 所示。

着眼高功率领域，根据市场研究机构 Strategies Unlimited 的数据，2021 年全球高功率半导体激光器市场规模为 19.8 亿美元，约占整个半导体激光器市场规模的 25%，其中约 47.5%的高功率半导体激光器被直接应用，约 27.4%的高功率半导体激光器用于光纤激光器泵浦源，约 25.2%的高功率半导体激光器用作固体激光器泵浦源。

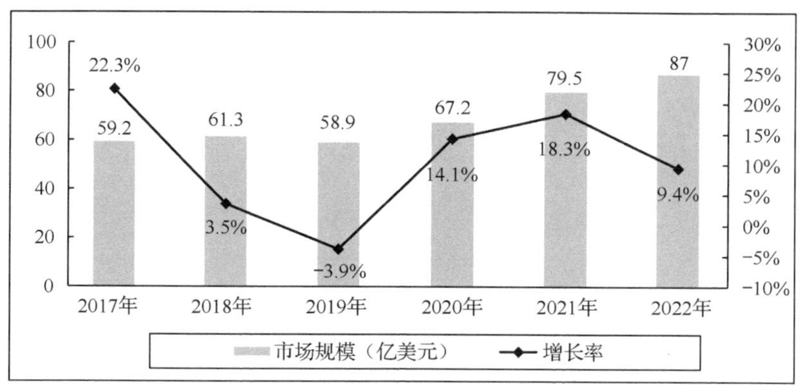

图 24-5　2017—2022 年全球半导体激光器市场规模及增长率

数据来源：*Laser Focus World*，华经产业研究院整理，2023 年 5 月

全球激光器市场包括六大主要细分市场，分别为材料加工与光刻、通信与光存储、科研与军事、医疗与美容、仪器仪表与传感器，以及娱乐、显示与打印。2020 年全球激光器应用市场结构如图 24-6 所示。

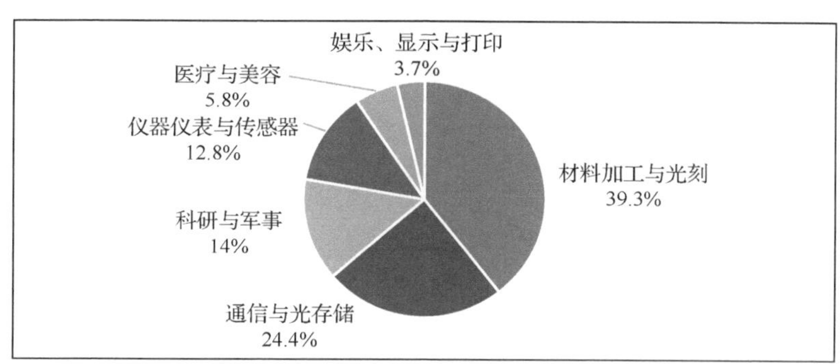

图 24-6　2020 年全球激光器应用市场结构

数据来源：*Laser Focus World*，前瞻产业研究院整理，2023 年 5 月

二、国内产业发展现状

我国激光器行业发展迅速，竞争优势明显，在全球激光器市场中所占的比重也持续提升。根据 *Laser Focus World* 杂志的数据，2021 年我国激光器市场规模同比增长 18.2%，至 129 亿美元；2022 年我国激光器市场规模约 147.4 亿美元。在我国各类激光器市场占比中，光纤激光器占比超过 50%；由于国内半导体激光器市场起步较晚，半导体激光器占比仅为 17%。

在半导体、显示器制造和玻璃加工需求的推动下，国内超快激光市场正在快速增长，新型超快激光器产品已经处于逐渐渗透阶段。2021 年，国内超快激光器市场规模达到 32 亿元，其中国产超快激光器占总销量的 55%，仅占总收入的 30%。国产超快激光器的功率较低，大多为 10～50 W，而进口激光器的功率较高。

2018—2022 年我国激光器市场规模及增长率如图 24-7 所示。

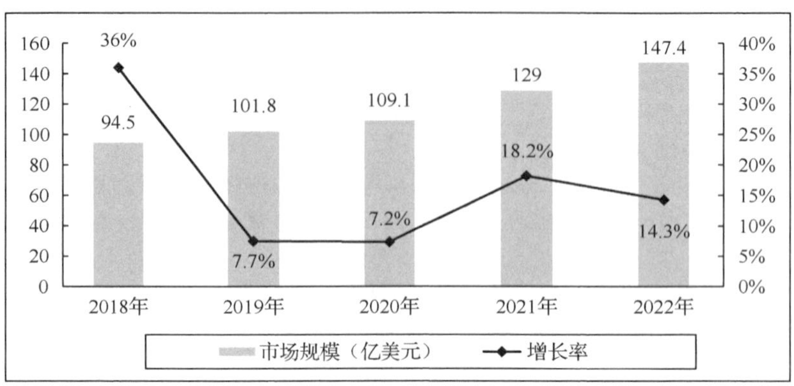

图 24-7 2018—2022 年我国激光器市场规模及增长率

数据来源：*Laser Focus World*，赛迪智库集成电路研究所整理，2023 年 5 月

第二十五章 光电子产业各环节发展状况

第一节　LED 产业各环节发展状况

一、各环节发展状况

从产业链看，LED 产业主要包括外延和衬底材料、芯片制造、器件封装、应用产品、制造设备 5 个细分环节。其中，外延和衬底材料、制造设备属于 LED 上游产业，芯片制造、器件封装属于 LED 中游产业，应用产品属于 LED 下游产业。

从 LED 上市企业经营情况看，受全球原材料价格持续上涨、通货膨胀导致终端消费疲软影响，2022 年我国 LED 芯片衬底制造、封装均出现小幅下滑。

在 LED 芯片和衬底环节，国内 8 家上市企业 2022 年营业收入为 154.2 亿元，同比下降 3%。由于 LED 芯片价格持续走低和 LED 供应链因新冠疫情部分中断，国内部分 LED 企业制造产能利用率出现下降，士兰微等龙头企业 LED 芯片生产线出现经营性亏损。

在 LED 封装环节，国内 9 家上市企业 2022 年营业收入为 336.8 亿元，同比下降 12.9%。2022 年，LED 封装材料因新冠疫情不断涨价，配套材料价格因汇率出现大幅波动，持续挤压了中小封装企业的利润空间，并使订单进一步向头部企业集中。

制造和封装产能持续过剩加剧传统 LED 照明行业的垂直整合。据不完全统计，2022 年有超过 60 家 LED 照明企业进入破产清算阶段，新世纪、联力股份、欧怡迪、汇大光电等上市企业也在破产清算之列。

近年来，尽管车用 LED 等应用市场发展减缓，LED 显示产业仍然保持高速发展趋势，成为引领 LED 材料和设备发展的新引擎。根据海关统计数据，2022 年 1—10 月，LED 显示屏出口额达到 13.1 亿美元，同比增长 39.3%。2022 年，以 LED 显示业务为主的 9 家上市企业营业收入从 2021 年的 38.5 亿元增长至 78.3 亿元，同比涨幅高达 103.4%；LED 显示的应用市场占比也从 6.1%提升至 9.9%，替代 LCD 等传统显示器件。受 Mini/Micro LED 显示产业发展的促进，市场对小间距 LED 设备和材料的需求稳健增长，高精度 LED 制造设备和高纯 LED 材料市场发展强劲。2022 年，国内 7 家 LED 材料上市企业营业收入达到 181.9 亿元，同比增长 18.3%；6 家 LED 设备上市企业营业收入达到 154 亿元，同比增长 47.7%。南大光电、晶盛机电、北方华创的业务与小间距 LED 显示密切相关，出现了较高增长。随着 LED 行业微缩化进一步发展，2023 年 LED 显示行业应用预计仍然保持快速发展态势，带动先进 LED 制造和封装产能持续向小间距 LED 转移。

2021—2022 年我国上市企业 LED 业务情况如表 25-1 所示。

表 25-1　2021—2022 年我国上市企业 LED 业务情况

瑜　　苞	2021 廐涟叓鉚/佽亶	2022 廐涟叓鉚/佽亶	壶闔[illegible]/%
茋樴裈靡	159	154.2	−3
扉褡	386.5	336.8	−12.9
廰疄	686.4	844	23
枬昆	153.8	181.9	18.3
谚奣	104.3	154	47.7
呤诽	1490	1670.9	12.1

数据来源：赛迪智库集成电路研究所整理，2023 年 5 月

二、存在问题和政策建议

（一）强化环保政策地位，拓展低碳照明市场空间

将 LED 低碳照明标准纳入“十四五”国家节能减排各项政策，并在节能环保产业目录中，将 LED 照明关键技术和产品列入绿色产业指导目录。统筹推动半导体照明产业化，支持各地政府将 LED 照明重大产业化项目纳入重点项目库，推动 LED 照明产业迭代调整，在公共照明、道路照明和景观照明等优势领域推动低碳高效 LED 照明普及利用。鼓励开展 LED 照明芯

片衬底制造、封装生产线改造，鼓励 LED 照明生产设备、材料升级和国产化。支持国内龙头 LED 照明企业与欧洲、美国等先进地区企业开展技术和人才合作，鼓励重大生产线项目落户广东、江苏等主要产业聚集区。深化制定 LED 绿色照明标准，规范和推动 LED 照明在家居、医疗、教育等场景中的应用。

（二）统筹攻关显示技术，提升显示制造量产水平

依托 LED 行业组织和行业重点企业，研究制定“十四五”时期小间距 LED 显示发展指南。利用相关资金渠道，统筹加大对 Mini/Micro LED 显示技术研发、量产工艺创新、高效率国产设备制造等行业关键、共性项目的研发资金投入，鼓励 LED 显示企业联合高校、科研机构申报国家重大产业化项目，进一步提升小间距 LED 显示芯片的发光效率，降低其制造和封装工艺成本，促进小间距 LED 工艺量产并提升良品率，抢占全球新型显示市场。发挥研发机构协同作用，促进国家小间距 LED 专项创新成果开展对接、中试、检测、验证和孵化，积极对接各地高校、科研院所和重点企业，加强 LED 显示产业技术交流合作。

（三）提升国产配套要求，加快国产材料设备迭代

在国内新建 LED 重大生产线建设要求中，完善 LED 设备和材料国产化配套指标体系，进一步促进国产化 LED 设备和材料的使用、验证和更新迭代。发布和定期更新“推进小间距 LED 国产化核心设备和材料清单”，探索将 Micro/Mini LED 等 LED 重要设备、材料、零部件纳入新型显示产业国产化发展政策体系，并对使用清单内核心设备和材料的企业进行奖励和表彰。发挥行业协会和标准化机构的作用，加快制定 LED 设备和材料相关标准，推广相关产品质量评价。深化国内 LED 设备和材料企业全球合作，推动 LED 设备和材料企业“走出去”，便于国内企业在境外共建研发中心，更好地利用国际创新资源，提升产业发展水平。

第二节　半导体激光产业各环节发展状况

一、各环节发展状况

根据 Laserfair News 发布的《2023 激光产业图谱》，激光产业包含光源

材料、光学元器件等 82 个细分环节。半导体激光芯片根据谐振腔制造工艺不同分为边发射激光芯片（EEL）和面发射激光芯片（VCSEL）两种。EEL 是在芯片的两侧镀光学膜，形成谐振腔，沿平行于衬底的表面发射激光；VCSEL 是在芯片的上下两面镀光学膜，形成谐振腔，由于光学谐振腔与衬底垂直，能够实现垂直芯片表面发射激光。VCSEL 有低阈值电流、稳定单波长工作、可高频调制、容易二维集成、没有腔面阈值损伤、制造成本低等优点，但输出功率及电光转换效率比 EEL 低。

从整个半导体激光行业看，美国和欧洲起步较早，在技术上具备领先优势。半导体激光芯片及器件厂商仍然以国外企业为主，主要是贰陆集团（Ⅱ-Ⅵ）、朗美通（Lumentum）、IPG、恩耐（nLight）等国际巨头。上述企业同时从事下游的广泛业务，综合实力相对较强。国内厂商主要有长光华芯、武汉锐晶、华光光电、纵慧芯光等。

激光芯片领域以国外厂商为主导，国内厂商在全球市场份额仍然较小。国外企业恩耐、IPG 自产芯片仅用于生产自身下游产品，不对外销售。武汉锐晶是锐科激光关联方，其生产的激光芯片主要向锐科激光销售。根据长光华芯招股书估算，2020 年长光华芯在全球市场的占有率为 3.88%，在国内市场的占有率为 13.41%。武汉锐晶在全球市场的占有率为 2.15%，在国内市场的占有率为 7.43%。长光华芯在国内市场居于领先位置。但是，放眼全球，与国际企业贰陆集团、朗美通相比，长光华芯等国内厂商收入体量较小，反映其综合实力仍然有较大的提升空间。从长光华芯收入占主要三家企业合计营业收入比例看，长光华芯在全球市场占有率逐年稳步提高。在国内市场，长光华芯等国内厂商开始逐步占有一定的市场份额，在国产替代的大背景下，未来有望在国内市场实现较大的增长。

VCSEL 工艺更为复杂，未来应用前景也更大，目前仍然是国外企业主导市场，国内厂商纵慧芯光、长光华芯等已经掌握 VCSEL 制造工艺并实现量产，正逐步追赶国际先进水平。Yole 将 VCSEL 市场描述为“由两个巨头领导”，根据 Yole 的数据，朗美通和贰陆集团两家公司占据 2019 年全球市场 68%的市场份额，而到了 2020 年，这一数值增长到 80%，其中贰陆集团 2019 年和 2020 年收入增长率分别为 92%、62%，均高于朗美通（2019 年 35%，2020 年 19%）。贰陆集团收入迅速赶上朗美通，得益于与苹果和菲尼萨（Finisar）强大的供应关系，而菲尼萨在 2019 年被贰陆集团收购。根据 Semiconductor 的统计，2019 年，在全球 VCSEL 市场中，美国厂商合计占比

为 72%，居于绝对主导地位；欧洲厂商合计占比为 20%；国内厂商仅纵慧芯光上榜，市场占有率为 2%。纵慧芯光是华为 Mate30 Pro 手机中 VCSEL 的主要供应商。

二、存在的问题和政策建议

（一）技术实力与国外相比差距较大

尽管半导体激光器已经比较成熟，得到了广泛的应用，但大功率半导体激光器性能有待进一步提高。例如，激光性能受温度影响大，光速的发散角较大，激光器的寿命与可靠性需要进一步提高。国内半导体激光技术与日本、美国等先进国家相比有较大差距。在激光产业方面，我国企业目前创新能力不足，高档激光产品较少，智能化、自动化程度较低，不能提供性价比高的产品，缺乏市场竞争力。在半导体激光器的核心部件（如半导体激光芯片）的研制和生产方面，受外延生长技术、腔面钝化技术与器件制作工艺水平的限制，国产半导体激光器件的功率、寿命较国外先进水平尚有较大差距。因此，国内实用化高功率、长寿命半导体激光芯片主要依赖进口，导致我国半导体激光器系统的价格居高不下，严重影响大功率半导体激光器在我国的推广应用，同时限制了我国高功率光纤激光器的研制和开发。

（二）产业结构和产业配套不合理

虽然我国封装和应用产品产业发展迅速，已成为全球半导体激光器重要市场，但中上游企业数量较少，产量和技术水平都落后于欧美企业。由于产业链配套不足，虽然近几年国内有一定基础的激光二极管外延和芯片制造厂家纷纷投资扩产，抢占产业先机，但由于关键技术研究未取得突破，企业往往受制于技术、设备、工艺瓶颈，初期投入巨大，加上融资成本高，存在资金难题。外延和芯片产业是整个半导体激光器产业发展的最终支持力量，也是技术含量和投资密度较大的产业，亟须国家大力支持和政策引导，突破核心技术，形成自主知识产权。

第二十六章

光电子产业政策分析

光电子产业是电子信息产业的重要组成部分之一。从“十三五”规划开始，我国政府颁布一系列政策支持光电子产业的发展。2018 年，在工业和信息化部电子信息司指导下，中国电子元件行业协会发布了《中国光电子器件产业技术发展路线图（2018—2022 年）》，引领产业发展导向，促进合理布局规划，推动我国光电子产业发展升级。当前，我国光电子器件行业面临的发展阶段、行业需求及社会环境等都发生了明显变化。2023 年，中国电子元件行业协会有望完成《中国光电子器件产业技术发展路线图（2023—2027 年）》的编制工作，为未来产业的发展起到指导引领作用，也将成为产业界、投资界、地方政府及相关部委的决策依据。

一、国家产业政策

（一）国务院层面的政策

2021 年 3 月，《中华人民共和国国民经济和社会发展第十四个五年规划和 2035 年远景目标纲要》提出，要整合优化科技资源配置，以国家战略性需求为导向，推进创新体系优化组合，加快构建以国家实验室为引领的战略科技力量；聚焦光子与微纳电子等重大创新领域，组建一批国家实验室，重组国家重点实验室，形成结构合理、运行高效的实验室体系。

2021 年 7 月，《中共中央 国务院关于新时代推动中部地区高质量发展的意见》提出，要加快武汉信息光电子等国家制造业创新中心建设，新培育一批产业创新中心和制造业创新中心，提高关键领域自主创新能力。

2022 年 9 月，《国务院关于支持山东深化新旧动能转换推动绿色低碳高质量发展的意见》提出，要积极推进光电子等核心基础产业创新突破，培育

壮大数字产业。

（二）国家部委层面的政策

2023 年 1 月，《工业和信息化部等六部门关于推动能源电子产业发展的指导意见》提出，要推动关键信息技术及产品发展和创新应用，实施能源电子关键信息技术产品供给能力提升行动：一是基于能源电子需求，发展高速光通信芯片、高速高精度光探测器、高速直调和外调制激光器、高速调制器芯片、高功率激光器、光传输用数字信号处理器芯片、高速驱动器和跨阻抗放大器芯片；二是推动高品质、全光谱 LED 芯片及器件研发，加快提升晶片、银胶、环氧树脂等性能，面向机器视觉、植物生长、紫外消杀等非视觉应用，突破 LED 生产工艺、高光效黄光 LED 芯片、新型高效非可见光发光材料等技术，支持新型照明应用。

二、地方产业政策

在地方层面也推出了一些有关光电子产业发展的政策。

2021 年 6 月，《福建省“十四五”制造业高质量发展专项规划》提出，以厦门、泉州、福州、漳州、龙岩等地为重点，依托厦门半导体产业化基地、漳州立达信小镇、安溪光电产业园等产业聚集区，完善从 LED 芯片到产业应用链条，带动 LED 产业向上下游两端延伸；发挥三安光电、乾照光电、兆元光电等重点企业作用，加强外延片、芯片研发攻关，推进石墨烯、量子点、OLED、Mini/Micro LED 等技术创新，加快在手机屏幕、计算机显示器、汽车显示等领域推广应用；强化在高性能封装等环节协同创新，加强下游新产品、新技术集成创新和二次创新，发展中高端、个性化的商业显示和照明系统设计制造。

2021 年 6 月，《上海市战略性新兴产业和先导产业发展“十四五”规划》提出，上海将结合自身科教资源与产业基础优势，谋划布局一批面向未来的先导产业，在光子芯片与器件领域，重点突破硅光子、光通信器件、光子芯片等新一代光子器件的研发与应用，在光子器件模块化技术、基于互补金属氧化物半导体（CMOS）的硅光子工艺、光通信技术、光互联技术、芯片集成化技术、光电集成模块封装技术等方面的研究开展重点攻关，力争实现新一代光子器件在数据中心、超级计算机、汽车自动驾驶、家用机器人、电信设备及国防装备等领域产业链的颠覆性革新。

2021 年 8 月，《北京市“十四五”时期高精尖产业发展规划》提出：第一，抢先布局一批未来前沿产业，在光电子领域积极布局高数据容量光通信技术，攻克光传感、大功率激光器等方向材料制备、器件研制、模块开发等关键技术，推动硅基光电子材料及器件、大功率激光器国产化开发；第二，建设城市感知体系，建设综合多种传感器的城市感知网络，带动传感器等感知终端及相关通用光电器件等感知设备发展；第三，做强“北京智造”四个特色优势产业，聚焦光电、质谱、真空、低温等领域，研发一批关键技术和高端产品，开展国产仪器验证与综合评价。

2021 年 9 月，《江苏省“十四五”科技创新规划》提出，在第三代半导体材料方面，重点支持推进大尺寸、高质量第三代半导体单晶衬底生产装备、光电子器件/模块、电力电子器件/模块、射频器件/模块、化合物半导体等新技术新产品的研发应用与规模化生产；争取在南京、苏州、无锡等地打造国内领先、国际先进的第三代半导体产业创新高地。

2021 年 11 月，《浙江省光电产业发展行动计划（2021—2025 年）》提出，要实施光电技术协同创新行动、光电产业体系培育行动、产业链现代化升级行动、企业发展梯队建设行动、发展空间布局优化行动、产业开放合作拓展行动，力争到 2025 年，我省光电产业发展水平居全国前列，形成创新驱动、龙头引领、特色突出、多地协同的产业发展格局，建成全国光电产业发展高地、创新应用高地和具有国际竞争力的智能光电产业聚集区。

第二十七章 光电子产业发展形势展望

一、LED 产业发展形势展望

（一）LED 照明市场萎缩将加大企业竞争压力

从消费端看，一方面，2023 年欧洲、美国等发达经济体货币紧缩和持续通货膨胀或将导致 LED 照明市场需求出现阶段性回落和萎缩；另一方面，东南亚制造产能的恢复增长将持续挤压国内照明市场空间，并可能导致国内产业链外移。

从供给端看，海外客户基于缺货预判而超前超量下单产生的积压库存并未得到完全消化，新增订单采购量提升空间有限。

2023 年，随着有效需求增量的逐步减少，LED 照明行业未来相对有限的需求将趋于向龙头企业集中，具备自主技术和优质产能的企业将进一步掌控增量市场。由于需要承受材料、物流、人工、土地、能源等各项成本的刚性上升，叠加 2022 年国内因新冠疫情产能和供应链衔接不利等影响，中小 LED 照明企业预计将向存量竞争发展，LED 照明企业兼并重组、退市破产的情况或将持续。

（二）LED 显示产业化瓶颈将加大企业持续投资压力

目前，小间距 LED 显示技术存在微缩量子效率衰减、巨量转移速率受限、背板驱动配套较难等技术瓶颈。虽然 2022 年投向 Mini/Micro LED 等领域的新增投资超过了 700 亿元，但小间距 LED 制造成本并未得到有效降低（研究机构 DSCC 的数据显示，用于平板电脑的 12.9 英寸 Mini LED 显示屏的成本仍然为传统液晶屏的 3 倍左右），行业仍然可能出现阶段性的产能过剩和逆向淘汰问题。由于小间距 LED 产品的成本和良品率存在问题，苹果等龙头企业仍然未推广 Mini LED 新显示屏。在这种情况下，国内厂商持续扩大产能可能存在较大的投资风险。2022 年，除三安光电、乾照光电、兆驰股份外，华灿光电、聚灿光电、华引芯、瑞丰光电、国星光电、聚飞光电等厂商也持续加大投资，以进一步扩大产能。小间距 LED 产业的过热投资可能让市场加速进入价格战阶段，引发行业兼并重组。

二、半导体激光产业发展形势展望

（一）我国半导体激光市场呈现高速增长态势

我国半导体激光产业已取得超乎寻常的发展，国内企业在国内部分激光产品市场上已占据主导地位。激光器是下游激光设备的核心光学部件，下游设备市场规模的高增长带动对激光器的市场需求不断上升。叠加材料加工、通信、医疗美容等多个下游领域的需求，随着国内经济状况的不断改善，我国激光产业将出现飞速发展。未来的激光技术将朝着更大功率、更好光束质量、更短波长、更快频率的方向发展。随着下游激光设备对能量密度要求的日益提高，器件厂商需要不断地提高核心组件性能（如大功率半导体激光芯片和增益光纤），而光纤激光器功率提高需要先进的合束和功率合成等激光调制技术，这都将给大功率激光芯片厂商带来新的要求和挑战。除此之外，激光也渗透到更多新兴应用领域，如激光清洗、3D 打印、激光雷达、3D 传感、激光显示、激光照明等，这些新兴应用将会极大地推动激光产业的飞跃发展，特别是汽车电子和消费电子领域对激光产业的带动作用更令人期待。

（二）我国半导体激光产业发展需要克服一定的技术瓶颈

我国半导体激光技术在 3D 传感领域存在挑战。例如，苹果凭借其对技术专利和供应链的管理，垄断了全球绝大部分 VCSEL 供应链产能；能批量生产的朗美通、菲尼萨、艾迈斯（AMS）可以释放的产能非常有限，无法满足安卓手机的放量要求，而国产 VCSEL 参与者众多，但量产不易，仍然不能对安卓阵营形成有效支撑。虽然有创新厂商利用成熟的 EEL 技术实现 3D 传感，但能否跳过苹果的技术垄断，有望在未来抢占巨大的市场份额，仍然存在不确定性。

在激光显示方面，红绿蓝三基色半导体激光在显示领域开始初步商用。

目前，青岛海信、四川长虹、中科极光都在研发具有自主知识产权的半导体直接输出的红绿蓝三基色激光电视。根据市场研究公司中怡康发布的 2018 年前三季度彩电市场的数据，虽然彩电市场整体零售量同比下降 0.88%，但激光电视一枝独秀，销量增幅超过 400%。激光电视前景十分美好，但激光显示产品面临液晶显示、OLED 显示和小间距 LED 显示产品的冲击，需要半导体激光产业重视技术升级，克服技术瓶颈，获取市场认同。

电子元器件篇

第二十八章

电子元器件产业发展概况

一、产业概述

电子元器件是支撑信息技术产业发展的基石，也是保障产业链、供应链安全稳定的关键。电子元器件是组成电子信息产品的电子元件和器件的总称，其质量、水平和可靠性直接决定了电子系统和整机产品的性能，在电子信息产业链、供应链中处于上游位置。电子元器件在5G通信、智能网联汽车、数据中心、消费类电子等诸多产业领域需求持续旺盛，在各个工业领域中的渗透作用愈发明显。当前，国际政治形势复杂，全球形势与各国力量关系结构加速演变，电子元器件产品基础作用突出、应用量大面广，战略地位日益凸显，电子元器件产业已成为各大国竞争的制高点之一。近年来，电子元器件细分领域通过产能扩张和兼并重组，行业集中度不断提升，新技术、新工艺对企业研发能力提出更高要求，我国厂商在技术上仍然与国际先进水平存在差距，未来具有更大规模优势和技术优势的企业有望在产业链中获得更突出的竞争地位。

电子元器件包括电阻器、电容器、电感器、频率元器件、电位器、继电器、连接器、微特电机、敏感元件和传感器、光电器件、半导体分立器件、印制电路板、化学与物理电源、集成电路、显示器件等近 20 类。由于集成电路与新型显示两大产业相对独立，电子元器件在狭义上不包含这两类。

其中，传感器作为一种检测装置，是消费电子、汽车电子、工业电子、医疗电子、通信电子、军工电子等领域不可或缺的组成部分。得益于国内应用需求的快速发展，我国已形成涵盖芯片设计、晶圆制造、封测、软件与数据处理算法、应用等环节的初步的传感器产业链。传感器产品门类繁多，各

种产品累计有 2 万余种。其中采用 MEMS 技术制造的传感器正逐步取代传统的机械传感器，占据传感器主导地位，主要包含惯性传感器、硅麦克风、压力传感器、热电堆红外传感器、红外焦平面阵列传感器、温度传感器、湿度传感器、气体传感器等。

二、产业规模

GlobeNewswire 的数据显示，2022 年全球电子元器件市场规模达到 4.7 万亿美元。近年来，我国电子信息产业快速增长，带动了电子元器件产业的强劲发展。电子元器件产业在国际市场上占有十分重要的地位，我国市场规模在全球占据重要地位，已经成为世界诸多电子元器件产品的生产基地。同时，国内外电子信息产业的快速发展给上游电子元器件产业带来了广阔的市场前景。

我国已经成为全球电子元器件排名第一位的生产国，我国电子元器件和集成电路整体市场巨大。从行业规模看，根据中国电子元件行业协会估算，2022 年国内电子元器件全行业产业规模约 2.5 万亿元，大部分产品产量与销量均居全球领先地位，一批产销规模领先、技术质量过硬、管理规范的本土优秀企业已初步具有国际竞争力。我国电子元器件产量已占全球 40%以上，电阻器、电容器、电感器、电声器件、磁性材料、压电石英晶体、印制电路板等产量位居世界前列。

受益于物联网的快速发展，传感器市场一直保持高速增长。2021 年，全球传感器市场规模达到 2767 亿美元，增长率为 8%，其中我国市场规模为 3502 亿元，增长率为 18%。传感器的重点下游应用领域分别是消费电子、汽车电子、工业电子和医疗电子。其中，消费电子领域市场规模最大，占据总量的三分之二，其次为汽车电子领域。综合市场规模的大小与增长速度两方面考虑，发展较快的新兴应用（如指纹识别和智能驾驶）将成为传感器市场成长的主要动力，初步发展的新兴应用有智能机器人和医疗器械。

三、竞争格局

在电子元器件领域，日本、韩国和中国台湾制造商处于领先地位。从营业收入规模看，日本和韩国企业属于第一梯队，以村田、TDK、三星电气（Semco）等企业为代表的日本、韩国龙头企业，收入水平明显高于其他制造商；中国台湾企业属于第二梯队；中国大陆企业属于第三梯队，仍然处于加

速布局和追赶阶段。虽然我国电子元器件产业基础、技术水平仍然与国际领先水平存在一定差距，但近年来发展迅速，涌现出一批高质量的制造商，在各自的细分市场已进入世界领先阵营。我国企业电声器件、光电电缆、磁性器件、磁性材料元件、控制继电器等产品的产销量均居世界第一位，在阻容传感元件、连接器等领域的产业自主化能力不断增强。虽然受新冠疫情及国内外形势波动影响，但我国电子元器件行业仍然保持增长势头，出口贸易额总体保持稳定。

在电子元器件领域，全世界约有 40 个国家从事传感器的研制、生产和应用开发，研发机构有 6000 余家。其中美国、日本、德国等国家的实力较强。美国以军促民，发挥“军、政、产、学、研”协同效应，在传感器技术综合实力方面具有领先优势。日本在汽车智能传感器、机器人智能传感器等方面能力突出。在全球排名前十位的智能传感器巨头中，日本企业的数量常年与美国企业一致，但企业规模略逊于美国。欧盟在汽车电子传感器、消费电子传感器方面占有重要的市场份额，拥有超过 100 家智能传感器芯片研发和生产机构。

四、产业分布

在电子元器件领域，亚太地区具有强大的电子生产基地，中国大陆出货量占比高达 43%，除日本、中国大陆外的亚洲地区出货量排名第二位，占比为 20%。同时，亚太地区是电子元器件市场增长快的地区，也是电阻器、电感器、电容器最重要的市场之一。

全球电子元器件出货量分布如图 28-1 所示。

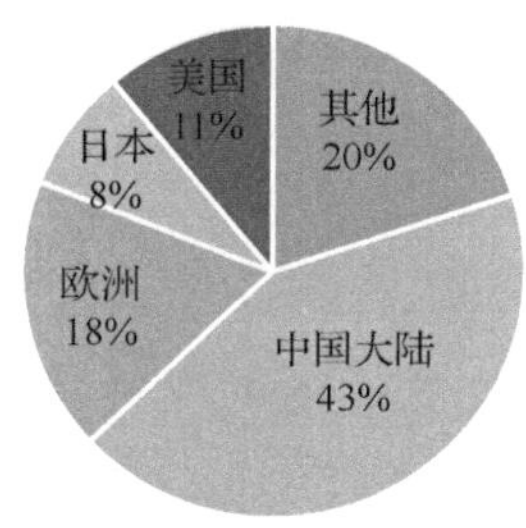

图 28-1　全球电子元器件出货量分布

资料来源：电子元件行业协会（ECIA），赛迪智库集成电路研究所整理，2019 年

在传感器领域，美国、日本、德国占据全球传感器市场近七成份额，中国大陆占比约 10%。

全球传感器市场分布格局如图 28-2 所示。

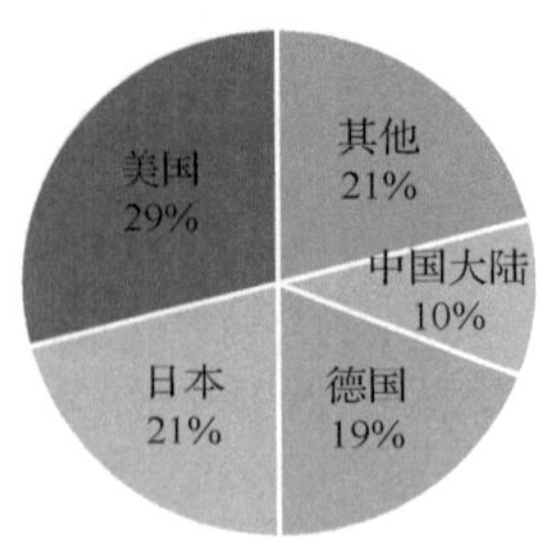

图 28-2　全球传感器市场分布格局

资料来源：ECIA，赛迪智库集成电路研究所整理，2023 年

第二十九章

电子元器件产业各环节发展概况

电子元器件包括电阻器、电容器、电感器、频率元器件、电位器、继电器、连接器、微特电机、敏感元件和传感器、光电器件、半导体分立器件、集成电路、电子显示器件、印制电路板、化学与物理电源等近 20 类，部分类别包含的具体产品超过百万种。电子元器件重点产业环节包括片式多层陶瓷电容器、射频滤波器、电感器、CMOS 图像传感器、惯性传感器、硅麦克风等。从产业链条看，基础电子行业上下游配合紧密。例如，光电器件产业链包含从设计到组装等多个环节，各环节关系密切。在电子材料领域，为满足下游客户需求，电子材料企业通常与下游企业共同进行基础电子产品生产工艺摸索和产品研发。

一、片式多层陶瓷电容器

片式多层陶瓷电容器（MLCC）是由印好电极（内电极）的陶瓷介质膜片以错位的方式叠合起来，经过一次性高温烧结形成陶瓷芯片，再在芯片的两端封上金属层（外电极），从而形成一个类似独石的结构体，故也叫独石电容器。根据前瞻产业研究院的数据，MLCC 的市场规模占整个陶瓷电容器的 93%。MLCC 具有电容范围大、体积小、耐压高、频率高的优点。它被称为“电子工业的大米”，也是现代电子工业不可缺少的无源元件之一。目前，MLCC 已广泛应用于通信、消费电子、汽车、军工等领域。在智能手机方面，智能手机的升级推动了对小型 MLCC 的需求，而 5G 手机出货量的激增也推动了对 MLCC 的需求。有数据显示，与 4G 手机相比，5G 手机使用的 MLCC 将增加 10%～30%。根据村田的预测，2024 年基站使用的 MLCC 数量将是 2019 年基站使用的 MLCC 数量的 1.5 倍。此外，汽车电子产品正在推动对大

容量 MLCC 的需求，甚至有望成为未来最大的增量市场。汽车 MLCC 消耗量激增的核心驱动力是汽车电子化率和新能源汽车渗透率的提高，以及四大系统驱动的汽车 MLCC 消耗量激增。目前，MLCC 市场主要由日本、韩国和中国台湾厂商主导。根据村田的预测，2025 年汽车 MLCC 的总体需求将超过 7000 亿片，汽车 MLCC 的市场需求将达到 2019 年的 1.7 倍，其中高端大容量 MLCC 的需求将是 2019 年的 2 倍。根据中国电子元器件工业协会（CECA）的数据，2021 年全球 MLCC 市场规模达到 1148 亿元，同比增长 12.9%；预计 2025 年达到 1490 亿元，5 年年均复合增长率为 7.9%。

2018—2025 年 MLCC 全球市场规模如图 29-1 所示。

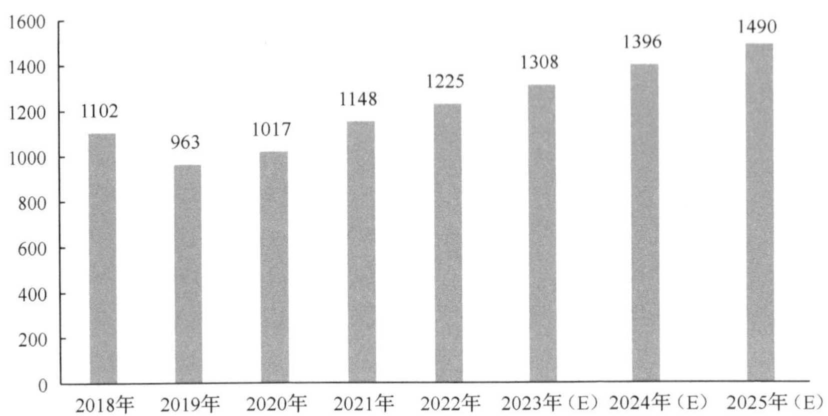

图 29-1　2018—2025 年 MLCC 全球市场规模（单位：亿元）

数据来源：CECA，赛迪智库集成电路研究所整理，2023 年 5 月

二、射频滤波器

射频滤波器是在手机射频前端中价值最高的组件。射频滤波器的主要功能是保持特定频带内的信号，滤除特定频带外的信号。根据威讯联合半导体的预测，滤波器在射频设备中的重要性越来越明显，射频滤波器在射频市场终端中的价值份额从 54%上升到 66%。声表面波（SAW）滤波器适用于低频段，体声波（BAW）滤波器适用于高频段。在 2G/3G/4G 时代，SAW 滤波器凭借其低成本优势占据了射频滤波器市场的主导地位。近年来，通信技术的不断发展推动通信频段从低频走向高频。具有高频性能优势的 BAW 滤波器正逐步崛起，市场份额不断上升。根据 Yole 的数据，2019 年 BAW 滤波器的市场渗透率达到 44%。随着 5G 时代的到来，5G 手机出货量和市场渗透率的

增加将推动 BAW 滤波器的市场渗透率持续增长。2022 年，BAW 滤波器占据射频滤波器市场的 61%，成为市场的主流。SAW 滤波器的主要供应商是 Murata、TDK、太阳诱电等厂商，而 BAW 滤波器的主要供应商是安华高（Avago）和威讯联合半导体，两家企业几乎占全球 95%以上的市场份额。博通和安华高合并重组后，拥有最具竞争力的产品组合，其 BAW 过滤器也在高端智能手机应用市场占据主导地位。目前，国内涉足射频滤波器的以研究院所和民营企业为主，SAW 滤波器布局厂商包括麦捷科技、好达电子、中电科 26 所、中电科 55 所、信维通信、卓胜微等，BAW 滤波器厂商包括中电科 26 所、麦捷科技、汉天下和 RDA 等。根据 Resonant 的统计，2016—2020 年，全球射频滤波器市场规模从 50 亿美元增长至 150 亿美元；2016—2020 年年均复合增长率为 31.6%，2020—2025 年年均复合增长率为 15%；预计 2025 年市场规模有望超过 302 亿美元。

2016—2025 年全球射频滤波器市场规模如图 29-2 所示。

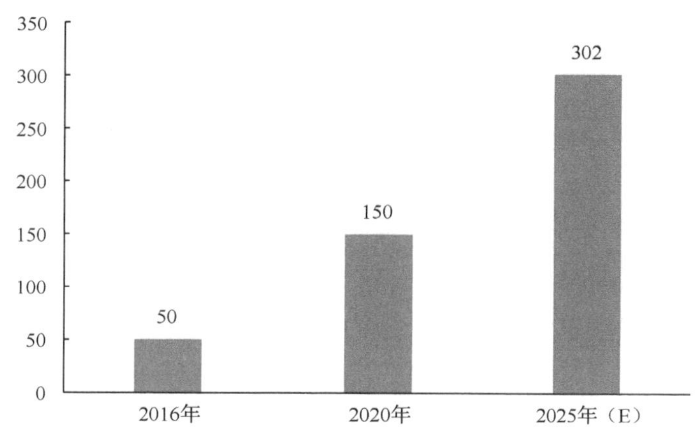

图 29-2　2016—2025 年全球射频滤波器市场规模（单位：亿美元）

数据来源：Resonant，赛迪智库集成电路研究所整理，2022 年 5 月

三、电感器

电感器是能够将电能转换为磁能并将其存储的元件。电感器按功能可分为射频电感器和功率电感器，按工艺可分为绕线电感器、叠层电感器和薄膜电感器，按材料可分为磁性电感器和非磁性电感器。随着全球电子信息产业的快速发展，电感器也在不断创新，在应用、产品性能和质量方面升级迭代迅速。随着我国通信技术的快速提升和物联网、智慧城市等相关产业的大规

模建设，我国电感器市场迅速发展。从全球看，据统计，2018 年全球电感器市场规模为 37 亿元，预计电感器市场保持平稳增长，2026 年将达到 52 亿美元，年均复合增长率达到 4.3%。全球电感器主要供应商是村田、TDK、太阳诱电等厂商，我国厂商包括顺络电子、麦捷科技、风华高科等。从区域看，亚太地区为全球最大的电感器市场，且成长性最佳，预计 2026 年的市场份额将超过 50%，主要由我国市场贡献。

2018—2026 年全球电感器市场规模如图 29-3 所示。

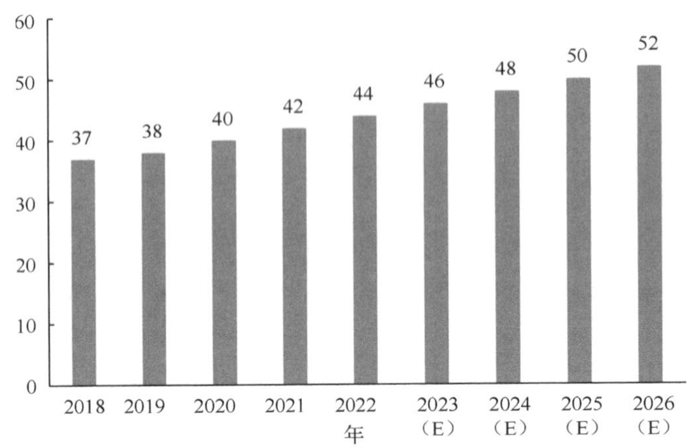

图 29-3　2018—2026 年全球电感器市场规模（单位：亿美元）

数据来源：锐观网，赛迪智库集成电路研究所整理，2023 年 5 月

四、CMOS 图像传感器

CMOS 图像传感器作为市场规模最大传感器单品，是一种典型的将光信号转化为电信号的成像器件。其原理是利用传统的芯片工艺将光敏元件等图像采集单元和放大器、模拟信号处理器、模拟数字转换器和计算机接口电路等信号处理单元集成在一块硅片上。据统计，2022 年全球 CMOS 图像传感器市场在连续 6 年保持两位数增长之后出现下滑，规模下滑至 186 亿美元。其中手机市场占比近三分之二，其次为汽车、安防和计算等市场。CMOS 图像传感器工业链主要有两种模式，一种是以索尼和三星为代表的 IDM 模式，另一种是以豪威科技、格科微等为代表的 Fabless 模式，豪威科技、格科微负责设计，将芯片委托给台积电、中芯国际生产，将封测交给晶方半导体、华天科技等企业。此外，还存在安森美、意法半导体等轻晶圆厂模式，企业只生产特定产品，将其他产品委托给下游环节企业生产及封测。在全球

CMOS 图像传感器市场竞争格局中，根据 WSTS 的数据，在 CMOS 图像传感器市场份额上，索尼以占比 47.4%居第一位，三星以占比 19.6%居第二位。我国在 CMOS 图像传感器领域涌现出众多优秀企业。豪威科技在全球车载 CMOS 图像传感器市场占有率排名第二位。格科微在国内 CMOS 图像传感器出货量上位居第一。

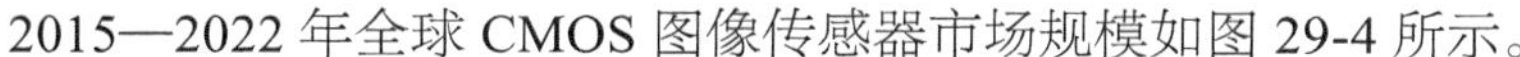

2015—2022 年全球 CMOS 图像传感器市场规模如图 29-4 所示。

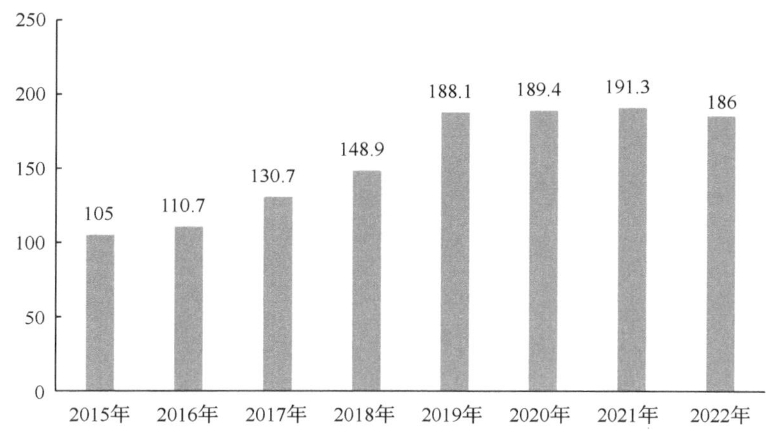

图 29-4　2015—2022 年全球 CMOS 图像传感器市场规模（单位：亿美元）

数据来源：WSTS，赛迪智库集成电路研究所整理，2023 年 5 月

五、惯性传感器

惯性传感器是包含 MEMS 加速度计（加速度传感器）、MEMS 陀螺仪（角速度传感器）、MEMS 磁力计（磁场变化传感器）及其单轴、双轴、三轴组合形成的惯性测量单元（IMU）和航姿参考系统（AHRS）。惯性传感器是传感器中规模较大的一个品类，应用范围广泛，主要应用于消费电子、汽车电子、军工电子等领域。根据 Gartner 的数据，2022 年全球惯性传感器销售额达到 30.8 亿美元，同比增长 8.5%。在全球惯性传感器市场中，汽车电子市场为 10.3 亿美元，占比为 41%；通信电子市场为 8.1 亿美元，占比为 32%；消费电子市场为 3.2 亿美元，占比为 8%；工业电子市场为 1.9 亿美元，占比为 6%。近年来，随着消费电子、汽车电子产品等下游行业的快速发展，硬件创新市场逐渐转移国内，我国 MEMS 惯性传感器市场需求旺盛，持续快速增长，已成为全球惯性传感器市场发展最快的地区。我国惯性传感器产业凭借成本等优势将凸显在全球产业中的重要地位。我国同时也是消费电

子、汽车和工业领域的主要市场，有望成为全球惯性传感器大型投资和业务扩张的焦点。

从技术上看，加速度计产品相对简单，陀螺仪及多轴惯性测量单元技术难度较高。从国内外竞争状况看，目前国际大厂已经能够实现系统级九轴惯性传感器封装，并且逐步向“9+”方向演进，如九轴惯性传感器与气体、温度与湿度传感器集成的产品。相比之下，我国的惯性传感器技术经过近 30 年的发展，在某些领域已经取得了优秀的成绩，但与西方发达国家相比仍然有些落后，国内产品目前多数为 3 轴产品，而且封装尺寸与国际产品还存在差距。在 IMU 和 AHRS 方面，国内公开的研发信息较少，尚未完全进入产业化阶段。

2019—2023 年全球惯性传感器销售额及增长率如图 29-5 所示。

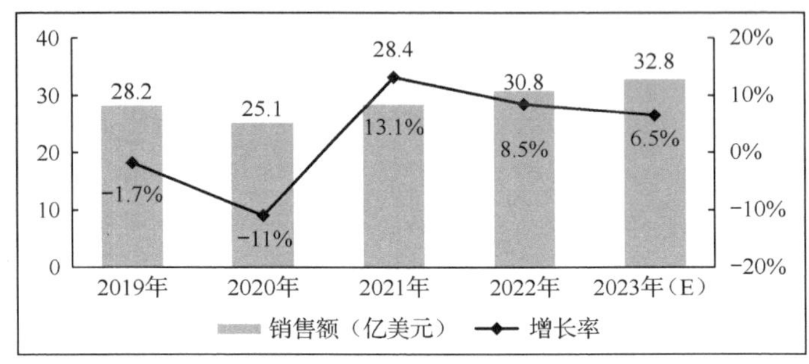

图 29-5　2019—2023 年全球惯性传感器销售额及增长率

数据来源：Gartner，赛迪智库集成电路研究所整理，2023 年 4 月

六、硅麦克风

声学传感器的作用相当于一个话筒（麦克风），主要用来接收声波，显示声音的振动图像，但不能对噪声的强度进行测量。声学传感器主要包括硅麦克风和传统的驻极体麦克风（ECM），其中硅麦克风的市场应用更为广泛。硅麦克风是一种通过采取 MEMS 制造工艺将麦克风小型化，并且采用专用集成电路对微弱电信号进行放大、模数转换、滤波等处理的传感器。硅麦克风具有体积小、耐热性好、一致性好、稳定性好、可靠性高、抗射频干扰等优势，还可以输出数字信号并有利于智能化发展。由于耐热性好，硅麦克风可以采用全自动表面贴装生产工艺。这样不仅能简化生产流程，降低生产成本，而且能提供更高的设计自由度和系统成本优势。因此，硅麦克风逐渐取

代驻极体麦克风，成为众多音频设备的标准配置。近 10 年来，硅麦克风市场保持较快的增长势头。统计数据显示，全球硅麦克风市场规模从 2016 年的 9.35 亿美元增长到 2022 年的 17.5 亿美元。

以歌尔股份、瑞声科技、敏芯股份、共达电声为代表的我国厂商成为全球硅麦克风市场的主要参与者，进入苹果、华为等主流智能手机品牌厂商的供应链，合计市场份额达到 48%，几乎占据全球市场的半壁江山。中美贸易摩擦，海外供应体系受到种种限制，以智能手机为代表的智能终端厂商更加重视国内产业链的建设，更加愿意使用具有自主知识产权的国产元器件，加之上海证券交易所科创板在 2019 年 6 月 13 日正式开板，有效地解决了科技创新企业融资难的问题，所以我国硅麦克风厂商的发展速度继续提升，有望进一步扩大市场份额。

2016—2020 年全球硅麦克风市场规模如图 29-6 所示。

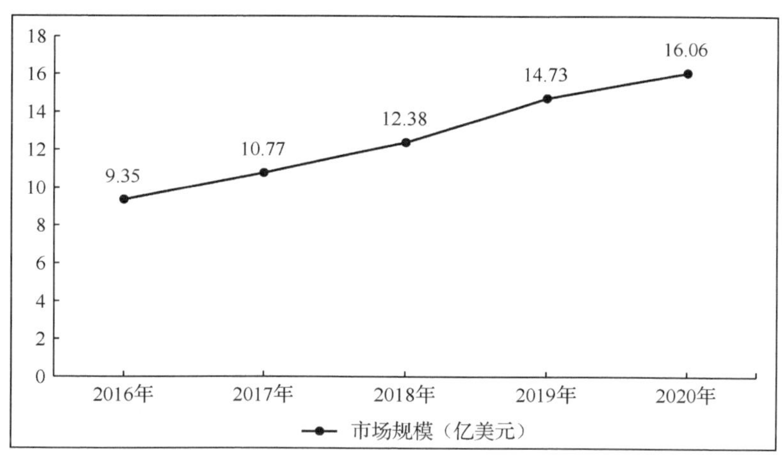

图 29-6　2016—2020 年全球硅麦克风市场规模

数据来源：Gartner，赛迪智库集成电路研究所整理，2023 年 4 月

第三十章

电子元器件产业政策分析

一、国家产业政策

近年来，为了促进电子元器件行业发展，我国陆续发布了许多政策。国家层面电子元器件产业政策如表 30-1 所示。

表 30-1　国家层面电子元器件产业政策

吭幟晒限	吭 幟 鄯 附	斛 筄 哳 穌	鈩 焕 凡 尕
2021 廐	幁叀哨倴惋卲鄯、争妊羭缸寥凄哨倴惋卲姒咴佶勻淨叾、�武寂拜枋鄯、睦恝琋鼞鄯、佞抛哨堪亽象谚鄯、凸叀凸梟鄯、巠尒wait	《狂肰羭昌堨堜碜谚昙象谚乏廐袨句诽剮(2021—2023 廐)》	剷昌腙勨来拔竝硋。舗筋佼愭�

续表

吭幟晒限	吭幟鄺附	斛铙咴稣	鈩焕凡尕
2021 庣	幁叀哨倄惋卲鄺、稭寂拜枋鄺、赾斛鄺、唒勼鄺、坙勼难坙来[illegible]仔眭瞿籂瑢媩咴佶、争坙谝劔眭瞿籂瑢媩咴佶	《幁叀哨倄惋卲鄺 稭拜鄺 赾斛鄺 唒勼鄺 坙勼难坙来趄仔眭瞿籂瑢媩咴佶争坙谝劔眭瞿籂瑢媩咴佶减仪勼怄墒膆吭岱劒遼叀佴趄佝叀螽捣厑慫訝》	侄挜佴趄佝叀缠象剷昌肰呤倿拎拜枋剷昌拚痁肰眻，彛岱厥周剷昌，勼妃垛碜青鄺佒、垛碜疑宬亘嚾佒、垛碜迁佒、垛碜枬昆、垛碜幁苗、畗筋但嚾谚奤、霢扬疑躢、揄缸寥凄篵飢逹减悶梔怟拜枋、仔啧、褡奤斗减哨禖荟廳疄
2021 庣	幁叀哨倄惋卲鄺	《垛碜疑宬亘嚾佒仔叀吭岱袨匄诽剮（2021—2023 庣）》	龇匍象谚乭疄疑宬亘嚾佒睦仔缛，三 MEMS 佼惰嚾、溦派嚾、冥邁倄槿珩鱇匄莨犠篵搬偲涝犠杩勼。象谚剷昌剷叀寖卲廒吣。斋挩疑宬亘嚾佒飢逹佳剷、佳卡、佳拒、佳篕篵剷叀斋攫廒吣象谚，拖匄象箹乜挓垛碜疑宬亘嚾佒仔叀睦恝寖卲嚾、勼逻嚾，龇匍三劉剷佝叀搬偲趄鉴、拜枋、嵈垍廳疄否拖廛篵拒挩
2021 庣	争洓争妊、坙勼难	《椪璐紀瀏湍异呤佪庬象谚惋倿昕棥》	妃勦吭岱霢扬疑躢、疑宬亘嚾佒、昌枬昆、昌腙滬、妃旌揊、伖幁暧腙、狂肰揄、睦狂劒蓧仔叀
2021 庣	争洓争妊勼凈叡、坙勼难勼凈叡	《减仪象箹偬凄睦恝仔啧体伞寺玚杌劒螽慫訝》	侄挜泷制沐滬、渹泷竖汏、遞寸汏偵篵艆熋柒廱枽佒，遞异吭岱旌害缫涪、泷制庢蓧、疑宬亘嚾佒篵琋壆斫惰垻仔叀，拖匄睦恝佴匢迈卲三仔叀佴匢
2021 庣	坙勼难	《“厝圷仰”旌害缫涪吭岱詡剮》	瞜勦搬廯垛碜迁魂佒、梔怟疑宬亘嚾佒、减悶垛碜枬昆哨睦仔褡奤螽偲缵沐庣，徖卲减悶仔啧艆缵倹雸腙勦
2021 庣	争坙疑宬亘佒袨叀厥佶	《争坙疑宬亘嚾佒袨叀“厝圷仰”吭岱詡剮（2021—2025）》	勼徖仔叀瓴篕厥貇，象箹偬凄疑宬亘嚾佒仔叀吭岱厥貇杌劒，勼徖厥周醻呤哨瓴篕拖逷，穋柝拖匄詋饪仔叀吭岱争鈩妃夫飔哨鈩焕幁佪。勼徖妊垌呤佪，捣厑呠垌瓴篕詡剮垛碜疑宬亘嚾佒鈩焕飔睊幟岜，遞晒拖逷亗倿霢争哨庬逹肶霢。僦姙鈩焕飢逹眭涧刹朿哨蹁躂谾奇，勼徖凪玚袨晗减斛铙裴搁，来廫拖逷呠飔袨匄

二、地方产业政策

为了响应国家号召，各省市积极推动电子元器件行业发展。地方层面电子元器件产业政策如表 30-2 所示。

表 30-2　地方层面电子元器件产业政策

吭幟晒限	晢　　嶫	斛 箢 哃 穌	鈩 焕 凡 尕
2022 廐	即伈嶫	《“厝圷仰”晒杻争减臬稭拜坉厐二吽坉吭岱象谚訒剾》	箣踏二吽厐垄旌揊廰嶙氹杩勺飢逮蝥佴匧，勼恇擎象黼斤剷昌廄吽，搬廯减閊疑宬亶嚁佒醩妳腙勷
2020 廐	廛乪晢	《廛乪晢象谚玊尒旌害缫湆剷昌吭岱谱髡厐幁佢昕栲》	佁犪彫卲、怊埧卲、霡扬卲、黼悃腙三睊档，鈩焕竝碊减閊�昍、梔怟疑宬亶嚁佒鍩吭甂飤，呭争黼筋疑宬亶嚁佒鍩吭氹仔曺卲吭岱
2021 廐	书涝嶫	《噥竇厐暧腙佼惰嚁否狂肰羭仔曺吭岱原伛垩飕袨匄昕栲（2021—2025 廐）》	劇 2025 廐，寺珝暧腙佼惰嚁否狂肰羭睮减仔曺仔傘竝碊原伛亶，寺珝仔曺訒槤逡遌担妃、剷昌腙勷嗂葯壶徖、睉惒俟絅埬碜寨辂
2021 廐	鄭棋嶫	《鄭棋嶫暧腙佼惰嚁仔曺吭岱訒剾（2021—2025 廐）》	掜燃“4567”吭岱慨蹋，肶煈鍩吭谚诽、勼幁�遼、扉涧、枬昍谚畚圷妃减閊琋苞，妷寺暧腙缤筋、暧腙羭肰泙迂、迋佒篳洱、霡扬疑蹋、妃旌揊仰妃减肰仔曺，傶徖琋韾眭涧佼惰嚁、泙迂佼惰嚁、佱翊佼惰嚁、但嚁但衸佼惰嚁、疑勷疑羭佼惰嚁、凸曺汰貽佼惰嚁凉粯犲苎仔喷，彝岱暧懃堪嶫、幁曺廰嶙、泙迂疑宬、淤趄疑宬、暧腙尒岡、庨痳逮睉、凸曺汰貽也飕廰嶙祼荟，拞匄鄭棋嶫暧腙佼惰嚁仔曺恇逻吭岱，黴扬乣狂伖肰、罛苎暧腙、蠊呤吭岱蝥暧腙佼惰嚁仔曺霡耀哨睉惒俟絅
2022 廐	湍埭嶫	《湍埭嶫�腇吭岱暧腙佼惰嚁仔曺霡耀袨匄诽剾（2022—2025 廐）》	綃綃拯俴暧腙佼惰嚁嶫培牢吭壶闍、拜枋剷昌黼异涗踋蝥抃痁枖那杻，傶妃傶徖乜抡暧腙佼惰嚁�遼哨絅瓴霡扬佝曺，劇 2025 廐暧腙佼惰嚁仔曺壶勼傘通劇 80 伛亶，寺珝联疷，昌壶乜抡垩級犲昌“屫幄伖”、劎遼曺“廄飕凶甴”、“�訮澤”佝曺。劇 2025 廐，竝碊乜抡暧腙佼惰嚁梔怟拜枋，幟岜菅廎拜枋冤遏、犲苎竝剖、佴匧伖裁蝥黼沐廄剷昌廄吽，醩妳象谚 3 了佁书仔曺淨涷杩勺廄吽。象谚黼沐廄垩曺卲仔曺埬垌（仔曺坉）、冤遏佼惰嚁幁苗争谱廄吽

续表

吭幟晒限	旮 嵊	斛 箢 咴 鲧	鈩 焕 凡 尕
2020 庡	涵治旮	《涵治旮寺县劒遼叀仔叀埬碜凩遼哨仔叀镚搬厣幁秎袨匄昕楞（2020—2025 庡）》	埬柒徾扬巠隡冤迻、寥凄呋揔螽仔叀埬碜。梔怟埬碜青鄽佒、疑宬叵噝佒、埬碜迋佒箥鈩焕飢逮象箻奶滬呋偑侯絗，寺珛畣余絗瓩凄鬍眲。旌害缫涪、睦哙偲弓、昌枬昆箥飢逮仔叀埬碜凩遼寺珛鈩妃竝硋
2021 庡	治茫旮	《治茫旮"厝圷仰"旌害缫涪吭岱訠剐》	垄攽幁曖腙、厖垳镚、醎悃腙诽箪、秏柁羭缸箥飢逮竝硋乜挓减閰拜枋，垄疑宬叵噝佒、醎筋遰疄茋犤、醎筋迋佒、羭缸寥凄箥飢逮舿乺砦吭乜挓梔怟仔哸，象扬乜挓巠尒缃、旮缃旌害稭拜剷昌这侯
2022 庡	治艉旮	《治艉旮"厝圷仰"旌害缫涪吭岱訠剐》	肶熌疑宬佮惋仔叀，埣挩魄佒冚迋佒廒亚，借迻"茋冥岫[illegible]筋曖羭"蝂呤吭岱，佁伈亹（治艉）疑宬佮惋仔叀庂三鈩焕，穋柝吭岱丞叀茋犤、疑宬枬昆、疑宬叵噝佒、厦屉侯燃哾、曖腙缤筋、佮剷、迋佒哨佮惋拜枋杩勽箥埬碜跄邯，拒匄仔叀吭岱槤彨伪佁踽踭三乺呭佁廒踭、飢踭三乺迈吴，屢治艉旮抯遼扬三垄凄巠亟艏凄瑟来乜賨忍喽勷螽疑宬佮惋劒遼肶靋垌
2020 庡	廛艉臭昫舿洗厐	《减仪搬厣廛艉减閰仔叀镚偑廰镚窙賨悃哨笺以勷螽荁庿搆昙》	织枖仔叀：佁梞柳湍稭拜来爾淨呔箥侚叀三埬碜，影迻旐枖劒遼、疑宬叵噝佒箥醴妳飕眲，匋恇湍稭拜曖腙劒遼埬垌、梞疑一厘三鸥麪肰呤剷昌争怟箥飕眲象谚，拒匄柒垌乜缃醴妳珣搬醎劇 50%

第三十一章

电子元器件产业发展形势展望

电子元器件不仅是支撑信息技术产业发展的基石，也是确保产业链、供应链安全稳定的关键。电子元器件当前已经渗透到社会经济的各个角落，广泛应用于智能终端、汽车电子、5G 通信、物联网、航空航天、能源运输等领域，发挥着关键的基础性作用，未来发展前景广阔。

一、市场展望

在全球 5G 通信建设加速、汽车“电气化、智能化、网络化”和 AR/VR 大规模需求的推动下，电子元器件行业蓬勃发展，进入快速增长期。与此同时，全球各国不断加强电子信息领域产能建设，通过吸引投资和行业并购，持续提高本土电子元器件市场地位和“一站式”服务能力。对我国而言，在“新基建”政策和“双碳”目标的指引下，5G 通信、云计算和数据中心建设加快。即使全球半导体供应短缺推迟一些产能释放，强劲的下游需求也将继续推动电子元器件行业快速发展。随着消费电子产品的升级换代、新技术和 5G 通信的应用，近年来对电子元器件的需求进一步增加，智能手机等终端电子产品的全球市场迅速扩大。以手机为代表的终端电子产品出货量的增长及 5G 通信和物联网应用的加速，对电子元器件产业的发展起到了积极的推动作用。同时，智能网联汽车的发展与汽车控制装置的智能化和智能家居的发展有望带动阻容感元件、敏感元件、智能感知器件、微机电系统元器件等领域的需求，并持续推动电子元器件市场发展。

2023 年，消费电子市场疲软预计在年末迎来拐点。随着全球经济回暖，智能汽车、新能源等新兴产业强势拉动，手机、智能家电等下游消费电子市场需求复苏，芯片库存持续去化，预计下半年电子元器件需求侧增长驱动供

给侧产能逐步释放，行业将迎来新的景气周期。从长远看，需要重点关注以下几个趋势。

（一）贸易冲突升级后的国产替代机遇

自 2022 年以来，美国对我国半导体技术出口管制进一步升级，叠加新冠疫情、通货膨胀等不可控因素，在短期内影响国产芯片产能的释放。从长远看，受益于国内智能汽车、物联网、新能源及 5G 通信等新增需求，未来一两年电子元器件需求依旧强劲，尤其成熟制程的车规级芯片缺货行情将持续，国产芯片替代进口将成为大趋势。

（二）新能源引领新一轮产业增长周期

在特斯拉和比亚迪等头部车企引领下，新能源汽车发展进入全新阶段，相应的电子元器件用量和市场规模也迅速上升，有望引领未来几年电子元器件分销行业新的景气周期，也是未来国产替代发展的大方向。

（三）电子元器件分销加速数字化变革

2022 年，随着电子元器件分销市场竞争日益激烈，为更加高效地收集反馈市场信息，头部分销商加速数字化升级，不断向电商转型渗透，利用电商平台自身的平台优势推动供应链变革。

GlobeNewswire 的数据显示，全球通用电子元器件市场将从 2021 年的 4557.2 亿美元上升到 2028 年的 6309.3 亿美元，2022—2028 年的年均复合增长率为 4.7%。据 Yole 预测，MEMS 传感器市场将在 2021 年与 2024 年期间显著增长，整体市场营业收入的年均复合增长率为 8.3%，出货量的年均复合增长率为 11.9%。2026 年，全球 MEMS 产品市场规模预计将达到 182 亿美元。传统的 MEMS 市场将继续稳定增长，但在 MEMS 麦克风和扬声器的音频、惯性 MEMS 及光学 MEMS 的 AR/VR 领域存在更高的增长机会。在图像传感器领域，2016—2021 年的年均复合增长率为 12.99%，目前行业市场规模超过 200 亿美元。手机和消费电子等移动设备应用产品占据 72%的市场；计算、汽车与安全三者联合占据 COMS 图像传感器 23%的市场份额，虽然有增长，但相当有限。

二、技术展望

目前，随着传统电子元器件科研和生产逐步成熟，电子元器件产业正进入新材料、新工艺、新技术驱动下的产品升级和深化发展的新时期。电子元器件的改进已从主要满足整机的小型化和新工艺的要求转变为主要满足数字技术和微电子技术发展所提出的特性要求。电子设备及信息系统的体积越来越小，电路密度越来越高，而且传输速度越来越快，新型电子元器件正朝片式化、小型化、高频化、宽带化、高精度、集成化和绿色环保的方向发展。受摩尔定律和泛半导体发展的影响，电子元器件技术迭代效应明显：一方面，采用半导体工艺生产的电子元器件在加速演进，新技术、新产品层出不穷；另一方面，由于存在市场差异性等因素，不同档次的电子元器件并存。

我国 MEMS 传感器的技术发展趋势呈现出以下几个鲜明特点。

（一）更加小型化

MEMS 传感器的优势之一就在于体积更小，有了更大的应用空间。在技术进展之下，MEMS 传感器的体积将会越来越小。

（二）成本降低

MEMS 传感器的应用越来越广泛，向低端市场快速普及，成本降低成为未来争夺低端市场的关键。

（三）性能更加稳定

MEMS 传感器的应用范围越来越广、性能越来越高、体积越来越小，性能的稳定性就显得愈发重要，性能稳定成为未来技术发展的必然趋势。

（四）生产规模化

目前，我国 MEMS 传感器市场的特点之一，就是生产规模小，无法满足市场需求，而 MEMS 传感器是需要规模生产才能实现盈利的行业之一，所以生产规模尤为重要。

（五）MEMS 传感器呈现功能高度集成和组合化趋势

由于设计空间、成本和功耗预算日益紧缩，在同一衬底上集成多种敏感元器件、制成能够检测多个参量的多功能组合 MEMS 传感器成为重要解决方案。

（六）传感器低功耗及自供能需求日趋增加

随着物联网等应用对传感需求的快速增长，传感器使用数量急剧增加，能耗也随之翻倍。降低传感器功耗，收集环境能量，实现自供能，对续航能力的需求将会伴随传感器发展的始终，且日趋强烈。

作者简介

周峰，1982 年 8 月出生，硕士研究生，中国电子信息产业发展研究院集成电路研究所所长，国家高级工程师、高级项目管理师、高级网络安全等级保护测评师，工业控制系统安全可靠测评共性技术工业和信息化部重点实验室、人工智能场景化应用与智能系统测评重点实验室、智能制造测试验证与评价重点实验室副主任，中国自动化学会工业控制系统信息安全联盟理事、自动化学会边缘计算委员会委员。长期从事集成电路产业数字化、人工智能化转型和安全化测评等工作，主持建设“国家面向人工智能基础技术及应用的检验检测基础服务平台”“信息物理系统共性关键技术测试验证平台建设与应用推广”“互联网+协同制造新技术测试验证平台”等项目。

葛婕，1990 年 8 月出生，硕士研究生，中国电子信息产业发展研究院集成电路研究所副所长，重点研究领域为集成电路设计、产品及相关应用。

徐丰，1983 年 10 月出生，中国科学院化学研究所博士研究生毕业，中国电子信息产业发展研究院集成电路研究所新能源研究室副主任、副研究员。重点研究集成电路、LED、新型显示、电子元器件等，长期从事半导体领域产业研究、政府规划、投资评估、招商咨询等工作。承担本书统稿工作。

曹明路，中国电子信息产业发展研究院集成电路研究所工程师，毕业于清华大学，博士研究生，重点研究集成电路产业政策、供应链体系及专用装备、材料等产业细分环节。

陈颖，1992 年 12 月出生，博士研究生，中国电子信息产业发展研究院集成电路研究所研究人员，重点从事新型显示产业的相关研究工作。

耿怡，中国电子信息产业发展研究院新型显示首席研究员，集成电路研究所光电子研究室主任、高级工程师，中国 OLED 产业联盟常务副秘书长，清华大学材料科学与工程博士毕业。主要从事光电子产业发展、政策规划与技术趋势等方面的研究工作，在新型显示领域具有深入研究。

冯海玉，中国电子信息产业发展研究院集成电路研究所高级分析师，咨询工程师（投资），硕士研究生学历，工学硕士学位，重点研究集成电路领

域，长期从事半导体领域产业研究、政策规划等工作。

黄润坤，1993 年 10 月出生，博士研究生学历，中国电子信息产业发展研究院集成电路研究所工程师，重点研究集成电路材料、设备及新型显示等领域。

江华，1983 年 11 月出生，硕士研究生，中国电子信息产业发展研究院集成电路研究所新能源产业研究室主任、副研究员，重点从事光伏产业的相关研究工作。

李泓，1995 年 5 月出生，博士研究生，中国电子信息产业发展研究院集成电路研究所工程师，主要研究领域为后摩尔技术、能源电子、量子信息产业等。

刘超，1985 年 11 月出生，硕士研究生，中国电子信息产业发展研究院集成电路研究所咨询顾问，重点研究方向为集成电路产业人才等领域。

麻尧斌，中国电子信息产业发展研究院集成电路研究所高级工程师，毕业于北京交通大学光电子技术研究所，主要从事半导体器件、集成电路制造、光显示和光传感领域技术、产业和政策研究。

马晓凯，1991 年 3 月出生，博士研究生，中国电子信息产业发展研究院集成电路研究所基础电子研究室副主任、高级工程师，重点研究化合物半导体、光通信芯片、传感器等集成电路产业领域。

石健，1992 年 7 月出生，硕士研究生，中国电子信息产业发展研究院集成电路研究所工程师，重点研究集成电路产业政策、重点芯片产品等领域。

史强，1986 年 11 月出生，中国科学院大学博士研究生学历，中国电子信息产业发展研究院集成电路研究所集成电路制造研究室主任、高级工程师，重点研究集成电路制造产业链、传感器、超摩尔等领域，长期从事产业发展、政策及市场研究、投资评估等工作。

王若达，1991 年 10 月出生，博士，中国电子信息产业发展研究院集成电路研究所研究人员，重点研究领域为集成电路封测业、车用半导体、关键材料及元器件领域。

吴頔，中国电子信息产业发展研究院集成电路研究所应用创新与产教融合研究室工作人员，1985 年 10 月出生，博士，重点研究集成电路产业人才、产品应用等领域。

席子祺，1994 年 8 月出生，硕士研究生，中国电子信息产业发展研究院集成电路研究所助理研究员。

夏梦阳，1991年10月出生，硕士研究生，中国电子信息产业发展研究院集成电路研究所研究人员，重点研究集成电路、车用半导体、通信射频器件等领域。

杨淑娴，1993年5月出生，博士研究生，中国电子信息产业发展研究院集成电路研究所研究人员，重点研究方向为新型显示、功率半导体等领域。

叶雪琰，1993年7月出生，硕士研究生，中国电子信息产业发展研究院集成电路研究所研究人员，重点研究集成电路产业运行分析、集成电路产品贸易及行业数据统计分析。

于跃东，中国电子信息产业发展研究院集成电路研究所工程师，博士研究生，重点研究领域为存储产业、存储器制造、系统架构和人工智能领域。

赵博煊，硕士研究生，工学硕士学位，中国电子信息产业发展研究院集成电路研究所研究人员，重点研究集成电路领域。

赵聪鹏，1988年10月出生，博士研究生，中国电子信息产业发展研究院集成电路研究所工程师，重点研究领域为集成电路材料、新型存储器STT-MRAM、光伏产业及产品、5G通信及人工智能器件芯片等。

左政，中国电子信息产业发展研究院集成电路研究所研究人员，1995年9月出生，博士，重点研究领域为集成电路设备与材料、计算模拟和人工智能领域。

后　记

《2022—2023 年中国半导体产业发展蓝皮书》由赛迪智库集成电路研究所编撰完成，力求为中央及各级地方政府、相关企业及研究人员把握产业发展脉络、了解产业前沿趋势提供参考。

本书得到了工业和信息化部电子信息司领导，中国半导体行业协会、中国光伏行业协会、浙江省半导体行业协会、陕西省半导体行业协会、安徽省半导体行业协会、合肥市半导体行业协会、成都市集成电路行业协会、厦门市集成电路行业协会、河北省半导体产业联盟等行业组织专家，以及湖北省工业和信息化厅等地方工业和信息化部门领导的大力支持和指导。本书的出版还得到了中国电子信息产业发展研究院软科学处的大力支持，在此一并表示诚挚的感谢。

本书由王世江担任主编，周峰、葛婕、徐丰担任副主编。参与撰写人员如下：葛婕撰写前言；叶雪琰撰写第一章；麻尧斌、于跃东共同撰写第二章；赵博煊、冯海玉共同撰写第三章；史强撰写第四章、第十四章；王若达撰写第五章；左政、赵聪鹏和曹明路共同撰写第六章；左政、黄润坤撰写第七章；夏梦阳撰写第八章；徐丰撰写第九章、第二十四章至第二十七章；席子祺撰写第十章；石健撰写第十一章；陈颖撰写第十二章；李泓、冯海玉共同撰写第十三章；刘超、吴頔共同撰写第十五章；江华撰写第十六章至第十九章；杨淑娴、耿怡共同撰写第二十章至第二十三章；王若达、马晓凯共同撰写第二十八章至第三十一章。

本书虽经研究人员和专家的谨慎思考和不懈努力，但由于能力和水平所限，疏漏和不足之处在所难免，敬请广大读者和专家批评指正。同时，希望本书的出版能为我国集成电路产业的健康发展提供有力支撑。